D1866934

Sylvia Englert

Fantasy
schreiben und veröffentlichen

Sylvia Englert

Fantasy

Schreiben und veröffentlichen

Autorenhaus

Daten sind im Internet unter http://www.dnb.de abrufbar.

Dieses Werk wurde vermittelt durch die
Autoren- und Projektagentur Gerd F. Rumler (München)
Buchdesign: Sigrun Bönold
Coverillustration: Loraliu, Fotolia
© 2015 Autorenhaus Verlag GmbH, Berlin
ISBN 978-3-86671-127-3

Nachdruck, auch auszugsweise, nur mit schriftlicher
Genehmigung des Verlags, die Verwendung in anderen Medien
oder in Seminaren, Vorträgen etc. ist verboten.

Umwelthinweis: Dieses Buch wurde auf
chlor- und säurefreiem Papier gedruckt.
Druck und Bindung: Westermann Druck Zwickau
Printed in Germany

FSC
www.fsc.org
MIX
Papier aus verantwortungsvollen Quellen
FSC® C110508

INHALT

EINFÜHRUNG

Wissen Sie, wie es sich anfühlt, zum ersten Mal einem Drachen zu begegnen? Wahrscheinlich nicht, aber ich wette, Sie können es sich vorstellen. Weil es Ihnen Spaß macht, abzutauchen in fremde Welten. Weil Sie nichts dagegen hätten, ein paar Drachen, Elfen, Vampire und Zwerge als Nachbarn zu haben (na ja, jedenfalls solange die Zwerge Ihren Garten nicht untertunneln und die Drachen nicht Ihre Haustür ansengen). Weil Sie sich in Mittelerde leichter einleben würden als in Marokko. Weil Sie vielleicht Spaß daran haben, hin und wieder in die Haut einer Schwertkämpferin, eines Zauberers oder Assassinen zu schlüpfen.

Geht mir auch so. Aber dass ich begonnen habe, Fantasy zu schreiben, war ein Zufall. Die meisten meiner Manuskripte, die ich als Jugendliche die Zeit vergessend in die Tastatur gehackt hatte, spielten im Weltraum. Doch dann sah ich, mittlerweile Studentin, den Aushang am Schwarzen Brett meines Instituts: Hohlbein-Preis, Ueberreuter Verlag. Fantasy-Manuskript für Jugendliche gesucht. Einsendeschluss Herbst. Schaff ich locker, dachte ich gut gelaunt, immerhin ist es erst Sommer.

Ganze vier Jahre und viele Zweifel, Plot-Sackgassen und Überarbeitungen später hatte ich das Manuskript fertig. Längst hatte jemand anders den Hohlbein-Preis gewonnen. Das machte nichts. Ich hatte einen Höllenspaß dabei gehabt, mir eine eigene Welt (Daresh) auszudenken, eigenartige Wesen zu erfinden und meine Figuren (Rena, Alix, Alena, Jorak …) in die übelsten Schwierigkeiten zu bringen. Für alle Fälle schickte ich das Ganze trotzdem mal zum Ueberreuter Verlag. Keine Antwort. Also gleich noch fünf andere Verlage angeschrieben. Einige Absagen – und eine Zusage! Ein mittelgroßer Verlag wollte das Manuskript bringen. Nur wurde er leider wenig später von einem Konzern aufgekauft und brachte fortan nur noch Kinderbücher. Dumm gelaufen.

Anruf beim Ueberreuter Verlag. Schon reingeschaut ins Manuskript? »Leider noch nicht. Machen wir aber in den nächsten Wochen.«

Monate später hatte ich immer noch nichts gehört. Keiner wollte meine Romane drucken. Wieso schrieb ich überhaupt noch? Kurzgeschichten gingen noch, aber Romane, nein, dafür hatte ich nicht mehr die Kraft. Es schien so sinnlos. Die Schublade war sowieso schon voll, bis zum Rand und darüber hinaus.

Dann – ein Jahr später – ein seltsamer Anruf. »Was ist jetzt mit dem Termin auf der Buchmesse?«

»Wie, was, Buchmesse?« Ich war völlig verwirrt. Es stellte sich heraus, dass die Zusage des Ueberreuter Verlages an meine alte, inzwischen inaktive Mailadresse gegangen war (schließlich war es ein Jahr her, dass ich meinen Roman eingeschickt hatte). Zum Glück hatte sich meine Telefonnummer nicht geändert, und ich erfuhr, dass die Lektorin endlich, endlich in mein Manuskript hineingelesen hatte und der Verlag mir ein Angebot machen wollte. Feuerwerk! Sekt für alle!

Im Jahr 2002 erschien mein erster Roman *Der Verrat der Feuer-Gilde* und fand viele junge Leser (sowie ein paar nicht so junge, denen es ebenfalls gefiel). Beschwingt schrieb ich weiter, die Buchstaben strömten nur so aus meinen Fingerspitzen. In Daresh warteten noch so viele Geschichten darauf, erzählt zu werden, und das Schicksal meiner Figuren ließ mich nicht los. Zwei Trilogien und ein Einzelroman wurden daraus, sie erschienen bei Ueberreuter und später im Taschenbuch bei Piper und Carlsen. Als sie vergriffen waren, brachte ich sie als E-Books neu heraus – das war erst einmal mühsam, aber ich hatte dabei viel mehr Spaß, als ich gedacht hätte (und meine Scheu vor diesem Medium ist natürlich auch weg).

Seither habe ich auch andere Fantasyromane geschrieben, andere Welten entwickelt. *Nachtlilien*, ein High-Fantasy-Roman für Piper, packte mich so heftig wie kaum ein anderes Projekt zuvor. Jerusha und Kiéran waren mir so nah und so wichtig, dass ich die Entscheidung traf, ihre Geschichte fortzusetzen und zur Trilogie auszubauen, obwohl ich das in Eigenregie organisieren musste.

Noch viele andere Ideen, auch für neue Fantasyromane, huschen in meinem Kopf herum und machen sich dort breit. Das dürfen sie auch, denn seit mittlerweile zehn Jahren bin ich hauptberuflich Autorin, meine Bücher erscheinen in verschiedenen namhaften Verlagen. Nebenbei nutze ich meine Ausbildung als Lektorin: Ich coache andere Autoren, leite Workshops oder lektoriere Manuskripte. Noch immer bin ich sehr dankbar dafür, dass ich vom Schreiben leben kann.

In diesem Handbuch gebe ich Ihnen mein Wissen weiter, und das meiner 24 Interviewpartner – erfahrenen Fantasyautorinnen und -autoren, Lektorinnen und Lektoren, Fantasyexperten und Expertinnen.[1] Sie werden eine Menge darüber erfahren, was es bei diesem ganz besonderen Genre zu beachten gibt, wie Sie Ihre Welt entwickeln oder ihr den letzten Schliff geben können, wie Sie packende Plots und faszinierende Figuren jenseits der üblichen Fantasy-Klischees ersinnen und fantasytypische Fallstricke vermeiden können. Wie Sie kompetente Testleser finden, sich an Agenturen und Verlage heranpirschen oder das Selfpublishing meistern können.

Möge Ihr Leben voller Magie sein!

Sylvia Englert

www.sylvia-englert.de – meine Autorenratgeber und Kinderbücher
www.katja-brandis.de – meine Jugend- / All Age-Romane
www.siri-lindberg.de – meine Fantasyromane für Erwachsene

1 Die Zitate im Buch stammen, wenn nicht anders gekennzeichnet, aus diesen Interviews.

DAS SOLLTEN SIE WISSEN

In meinen Schreibworkshops starte ich immer mit ein wenig Theorie. Aber nicht zu viel – wenn man sich den Kopf zu sehr mit Regeln und Gesetzen vollstopft, kann man sich eine handfeste Schreibhemmung einfangen. Deshalb hier nur ein bisschen Know-how und Hintergrund. Wenn Sie Ihren Roman oder Ihre Geschichte erst planen, dann finden Sie sicher noch Anregungen – bei welchem Subgenre meldet sich Ihr Bauchgefühl mit einem »Ja! Das spricht mich an«?

Ist es Fantasy oder Science-Fiction?

Ist es überhaupt Fantasy, was Sie geschrieben haben oder schreiben wollen? Die Science-Fiction ist ein so eng verwandtes Genre, dass über die Einordnung mancher Geschichten und Romane (zum Beispiel mancher Storys von Ray Bradbury) selbst nach Jahrzehnten noch gestritten wird. Eine kurze und praktische Definition liefert Orson Scott Card, Autor der berühmten *Ender*-Romane. »Wenn eine Geschichte in einem Universum spielt, das denselben Regeln folgt wie unseres, dann ist es Science-Fiction. Wenn sie in einem Universum spielt, das unseren Regeln nicht folgt, ist es Fantasy.« Bernd Robker, der unter seinen Pseudonymen Bernard Craw und Robert Corvus sowohl Fantasy als auch Science-Fiction geschrieben hat, formulierte dieses Prinzip in der Zeitschrift *phantastisch!* so: »Science-Fiction und Fantasy, das sind unterschiedliche *Gefühle*. Das *Leseempfinden* ist ein anderes. Fantasy ist auf einer bestimmten, emotionalen Ebene eine verzauberte, eine Märchenwelt. Sie lebt von der Mystik, nicht nur vom Unverstandenen, sondern sogar vom Unverstehbaren, bei dem analytische Fragen ihre Berechtigung verlieren.« Im Vergleich dazu ist die Science-Fiction eine ganz andere Welt: »Die Science-Fiction ist sehr viel erklärender, oder zumindest *fühlt sie sich so an*«, schreibt Robker. »Menschenähnlich agierende Roboter, personalisierte Reisen durch weltumspannende Computernetze und überlichtschnelle Raumflüge sind kaum realistischer als ein Zauberer, aus dessen Handfläche ein Feuerball schießt, aber sie wirken begreiflicher. Warum? Weil der Autor Erklärungen anbietet, seinen Leser der Naturgesetze versichert, deren Anwendung die geschilderten Effekte ermöglicht. Dabei ist diese Versicherung oftmals nur hauchdünn, würde keiner Nachfrage standhalten. So etwa der Warp-Antrieb in der beliebten StarTrek-Reihe.«

Was bringt es Ihnen zu wissen, ob Ihr Roman nun Fantasy oder Science-Fiction ist? Diesen Ratgeber können Sie für beide Genres nutzen. Die Unterscheidung wird erst dann interessant, wenn Sie Ihre Geschichte oder Ihren Roman zur Veröffentlichung anbieten wollen. Manche Verlage haben sowohl ein Fantasy- als auch ein Science-Fiction-Programm (das meist kleiner ist), und man selbst sollte natürlich wissen, wohin das Manuskript passt.

Verschiedene Fantasy-Subgenres und ihre Regeln

Die Fantasie des Menschen kennt keine Grenzen, deshalb ist die Fantasy auch so enorm vielfältig. Doch nach und nach haben sich dabei bestimmte Traditionen gebildet und Sub-Genres herauskristallisiert, zum Beispiel High Fantasy, Steampunk oder Dark Fantasy. Solche Etiketten helfen Lesern, Buchhändlern und Verlagen dabei, ein Buch einzuordnen, und bieten Orientierung – wie soll man sonst herausfinden, welcher neue Lesestoff den eigenen Geschmack oder den der Zielgruppe treffen könnte?

Für Sie und Ihr Manuskript ist es erst einmal unwichtig, in welches Subgenre Ihr Buch fällt. Schreiben Sie die Geschichte, die Sie schreiben wollen, und schauen Sie nachher, was dabei herausgekommen ist. Erst in dem Moment, in dem Sie mit Ihrem Buchprojekt an die Öffentlichkeit treten – ob Sie Ihr Manuskript einem Freund in die Hand drücken oder sich an einen Agenten wenden wollen – müssen Sie sich der Frage stellen, in welche Kategorie es passt. Sie müssen es definieren und Menschen, die es noch nicht kennen, begreifbar machen.

Zu diesem Zweck schreiben Verlage in ihrer Vorschau (einer Übersicht über die Neuerscheinungen der Saison) gern Dinge wie »Für alle Fans von Trudi Canavan« oder »Für die Leser von Terry Pratchett und Douglas Adams«. Vergleiche mit Bestsellerautoren sind üblich, weil die jeder kennt und der Verlag hofft, dass dieser Glanz auf den Newcomer abfärbt und die Buchhändler dazu bringt, reichlich Exemplare zu bestellen. Buchhändler wiederum machen viele Leser glücklich, wenn sie ihnen sagen können: »Das ist so ähnlich wie das Buch X von Y.« Eine Buchhändlerin erzählte mir mal, dass sie einen meiner Romane, *Ruf der Tiefe*, in großen Stückzahlen verkauft habe mit dem Argument: »Das ist *Der Schwarm* für Jugendliche.« Das entlockte mir ein gequältes Lächeln.

Aber was ist, wenn Sie feststellen, dass Ihr Manuskript sich einer Einordnung entzieht? Keine Panik! Es ist kein Sakrileg, Genres zu mischen oder etwas zu erschaffen, das sich gegen Etiketten sträubt. Im Gegenteil, originelle Ideen sind wunderbar- und kostbar. Wenn Sie Pech haben, müssen Sie Ihr Buch beziehungsweise Ihre Idee nur etwas häufiger und ausführlicher erklären.

Ein witziges Phänomen, was die Einordnung von Romanen angeht, hat Maren Bonacker, Rezensentin und Mitarbeiterin der Phantastischen Bibliothek Wetzlar, erlebt: »Wir verleihen in Wetzlar jährlich den ›Phantastikpreis der Stadt Wetzlar‹ und zeichnen damit herausragende Titel der klassischen Phantastik, Fantasy oder Science-Fiction aus. Da ist es schon passiert, dass ein Autor ganz entsetzt war, dass wir sein Werk angeblich für ›Fantasy‹ hielten – es war ihm nicht einmal bewusst, dass er mit der Durchbrechung der realistischen Ebene Phantastik geschrieben hatte«, erzählt sie. »So hat er unseren Preis fast als Herabwürdigung empfunden, was sich zum Glück im Gespräch schnell klären ließ und für einige witzige Formulierungen in der Dankesrede gesorgt hat. Diese Unsicherheit beobachte ich zum Teil auch bei Verlagen. Ich finde es immer witzig, wenn mir beim Buchmessegespräch gesagt wird, für mich wäre nichts Interessantes im Programm, einfach weil die federleichten, literarischen aber dabei trotzdem phantastischen Titel nicht als solche wahrgenommen werden. In Gesprächen stellen wir dann belustigt fest, dass ein Toter nun mal schlecht aus dem Jenseits erzählen kann, OHNE dass das phantastisch wäre, dass Menschen und Tiere nicht WIRKLICH miteinander reden können und dass es Hexen in unserer Welt nicht tatsächlich gibt … und plötzlich passt jeder zweite Titel in unsere Bibliothek.«

Wieso muss man entsetzt sein, wenn man hört, dass man Fantasy schreibt? Ist das Genre etwa irgendwie anrüchig? Dazu Natalja Schmidt, früher auf Fantasy spezialisierte Agentin, jetzt Programmleiterin Fantasy bei Droemer: »Allgemein glaube ich, dass die Akzeptanz des Genres inzwischen größer ist als früher, auch weil heute selbst Leser, die eigentlich einen Bogen um die Fantasy gemacht haben, mittlerweile *Game of Thrones* schauen oder mit ihren Kindern *Harry Potter* lesen. Vom Feuilleton wird Fantasy und Science-Fiction immer noch weitgehend ignoriert, aber selbst das ändert sich langsam – so ist zum Beispiel Denis Scheck ein beredter Verteidiger der Phantastik.«

Auch bei Autoren gibt es, was Fantasy angeht, das eine oder andere Missverständnis, wie Susanne Gerdom festgestellt hat. »Fantasy erscheint vielen als der einfache Einstieg ins Schreibhandwerk. Man muss sich nicht viel um Logik kümmern, jeder Konflikt lässt sich per Schwert oder Magie lösen, schlimmstenfalls baut man ein paar übermenschlich starke Helden, die alles per Fingerschnips regeln und am Schluss stirbt der Bösewicht. Ganz easy. In Wirklichkeit ist Fantasy ist eines der schwierigsten Genres überhaupt: Magiesysteme, Herrschaftsstrukturen, Geschichte, Kleidung, Sprache, Umwelt … alles, buchstäblich alles muss selbst entwickelt werden und darf nicht einfach wild aus der Fantasy-Rummelkiste zusammengeklebt wirken.«

Das stimmt, aber lassen Sie sich dadurch bitte nicht abschrecken – in diesem Ratgeber erfahren Sie, wie Ihr Fantasyprojekt richtig gut wird und Sie dabei maximalen Spaß haben! So, jetzt aber zu den bisher etablierten Subgenres:

High Fantasy

High Fantasy ist häufig in einem mittelalterlich angehauchten Setting angesiedelt, das ausgestaltet ist in hoch entwickelte Reiche, Welten und Kulturen. Diese Welten voller eigenartiger Kreaturen sind der Hintergrund dicker Bände, die mit Hilfe vieler verschiedener Figuren und Perspektiven erzählt werden. Oft geht es um Kriege zwischen Völkern oder die Überwindung einer übermächtigen Bedrohung.

Der Klassiker der High Fantasy ist natürlich Tolkien, der sich mit seinen unvergesslichen Schöpfungen einen Platz zwischen den Großen der Literaturgeschichte erobert hat. Kaum einer hat so viele Leser (und Autoren!) verzaubert und zur Fantasy bekehrt.

Auch George R. R. Martins *Lied von Eis und Feuer* zählt zur High Fantasy. Martin begleitet seine Figuren durch tödliche Intrigen, beim Kampf ums Überleben und um ihr angestammtes Recht in der Welt Westeros. Eine Geschichte, die wie das Leben selbst immer weiterzugehen scheint, selbst wenn eine Menge Hauptfiguren dabei auf der Strecke bleiben. Hier ein Auszug aus Band 2, *Das Erbe von Winterfell*:

> Lysa erblickte Catelyn und hieß diese mit schwesterlicher Umarmung und feuchtem Kuss am Hals willkommen. »Ist es nicht ein wunderbarer Morgen? Die Götter lächeln auf uns herab. Koste einen Becher von diesem Wein, liebe Catelyn. Lord Hanter war so gut, ihn aus seinen eigenen Kellern bringen zu lassen.«
>
> »Danke, nein, Lysa, wir müssen reden.«
>
> »Später«, vertröstete ihre Schwester sie und wollte sich schon abwenden.
>
> »Jetzt.« Catelyn sprach lauter, als sie beabsichtigt hatte. Männer wandten sich um. »Lysa, du kannst nicht allen Ernstes mit dieser Torheit fortfahren. Lebend besitzt der Gnom einen Wert für uns.

Tad Williams
SHADOW
MARCH
DIE
GRENZE
Hobbit
Presse
Klett-Cotta

Tot ist er nur Futter für die Krähen. Und sollte sein Streiter sich behaupten ...«

»Die Chancen dafür stehen schlecht, Mylady«, versicherte ihr Lord Hanter und klopfte ihr mit einer von Leberflecken übersäten Hand auf die Schulter. »Ser Vadis ist ein kühner Kämpfer. Er wird mit dem Söldner kurzen Prozess machen.«

»Wird er das, Mylord?«, fragte Catelyn kühl. »Das ist die Frage.« Sie hatte Bronn auf der Bergstraße kämpfen sehen. Dass er die Reise überlebt hatte, während andere Männer gefallen waren, durfte man nicht dem Zufall anrechnen. Er bewegte sich wie ein Panther, und dieses hässliche Schwert, das er sein Eigen nannte, schien an seinem Arm festgewachsen.

Klassiker geworden sind auch Tad Williams epische Saga *Shadowmarch* und seine Osten-Ard-Romane (Reihenname *Das Geheimnis der Großen Schwerter*). Im Mittelpunkt stehen Auseinandersetzungen um die Thronfolge und die Konflikte zwischen den menschlichen Bewohnern und den Elbenvölkern, die den Kontinent einst beherrscht haben. Schon der erste Osten Ard-Band *Der Drachenbeinthron* ist mit 976 Seiten eine gewichtige Lektüre, und auch die anderen Autoren der High Fantasy fassen sich keineswegs kurz, denn große Epen und Zyklen sind in diesem Subgenre üblich. Robert Jordans *Das Rad der Zeit* brachte es in der deutschen Übersetzung auf 37 Bände! Aber das ist die Ausnahme, und Leser akzeptieren mit Freuden auch High-Fantasy-Einzelromane, weil man bei ihnen nicht auf eine Fortsetzung warten muss (die im schlimmsten Fall nie erscheint, weil Verlage auch hin und wieder mehrbändige Reihen abbrechen).

Neben der High Fantasy könnte man auch von der »Low Fantasy« sprechen, in der sich muskelstrotzende Barbaren durch primitive Welten kämpfen. Sie fällt unter das nächste Subgenre, nämlich die ...

Heroic Fantasy

In der Heroischen Fantasy steht – wie der Name schon sagt – ein Held oder eine Heldin im Mittelpunkt, der eine schwierige Aufgabe lösen und damit meist seine Welt retten muss. Oft in Begleitung von Gefährten. Ein Hinweis darauf, ob es sich um Heroische Fantasy handelt, ist eine Handlung in Ich-Erzählung (die in der High Fantasy sehr selten ist, weil dort so viele Figuren zu Wort kommen). Doch es gibt natürlich auch Heroic Fantasy mit anderen Perspektiven.

Früher war dieses Subgenre auch unter dem Begriff **»Sword & Sorcery«** bekannt. »›Sword and Sorcery‹ ist ein Begriff, den der Autor Fritz Leiber Anfang der Sechzigerjahre prägte, um eine Art von Literatur zu beschreiben, in der Helden sich in einer Welt ohne moderne Technologie (›Sword‹) gegen eine Bedrohung von dunkler Magie (›Sorcery‹) zur Wehr setzen. Er ist gleichzusetzen mit ›Heroic Fantasy‹«, erklärt Fantasy-Experte und Lektor Helmut W. Pesch, der die erste Doktorarbeit zum Thema Fantasy verfasst hat. »Typisch hierfür waren die Erzählungen von Robert E. Howard, bekannt als Autor von *Conan*. Howard hatte versucht, seine Vorstellungen von Heldentum als historisches Abenteuer mit dem übernatürlichen Horror zu verbinden, wie er für Magazine wie *Weird Tales* kennzeichnend war. Für das Setting hat er dabei auf okkultistische Vorstellungen der Weltgeschichte (Atlantis, Lemuria) zurückgegriffen, wie sie damals gang und gäbe waren. In der Folge bezeichnet der Begriff in erster Linie die Howard'sche Art von Fantasy, die eine starke Nähe zum historischen Abenteuerroman hat.«

Heute haben die Helden der Heroic Fantasy mit Conan nicht mehr viel zu tun, nur noch selten stehen Barbaren im Mittelpunkt[2]. Selten sind sie idealisierte Sieger, immer häufiger sind sie komplexe, widersprüchliche Persönlichkeiten, manchmal gebrochene Menschen mit einer schwierigen, zum Teil tragischen Geschichte. So wie Falcio in

2 Helmut W. Pesch zu Conan: »Anders als in den späteren Comics und Filmen oder den teils unsäglichen Pastiches war Howards Figur keineswegs ein strahlender Sieger, sondern ein durchaus ambivalenter Held ›von gewaltiger Melancholie und gewaltiger Leidenschaft‹, dem der Erfolg oft zwischen den Fingern zerrann und der nie Frieden fand.«

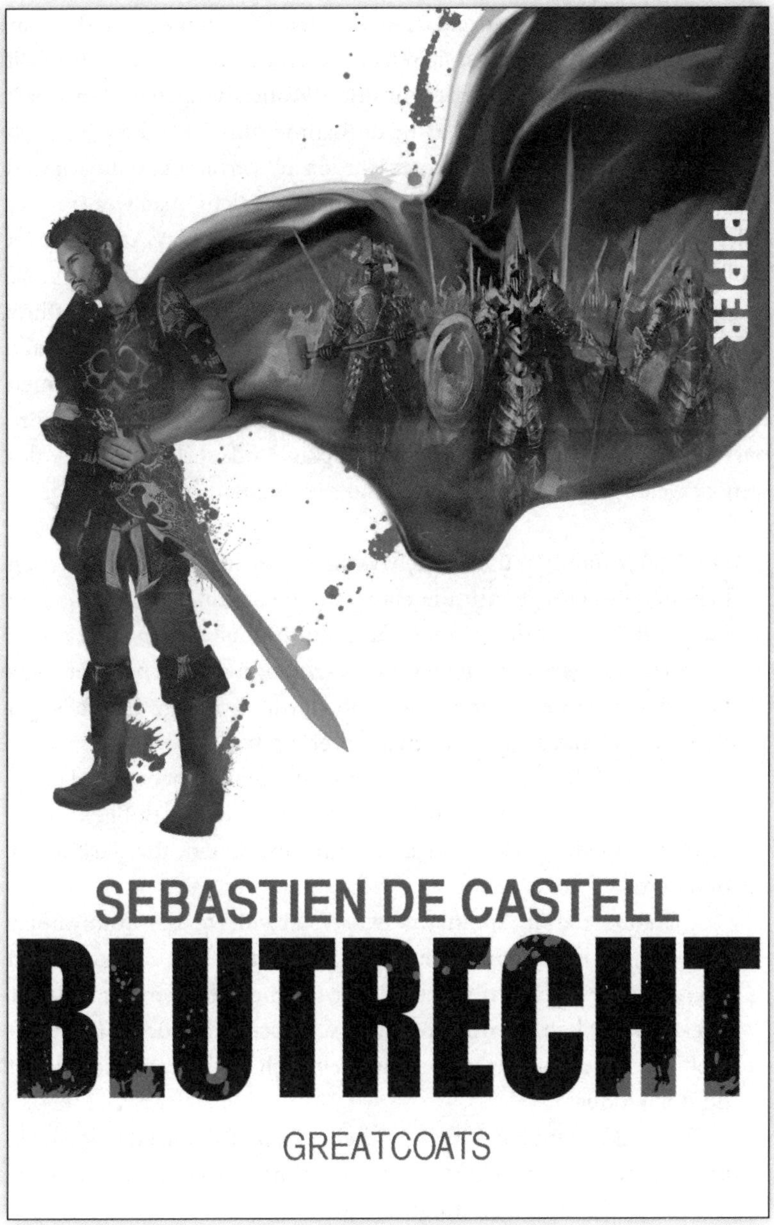
PIPER
SEBASTIEN DE CASTELL
BLUTRECHT
GREATCOATS

Sebastien de Castells *Greatcoats.* Die Greatcoats waren einmal die wandernden Richter des Königs, sie setzen sich für Ehre und Gerechtigkeit ein und können hervorragend mit ihren Waffen umgehen. Doch seit dem Tod des Königs kennt das neue Regime nur noch die Gier nach Macht und Einfluss. Die Greatcoats werden als Verräter geschmäht und verächtlich *Trattari,* Lumpenmäntel, genannt. Falcio – schwer traumatisiert durch den Tod seiner Frau, die der Willkür von Adligen zum Opfer gefallen ist, und dem Verlust des Königs, der auch sein Freund war – versucht mit seinen Gefährten, das Königreich vor dem Einfluss der skrupellosen Herzöge zu bewahren. Doch als er sich der Aufgabe stellt, einer gerechten Herrscherin auf den Thron zu verhelfen, türmen sich Hindernisse ohne Zahl vor Falcio und seinen Gefährten auf. Ihre berühmten Greatcoats sind längst dreckig und zerlumpt, und das wenige Geld, das sie sich als Leibwächter verdienen, reicht nie lange.

> Der Hauptmann musste mich wohl etwas ins Herz geschlossen haben, denn er legte mir die Hand auf die Schulter. »Hör zu, mein Junge, du hast dir das verdient, und du nimmst es. Ich habe schon viele Trattari gesehen. Glaube mir, es gibt einige, die nehmen, was sie kriegen können, und sind froh darüber. Einige haben sogar damit angefangen, Karawanen zu überfallen.«
>
> »Du irrst dich«, sagte ich. »Greatcoats stehlen nicht, es sei denn, die Gesetze des Königs wurden gebrochen und ein Bußgeld muss erhoben werden, und auch dann nur von denen, die das Gesetz brachen.«
>
> »Glaube daran, wenn du willst«, erwiderte der Karawanenhauptmann, »aber dann belügst du dich nur selbst.« Er ging, und ich hielt die Angelegenheit damit für erledigt, aber ein paar Augenblicke später kam er mit drei Weinschläuchen zurück. »Hier.« Er hielt mir einen hin. »Das ist nur Wein. Ich schätze, trinken darfst du noch, oder?«
>
> Ich nickte dankbar. Ein ordentliches Besäufnis am Abend würde uns drei wieder aufrichten oder dem zumindest so nahe kommen, wie das in diesen Tagen möglich war.

Während *Greatcoats* ganz offen auf die *Drei Musketiere* zurückgreift, ist im Genre der Heroic Fantasy auch Raum für ungewöhnliche Helden, zum Beispiel dem hochintelligenten, oft völlig abgebrannten Musiker, Magier und Kämpfer Kvothe in den Romanen von Patrick Rothfuss. Er hat viele »heldenhafte« Eigenschaften, in vielen Bereichen kann niemand – und erst recht nicht der Leser – ihm das Wasser reichen, doch durch seine Niederlagen und menschlichen Schwächen bleibt er sympathisch.

Dark Fantasy & Mystery

Dieses Subgenre verbindet Fantasy mit Horror- und Gothic-Elementen. Die genaue Abgrenzung zum Horror ist umstritten, doch eines ist klar: Wer es düster mag, ist in der Dark Fantasy richtig. Tod, Blut und Schrecken herrschen vor, und für Zartbesaitete ist die Lektüre nicht geeignet. Hauptfiguren sind oft Werwölfe, Vampire, Dämonen, Teufel oder im Zweifelsfall uralte Wesen, die einen namenlosen Schrecken verbreiten.

Klassiker des Genres sind H. P. Lovecraft, aber auch Anne Rice oder Stephen King (dessen Saga *Der Dunkle Turm* Fantasy, Horror und Western-Elemente verbindet). Hier dürfen Vampire noch richtig fies sein!

Markus Heitz tummelt sich oft in der Dark Fantasy, in seinen *Albae*-Romanen erforscht er die Welt und Denkweise der überaus grausamen, aber auch kunstsinnigen Dunkelelben. Aus besiegten Gegnern erschaffen sie Kunstwerke, aus stinkendem Gedärm duftende Essenzen, aus Einhörnern wilde, schwarze Nachtmahre, die sie als Reittiere verwenden. Als Mensch in ihre Welt zu geraten ist buchstäblich ein Alptraum, wie die junge, schöne Raleeha feststellt, die sich im Band *Gerechter Zorn* in den Alb Sinthoras verliebt hat und seine Dienerin geworden ist. Als sie dabei einen kleinen Fehler macht, sticht er ihr zur Strafe die Augen aus – was an ihren Gefühlen ihm gegenüber nichts ändert.

Doch selbst die Albae sind nicht immun gegen Gefühle, zum Beispiel Sinthoras' Konkurrent und späterer Verbündeter Caphalor:

> Als er fertig war und aufsah, richtete Raleeha soeben ihre langen schwarzen Haare, band sie stramm nach hinten und betonte ihr schlankes, so gar nicht barbarisches Gesicht. Sie war wirklich hübsch.
>
> Überrumpelt von seinen eigenen Gedanken, lenkte er sie schnell dahin, was man mit ihrem Schädel alles machen konnte: ihn versilbern, ihn mit Diamantstaub bedecken, mit Edelsteinen versehen und Muster einpassen. Eine derart anmutige Barbarin hatte ein Leben nach dem Tod verdient.
>
> Caphalor erhob sich und reichte ihr das gefaltete Blatt. »Gib acht darauf«, sagte er. »Davon hängt dein Leben ab.«

Durch die romantischen Verirrungen der Hauptfiguren holt Heitz geschickt auch die Leserinnen ins Boot, deren Fall das albaetypische Gemetzel sonst vielleicht nicht so wäre.

Mystery ist die geheimnisvollere, etwas weniger blutige Spielart dieses Subgenres, es gibt (wie der Name schon sagt) geheimnisvolle Entwicklungen und oft gefährliche übernatürliche Rätsel zu lösen. Eine unheimliche, gerne düstere Atmosphäre gehört dazu. Die Fernsehserie *Akte X* und der Film *Sixth Sense* gelten als klassische Mystery.

Urban Fantasy

Clary glaubt nicht an übernatürliche Wesen, doch als sie in einer Disco in New York eine seltsame Beobachtung macht und Jace und seine Freunde kennenlernt, muss sie ziemlich schnell umlernen … denn ihr neuer Freund ist Dämonenjäger, und schon bald muss er sie vor den Gefahren der Dämonenwelt schützen. Schon der Beginn von Cassandra Clares *Chroniken der Unterwelt* nutzt die coole Atmosphäre des nächtlichen New York als Basis – Urban Fantasy vom Feinsten. Am besten eignen sich für solche Romane große Städte wie New York, London, Paris oder Rom, die eine starke Identität und einen eigenen Mythos haben. Was wäre, wenn es dort Vampire, Dämonen, Geister gäbe? Hauptfiguren dieses Subgenres sind oft Menschen, die zunächst keine Ahnung von der Parallelwelt in ihrer Stadt haben; oft zieht sie die Bekanntschaft mit einem Fabelwesen hinein in die Konflikte dieser zweiten Welt.

Ein zweites, magisches Paris, das unter dem »echten« Paris liegt, ist (neben Rom, Dublin und Prag) Schauplatz von Gesa Schwartz' *Grim*-Romanen, in dem der Gargoyle Grim und das Mädchen Mia um ihr Leben und die Zukunft ihrer Welt kämpfen müssen. Auch das »gewöhnliche« Paris ist in *Grim* ein surrealer, mystischer Ort.

> Sie erreichte die Metrostation Marcadet Poissoniers. Ein warmer Luftzug fuhr ihr wie der Atem eines lebendigen Wesens ins Gesicht, als sie die Treppe hinablief. Das Tunnelsystem empfing sie mit seinen kalkweißen Kacheln und dem kaugummigefleckten Boden,

> auf dem alle paar Meter Obdachlose saßen. Sie schaute an die Decke. Regelmäßig wurde sie frisch gestrichen, man konnte die Farbe fast noch riechen. Und doch wellte sich die Tunnelhaut überall und schlug Blasen, als wäre sie lebendig, tumoröses Gewebe in den Gedärmen der Stadt. Schimmel hatte sich in das saubere Weiß gefressen und verteilte in grün-feuchten Rinnsalen seinen Speichel auf dem Boden.

Gesa Schwartz ist nicht ganz wohl damit, dass sie überhaupt in ein Subgenre eingeordnet wird. »Etiketten begegne ich mit Misstrauen, weil sie so leicht einschränken und die Kreativität beschneiden können«, meint sie. »Allerdings leuchtet es mir ein, dass der Buchhandel bestimmte Genres braucht, um die Bücher präsentieren zu können. In diesem Rahmen ist Urban Fantasy für meine Geschichten also ganz passend.«

Wenn Sie Urban Fantasy schreiben, dann kommen Sie um eine Vor-Ort-Recherche nicht herum, denn natürlich ist für den Leser der Wiedererkennungseffekt ein Teil des Spaßes. Vielleicht inspiriert Sie auch umgekehrt eine besondere Stadt, die Sie erkundet haben, zu einer Urban-Fantasy-Story?

Romantasy & Erotik

Natürlich enthalten viele Fantasyromane Liebesgeschichten – ist die Lovestory aber der Mittelpunkt, dann kann man den Roman in dieses Subgenre einordnen. Damit wird das Buch automatisch uninteressant für die meisten männlichen Leser, aber das macht nichts, dafür greifen umso mehr Leserinnen zu. Und zwar richtig viele, was die Auflagen von Stefanie Meyers *Biss*-Romanen bezeugen. Der Ton in diesem Genre geht von poetisch-magisch (zum Beispiel Maggie Stiefvater, *Nach dem Sommer*) über augenzwinkernd-locker (typischerweise im All Age-Bereich, zum Beispiel in Kerstin Giers All Age-Roman *Silber – Das erste Buch der Träume* und den Fortsetzungen) bis zu sinnlich-erotisch (zum Beispiel in Nalini Singhs Gestaltwandler-Romanen). Oft sind diese Romane aus weiblicher Perspektive geschrieben, aber

JULIE KAGAWA
Plötzlich Fee
SOMMERNACHT
HEYNE

Maggie Stiefvater lässt in *Nach dem Sommer* und den Fortsetzungen sowohl Grace als auch Sam, ihren Wolf mit den goldenen Augen, zu Wort kommen. Zum Beispiel, als die beiden sich in Menschengestalt begegnen, noch ohne sich zu kennen. Sam arbeitet an der Kasse eines Buchladens, in dem Grace mit ein paar Freundinnen stöbert.

> *Dreh dich um, Grace. Sieh mich an, ich stehe direkt hinter dir.* Wenn sie sich jetzt umdrehte, würde sie meine Augen sehen, die im Sonnenlicht bestimmt noch gelber leuchteten als sonst, und dann müsste sie mich einfach erkennen.
>
> Sommersprosse öffnete die Tür – *pling* – und winkte den Rest der Herde ungeduldig herbei: Zeit zu gehen. Olivia drehte sich noch einmal zu mir um. Ich wusste, dass ich die Mädchen – Grace – anstarrte, aber ich konnte einfach nicht anders.
>
> Olivia runzelte die Stirn und verschwand nach draußen. »Komm schon, Grace«, drängelte Sommersprosse.
>
> Meine Brust schmerzte. Mein ganzer Körper schien plötzlich eine Sprache zu sprechen, die mein Kopf nicht recht verstand.
>
> Ich wartete.
>
> Aber Grace, die Einzige auf dieser Welt, von der ich erkannt werden wollte, fuhr nur bedauernd mit dem Finger über den Umschlag einer der Neuerscheinungen und verließ den Laden. Ohne auch nur zu bemerken, dass ich da war, ganz in ihrer Nähe.

Romantasy bietet ganz viel Stoff zum Träumen. In diesem Genre kann sich die Anziehungskraft von Fabelwesen – vom schönen Vampir bis zum sexy Gestaltwandler – voll entfalten, und bei Gestaltwandlern kommt praktischerweise hinzu, dass sie bei ihrer Verwandlung ohne Kleidung auskommen müssen. Achtung, perfekte wunderschöne Männer sind meist unheimlich langweilig! Wenn Sie Romantasy schreiben, achten Sie darauf, Ihrem Helden genug Schwächen, schlechte Eigenschaften, Abgründe und Ängste mitzugeben, damit er kein eindimensionaler Posterboy bleibt. Und gerade die Abgründe machen Männer erst so richtig interessant …

Romantasy lebt häufig von Kontrasten bei den Figuren. Das funktioniert bestens in Nalini Singhs *Leopardenblut*, in der sich zwei Kulturen gegenüberstehen, die der intellektuellen Medialen, die stolz darauf sind, keine Emotionen zu besitzen, und die der Gestaltwandler-Rudel, die ihr Leben emotional und körperbetont gestalten. In der männlichen Hauptfigur Lucas liegt das Raubtier dicht unter der Oberfläche, und das ist natürlich, was seinen Reiz ausmacht für die etwas aus der Art geschlagene Mediale Sascha.

»Haben Sie Angst?«, flüsterte er an ihrem Ohr.

Seine Schnelligkeit war zum Fürchten. Er hatte den Wagen innerhalb von Sekundenbruchteilen umrundet. »Kaum. Haben Sie vergessen, dass ich eine Mediale bin? Ich bin bloß verwirrt, weil ich den Sinn nicht erkenne.«

»Vielleicht habe ich Sie in einen heimtückischen Hinterhalt gelockt.« Seine Hand ruhte an ihrer Hüfte.

»Wenn Sie mir etwas antun wollten, hätten Sie das auch leicht auf dem Parkplatz erledigen können.« Sie überlegte, ob sie sich über die Hand auf ihrer Hüfte aufregen sollte. Was hätte ein normale Mediale getan? Wäre eine normale Mediale überhaupt in so eine Situation geraten? Sie hatte keine Ahnung!

Der Roman prickelt, besteht aber keineswegs nur aus Sex-Szenen – das ginge auch gar nicht, da sich die gegensätzlichen Hauptfiguren lange mit Misstrauen begegnen und sich nur langsam näher kommen. Wie auch andere Autorinnen hat Singh die Lösung gewählt, dass Lucas und Sascha ihr Verlangen in Träumen, die beide mitgestalten, ausleben. Im wirklichen Leben sind sie erst viel später soweit.

Weniger prickelnd sind in diesem Genre die Weibchen-Klischees (die Heldin lässt sich vom Helden an der Hand aus dem Gefahrenbereich zerren). Zum Glück gibt es auch andere Konstellationen, in denen selbstsichere Frauen es mit einem attraktiven Gegenpart zu tun bekommen. Dadurch fliegen verbal die Fetzen und der Konflikt zwischen Gefühl und Verstand gibt der Handlung die Würze.

Historische Fantasy & Steampunk

Historischer Roman meets Fantasy – das ergibt oft reizvolle Romane. »Dadurch, dass ich Geschichte studiert habe, macht es mir Spaß, einen fantastischen Plot in ein reales, historisches Setting zu setzen«, erzählt Autorin Ju Honisch. »Die Spannung kommt für mich aus dem Gegensatz real – fantastisch.« Ihr Roman *Das Obsidianherz* (Feder & Schwert) spielt im Königreich Bayern des Jahres 1865, in dem ein britischer Agent sowie zwei junge bayerische Offiziere einem entwendeten magischen Manuskript großer Macht nachjagen. Die junge Corrisande Jarrencourt, die mit ihrer Anstandsdame im gleichen Hotel wohnt wie die Herren, erlebt dabei mehr, als sie jemals erwartet hat – und stellt sich sogar als Köder für ein magisches Geschöpf zur Verfügung.

> Sie erhob sich mühsam und besah sich im Spiegel. Der Blick auf ihr angespanntes, blasses Gesicht half ihr, einen Weinkrampf zu schlucken, in den sie sich gerne geflüchtet hätte. Weinen machte hässlich, und ihre Aufgabe war es, hübsch auszusehen. Bis zum Vortag zumindest war das ihre Hauptaufgabe gewesen. Die Dinge hatten sich nachhaltig geändert. Sie holte tief Luft.
>
> »Contenance, Corrisande!«, flüsterte sie sich selbst zu und zwang ihren Gesichtausdruck in eine Miene, die wenigstens annähernd nach ruhiger Gelassenheit aussah. Sollte sie wirklich in dieser Nacht sterben müssen, dann wollte sie dabei wenigstens präsentabel aussehen.
>
> Sie wünschte, sie wäre ein religiöser Mensch und hätte irgendein Ritual, mit dem sie sich auf das Kommende vorbereiten könnte. Bayern war ein katholisches Land, und in jedem Zimmer hingen kleine Weihwasserspender aus Porzellan neben der Tür.

Während in reiner Historischer Fantasy die realen Rahmenbedingungen stimmen müssen, Sie also um eine aufwendige Recherche nicht herumkommen, haben Sie in nur leicht historisch angehauchter Fantasy und im Steampunk mehr Freiheiten. Hier hat zwar das 19. Jahrhundert Pate gestanden, aber es kann gerne ein magisch abgewandel-

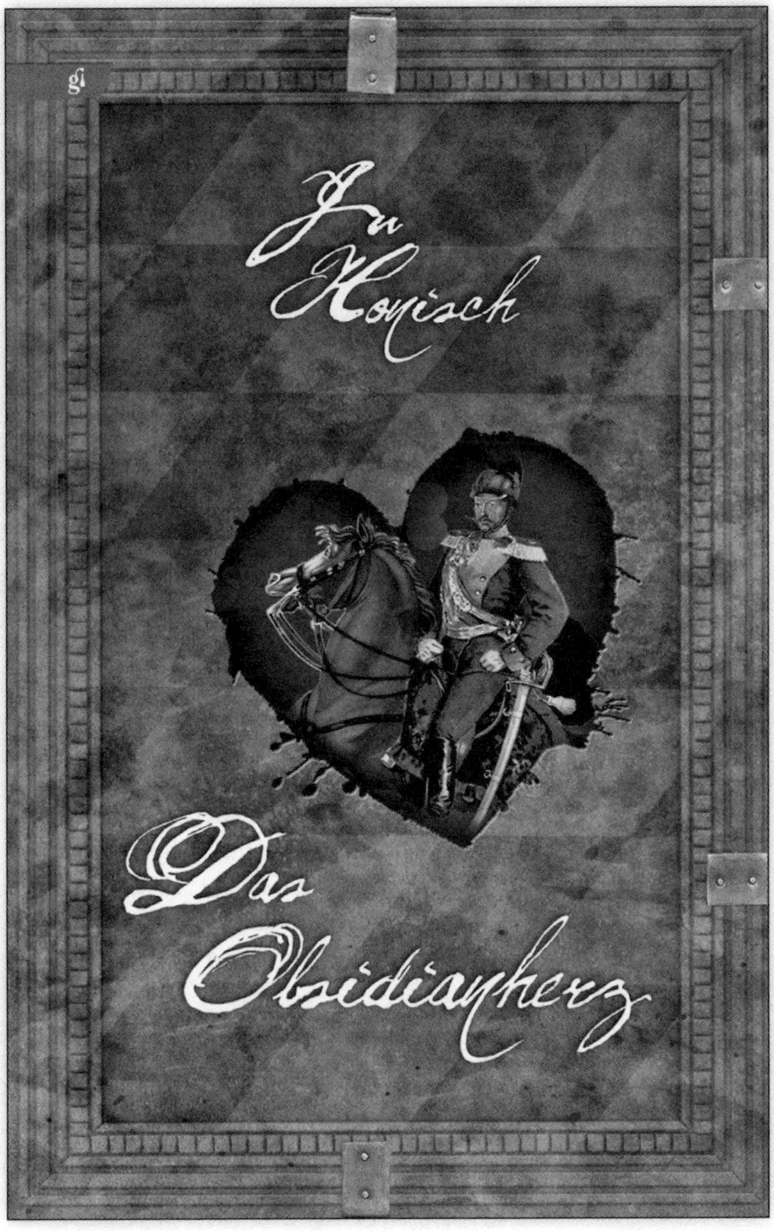
Jo Hanisch
Das Obsidianherz

tes, mit noch mehr dampfgetriebener Technologie versehenes Zeitalter sein, das Sie beliebig mit eigenen Einfällen anreichern können. Zylinder, Zeppeline, Gaslaternen-Atmosphäre, London … das sind die klassischen Steampunk-Zutaten. Aber es steht Ihnen frei, daraus etwas ganz Eigenes zu machen.

Humoristische Fantasy

In der Scheibenwelt von Terry Pratchett ist immer etwas los. Dort gibt es unfähige Zauberer, einen Tod, der gerne Curry mag, einen Orang-Utan-Bibliothekar und viele andere schräge und sehr, sehr witzige Figuren. Der Stoff ging Pratchett nie aus, da er mit großem Vergnügen die reale Welt aufs Korn nahm und fantastisch-satirisch aufarbeitete (von der Religion über die Universitätsbürokratie bis zur Finanzkrise). Auch Fantasy-Klischees ins Lächerliche zu ziehen war für ihn ein beliebter Zeitvertreib.

Doch humoristische Fantasy ist mehr als Terry Pratchett, wie man leicht feststellen kann, wenn man sich in einen Zamonien-Roman von Walter Moers vertieft, in A. Lee Martinez' *Diner des Grauens* hineinliest (»Willkommen im Diner des Grauens, wo Zombie-Angriffe an der Tagesordnung sind und du niemals weißt, was im Kühlschrank lauert!«). Oder in Ben Aaronovitchs *London Underground*-Romane, die *Thursday-Next*-Bücher von Jasper Fforde oder auch in *Fantastik AG* von Jan Oldenburg, in dem ein kleinwüchsiger Professor der Fantastik und sein einziger Student sich in die Fernen Länder wagen, über die sie alles zu wissen glauben. Dabei erleben sie natürlich die eine oder andere Überraschung. Zum Beispiel, dass Kobolde sich dort anschicken, mit dem titelgebenden Konzern die Welt zu beherrschen.

> »Wir von der Fantastik AG mögen das Wort Gefangene nicht!«, strahlte Fechus. »Wir bevorzugen: Zu günstigen Konditionen beschäftigte freiwillig Angestellte!«
>
> »Günstige Konditionen für wen?«, fragte der Professor.
>
> »Wer stellt sie freiwillig ein?«, fragte Theodor.

Ben Aaronovitch
Die Flüsse von London
dtv
Roman

In diesem Augenblick verkündete eine heiterkeitstriefende Stimme aus den überall aufgestellten Lautsprechern: »Liebe Angestellte der Fantastik AG! Freuet euch! Fantastik Radio spielt nun eine Stunde lang zu eurer Erbauung schöne Musik!«

Peinlich Seichtes plätscherte aus den Lautsprechern. Ein öliger Zwergenbass sang schmachtend von Liebe und Herzensschmerz.

Theodor blickte sich um, wie diese Einlage wohl auf die Angestellten wirken mochte.

»Großer Gott, Professor«, flüsterte er. »Sehen Sie!«

Es war wirklich beängstigend.

Trolle, Elfen, Gnome und Wichtel, Zwerge, Waldschrate, Puckelmännlein und Feen schunkelten sacht im Takt der Musik.

Und sie grinsten.

Alle.

Für Sie als Autor oder Autorin ist dieses Subgenre das schwerste von allen. In der Dark Fantasy das Blut spritzen und Gedärme quellen zu lassen ist weitaus einfacher als witzig zu schreiben und sich Gags auszudenken, die zünden. Ob das bei Ihrem Manuskript der Fall ist, testen Sie am besten bei Lesungen im kleinen Kreis. Wird gelacht? Wenn ja, Glück gehabt. Wenn nicht, tüfteln Sie weiter.

Fanfiction oder eigene Ideen

Sind Sie glühender Fan einer phantastischen Saga und lieben die Figuren und die Welt über alles? Dann haben Sie vielleicht Lust darauf, selbst über diese Figuren zu schreiben. Ihnen neue Facetten abzugewinnen, Ihre eigenen Ideen mit diesen wunderbar vertrauten Helden zu verwirklichen und aus irgendeinem Aspekt oder einer Nebenfigur nochmal richtig viel rauszuholen. Solche Geschichten zu verfassen macht Spaß, sie mit anderen Fans zu teilen und zu diskutieren noch viel mehr. Wenn es nicht so wäre, gäbe es wohl kaum Hunderttausende von Fan-Storys zu beliebten Universen wie Harry Potter, Eragon, Panem und anderen. Dieser Bereich der Literatur ist eine wild wuchernde Spielwiese, auf der mit etwas Glück sogar eigene Ideen und Figuren wachsen können.

Fanfiction ist eine gute Möglichkeit, sich als Autor oder als Autorin zu erproben: Sie müssen nicht viel Zeit und Arbeit in die Entwicklung einer eigenen Welt oder deren Figuren stecken, sondern können sich ganz auf Dramaturgie, Dialoge und Sprache konzentrieren. Also auf das eigentliche Schreiben, das – ganz wichtig! – Übungssache ist, wie Sie merken werden, wenn Sie nach ein paar Jahren mal wieder in Ihre ersten Geschichten hineinschauen. Nützlich ist auch, dass auf manchen Fanfiction-Seiten hilfsbereite Beta-Leser die Autoren mit Kritik und Korrekturen unterstützen, das bringt Sie weiter.

Cassandra Clare, Autorin von *City of Bones* und den Folgebänden, hat sich ausgiebig in der Fanfiction getummelt, bevor sie den Sprung zu eigenständigen Romanen schaffte und berühmt wurde. Aber aus dieser ersten Zeit hängen ihr noch ein paar unschöne **Plagiatsvorwürfe** nach – vielleicht hatte sie sich zu sehr daran gewöhnt, Figuren, Ideen und womöglich auch Textteile anderer verwenden zu können? Der große Nachteil der Fanfiction ist nun mal, dass man sich auf fremde Schöpfungen stützt (was im Sinne des Copyrights eigentlich verboten ist). Daran ändert auch der übliche Disclaimer nichts, den viele Schreibende aus Höflichkeit an den Anfang ihrer Geschichten setzen. Er lautet etwa folgendermaßen: *»Alle Rechte an den Figuren gehören ((Name des ursprünglichen Autors/der Autorin, des Verlags* *beziehungsweise der Filmgesellschaft)) und ich habe sie mir nur geborgt. Mit dieser Geschichte verdiene ich kein Geld.«*

Hat man in seiner Geschichte Ideen eines anderen Autors verwendet, ohne dass man offizieller Co-Autor ist, kann man eine Veröffentlichung dieser Texte in einem seriösen Verlag vergessen. Dass Fanfiction-Geschichten ins Netz eingestellt werden, dulden Autoren und Verlage des Originalwerks meist, doch sie ohne Genehmigung zu drucken würde richtig Ärger bringen. Und mit Plagiaten macht man sich noch unbeliebter. »Wir hatten einmal ein Manuskript, bei dem eine Kampfszene abgeschrieben war – aus einem Geschichtsklassiker«, erzählt Lektorin Michelle Gyo. »Das ist nicht gerade schlau, denn sowas fällt so gut wie immer dem Lektor oder den Lesern auf – und dann muss der Autor dafür geradestehen.«

Manche Originalautoren finden es lustig, dass andere Leute Geschichten zu ihren Romanen schreiben (ich zum Beispiel, obwohl es ein ganz komisches Gefühl war, etwas über das weitere Schicksal von Alena zu lesen … Das hatte ich mir nämlich ganz anders vorgestellt …). Andere hassen es. »Ich erlaube keine Fanfiction«, schreibt zum Beispiel Anne Rice auf ihrer Website. »Die Charaktere sind urheberrechtlich geschützt. Es stört mich schon, nur an Fanfiction mit meinen Charakteren zu denken. Ich rate meinen Lesern, ihre eigenen Geschichte mit ihren eigenen Charakteren zu schreiben. Es ist sehr wichtig, dass ihr meine Wünsche respektiert.« Hat man solche Geschichten geschrieben, kann man sie offline Freunden geben – oder sie bekommen einen kuscheligen Ruheplatz auf der eigenen Festplatte.

Surftipps – Fanfiction im Netz

Fanfiktion www.fanfiktion.de	Große deutsche Fanfiction-Community: Veröffentlicht Fangeschichten zu Büchern, Cartoons, Computerspielen, Filmen, TV-Serien, Prominenten etc., aber man kann auch »freie Arbeiten« hier veröffentlichen, also Geschichten (sogar ganze Romane) und Gedichte ohne Vorlage, die nach Genres und Themen geordnet werden. Leser können ihre Kommentare dazu abgeben und Sternchen (ähnlich wie Likes) vergeben. Im Forum kann man in der »Betaleserbörse« nach Helfern suchen oder über das Schreiben allgemein diskutieren.
Animexx http://animexx.onlinewelten.com/fanfiction/	Fanfiction-Portal mit Schwerpunkt auf Mangas, das aber auch Geschichten zu Büchern, Filmen und Spielen veröffentlicht. Auch hier gibt es die Möglichkeit, »freie Arbeiten« zu posten.
My Fanfiction www.myfanfiction.net	Bietet neben Fanfiction (mit einem Schwerpunkt auf Romantik und Erotik) Schreibübungen und -challenges sowie Tipps, wie man eine richtige Sterbeszene schreibt.
Fanfiction.Net www.fanfiction.net/book/	Nach eigenen Angaben weltgrößtes englischsprachiges Fanfiction-Portal, in dem Fans Geschichten zu Hunderten von Büchern, Filmen und Mangas eingestellt haben.

RICK RIORDAN
PERCY JACKSON
DIEBE IM OLYMP
CARLSEN

Besonderheiten bei Fantasy für Kinder und Jugendliche

Für Kinder und Jugendliche zu schreiben ist nicht einfacher, macht aber viel Spaß. Außerdem sind besonders Kinder sehr dankbare Leser und Zuhörer, wie man am eigenen Nachwuchs (falls vorhanden) und bei Lesungen erleben kann. An spannenden Stellen können sie kaum stillhalten vor Aufregung, bei witzigen Stellen kringeln sie sich, und wenn Fragen gestellt werden dürfen, kennt ihre Neugier keine Grenzen. Ihre Lieblingsbücher lieben sie so sehr, dass sie sie zehnmal oder noch öfter lesen und ihr Leben lang nicht vergessen.

Jugendliche lesen meiner Erfahrung nach entweder viel oder gar nicht. Die Vielleser sind ein wunderbares Völkchen von Bücherverschlingern, die oft selber schreiben … Wenn du dich hier angesprochen fühlst, ein herzliches Hallo von mir!

Das Jugendbuch wird oft auch *All Age* genannt, weil es seit Harry Potter nicht mehr peinlich ist, mit einem Jugendroman in der Hand gesehen zu werden. Seither signalisiert das Etikett »All Age«, dass man einen Roman auch als Erwachsener lesen kann, ohne dass sich das Gehirn sofort auflöst, und umgekehrt, dass sich ein Buch aus einem Verlagsprogramm für Erwachsene auch für junge Leser eignet, weil darin nicht nur gemetzelt wird.

Vielleicht wissen Sie noch nicht genau, ob Ihr Manuskript sich in Richtung Jugendbuch oder Erwachsenenbuch bewegt. So ging es mir jedenfalls, während ich *Der Verrat der Feuer-Gilde* schrieb und trotz all dieser Manuskripte in meiner Schublade noch ziemlich unerfahren war, weil ich noch nie richtiges Feedback bekommen hatte. Während meiner Schulzeit war es keine Frage gewesen, dass ich Jugendromane schrieb. Doch nun war ich zumindest offiziell erwachsen und fragte mich ständig: »Was ist das eigentlich, was ich da schreibe? Wen interessiert das? Und für wen *will* ich überhaupt schreiben, Jugendliche oder Erwachsene?« Das bremste mich ziemlich aus.

Zum Glück hatte ich mich kurz zuvor mit einem anderen Studenten, Günther, über das Schreiben unterhalten, als wir auf die Sprechstunde unseres Professors warteten, und Günther lud mich in seine

Autorengruppe ein. Die Mitglieder waren alle älter als ich und sie schrieben viel coolere Sachen. Ich kam schnell darüber hinweg, dass sie meinen ersten gelesenen Text gnadenlos verrissen, und war begeistert darüber, dass sie so scharfsinnig und voller Sachverstand kritisierten. In dieser Gruppe las ich immer wieder Teile meines neuen Romans vor, und allmählich kristallisierte sich heraus, dass es tatsächlich ein Jugendroman war, was da auf der Festplatte meines Computers wuchs. Vom Alter der Hauptfigur her, vom Plot her, von der Sprache und der Erzählweise her. Praktischerweise stehe ich nicht so auf blutige Szenen, auch das passte. Aber manchmal werde ich heute noch darauf angesprochen, dass die Liebesszenen in den *Daresh*-Romanen vergleichsweise explizit sind. Tja, was soll ich sagen? Ich entscheide bei jedem Roman neu, ob es hineinpasst oder nicht. Damals habe ich eben so entschieden.

Auch Gesa Schwartz schreibt hauptsächlich All Age-Fantasy, ihre Hauptfiguren sind meist jung. Auf meine Frage, was für sie daran besonders reizvoll ist, hat sie geantwortet: »Ganz klar die Entwicklungsmöglichkeiten, aber auch der Umstand, dass jugendliche Protagonisten oft noch näher an dem sind, was viele Erwachsene bereits verloren haben: dem Wunderbaren, das sich überall um uns herum und auch in uns selbst verbirgt, und der Fähigkeit zu spielen im Sinne von dem wirklich absichtslosen freien Spiel, das im Idealfall wie eine Geschichte aus sich selbst heraus entsteht und das jeder Kunst und Weltenveränderung zugrundeliegt. Gleichzeitig sind meine Protagonisten aber auch oft jenseits jeder Zeit oder mehrere hundert Jahre alt. Insofern würde ich sagen, dass für mich das eigentlich Spannende an einer Figur nicht vom Alter abhängt, sondern von dem, was sie in ihrem Kern ist – von ihren Sehnsüchten, Ängsten, Träumen und Gedanken.«

Ihre Zielgruppe einschätzen

Heranwachsende verändern sich unheimlich schnell, ein Jahr kann schon einen Riesenunterschied machen. Deshalb ist die gesamte Kinder- und Jugendliteratur nach Altersstufen gegliedert – sie entsprechen den Regalen, die Sie in Buchhandlungen finden, und auf denen oft Etiketten mit »ab 8« oder »ab 12« kleben. Hier eine Übersicht, durch die Sie rasch feststellen können, für welche Altersgruppe Sie ungefähr schreiben wollen oder für wen sich Ihre bereits fertige Geschichte eignet.

Junge Kinder (3-6 Jahre)
Schon kleine Kinder lieben fantastische Geschichten. Ihre Welt ist ohnehin so bunt, magisch und fantasievoll, dass es ihnen völlig natürlich erscheint, wenn in einer Geschichte Sockenmonster, Geister mit Sonnenallergie oder chaotische Elfen auftauchen. Sie finden es normal, dass der Esstisch auch mal schlechte Laune hat oder das Auto sich in der Garage einsam fühlt. Und sehr cool, wenn sich herausstellt, dass das, was man aus der Zoohandlung mitgebracht hat, ein Vampirkaninchen ist, das nachts Gemüse aussaugt. Für jüngere Kinder sollten die Geschichten kurz, knapp und auf keinen Fall langweilig sein. Für die Jüngsten haben die Geschichten nur wenige Seiten, aber auch längere Erzählungen sind möglich.

Textarten, in denen Sie sich austoben können: Bilderbuch, Vorlesebuch, Erstlesegeschichte (mehr darüber im Laufe des Kapitels).

Mittelgroße Kinder (7-10 Jahre)
Kinder in diesem Alter sind Geschichten gewohnt und können sich schon längere Zeit konzentrieren, sie beginnen mit relativ kurzen, schnell erzählten Büchern und lesen ab 8 oder 9 Jahren richtige Romane. Leider haben Geschlechterklischees in diesem Alter eine breite Basis in der Wirklichkeit: Die Jungs kennen meist alle gängigen Fernsehserien, kämpfen mit Laserschwertern und spielen im Fußballverein. Viele Mädchen lieben Pferde, interessieren sich für Prinzessinnenkram, spielen mit ihren Freundinnen und ärgern die Jungs. Neben Krimi ist auch Fantasy bei dieser Zielgruppe sehr beliebt, besonders Reihen, weil man liebgewonnene Figuren wiedertrifft und die Welt schon kennt.

Textarten, in denen Sie sich austoben können: Kinderromane zwischen 80-120 Seiten (für jüngere Leser) und 300 Seiten (für aufgeweckte Neun- oder Zehnjährige), aber auch Sachbücher über phantastische Wesen und geheimnisvolle Phänomene.

Jugendliche (11-15 Jahre)
Bisher ist die Beliebtheit von phantastischen Romanen bei Jugendlichen ungebrochen, manche haben schon vor dem *Harry Potter*-Zeitalter nichts anderes gelesen. Die Skala reicht von Romantasy wie der Edelstein-Trilogie von Kerstin Gier über Mystery wie *Soul Beach* von Kate Harrison bis hin zu eher actionlastiger Fantasy (zum Beispiel *Percy Jackson* von Rick Riordan). Die jungen Hauptfiguren versuchen oft, sich selbst und ihren Platz in einer fantastischen Gesellschaft/Welt zu finden, mit ihrer Familiengeschichte klarzukommen und sich in schwierigen Situationen zu behaupten – das sind auch die Dinge, die in unserer Welt Thema für sie sind.

Jugendromane für Leser ab 11 verzichten weitgehend auf Gewalt und Sex, hier wird höchstens geküsst. Bei der Zielgruppe ab 12 gibt es kaum noch Tabus, was Gewalt und Sex-Szenen angeht, aber die ganz blutigen Sachen und reine Erotik bleiben dem Erwachsenenbereich vorbehalten.

Textarten, in denen Sie sich austoben können: Romane zwischen 300 und 600 Seiten, alle Sub-Genres, die auch im Erwachsenenbereich existieren (außer reine Erotik).

Junge Erwachsene (ab 14)
Kaum noch ein Unterschied zum Fantasyroman für eine erwachsene Zielgruppe. Nur sollte die Hauptfigur jung sein (maximal Anfang zwanzig), damit sich die Jugendlichen noch mit ihr identifizieren können. In diesem Alter lesen Jugendliche ohnehin längst Erwachsenenromane, deshalb gibt es wenige Verlage, die Bücher speziell für die Zielgruppe ab 14 im Programm haben.

Textarten, in denen Sie sich austoben können: Romane zwischen 300 und 800 Seiten, alle Sub-Genres, die auch im Erwachsenenbereich existieren.

Besonderheiten bei Struktur, Figuren und Plot

Fangen wir bei den jungen Kindern an. Für ein **Bilderbuch** reicht eine einzige originelle Idee, die man anschließend zu einer Mini-Geschichte ausbaut. Für die Bilder dazu sorgt später, wenn Sie einen Verlag gefunden haben, ein Illustrator bzw. Grafik-Designer. Sie brauchen Illustrationen also nicht mitzuliefern, Sie können aber natürlich welche anfertigen, wenn Sie das Buch selbst produzieren lassen wollen.

Da ein Bilderbuch gewöhnlich aus 12 Doppelseiten besteht, sollten Sie Ihre Story gleich so planen und schreiben. Falls Sie die Geschichte schon fertig haben, können Sie sie natürlich auch leicht nachträglich so aufteilen, wobei Sie wahrscheinlich kürzen müssen, denn pro Doppelseite haben Sie für nicht mehr als sechs bis acht Sätze Platz, auch ein Satz pro Doppelseite kann ausreichen. Hier ein kurzer Auszug aus *Das war ich nicht – das war der Drache!* von Jodi Moore und Howard McWilliam, in dem ich die Doppelseiten markiere, so wie Sie das später im Manuskript tun sollten. Versuchen Sie, sich die Bilder dazu vorzustellen – so wie Sie das auch bei Ihrem eigenen Projekt tun sollten!

TIPP: *Texte für ganz junge Leser am besten in Gegenwartsform erzählen! Denn auch Kinder leben in diesem Alter ganz in der Gegenwart.*

Aus: *Das war ich nicht– das war der Drache* von Jodi Moore, Lappan Verlag

»Hör doch,
wie laut er
brüllt«,
rufst du.
»Ich höre nur
das Rauschen des
Meeres«, wird
sie antworten.

((DS 1))
Wenn du eine tolle Sandburg baust, kommt ganz sicher ein Drache und zieht ein.

((DS 2))
Er wird es sich darin gemütlich machen und dich von drinnen beobachten … und du wirst dich fragen, ob du jemals schon so glücklich gewesen bist.

((DS 3))
Mit einem Drachen in deiner Burg kannst du jederzeit Lagerfeuer-Marshmallows machen und du hast dein eigenes Floß.

((DS 4))
… und einen Flugdrachen, der wie von selbst fliegt. Und das Beste ist, dass niemand am Strand es wagen wird, deine Sandburg zu zertreten.

((DS 5))
Natürlich gibt es am Strand auch Regeln – daher müsstest du seinen Rauch vor den Rettungsschwimmern verstecken … und die Drachenspuren im Sand entfernen.

((DS 6))
Vielleicht möchtest du diese tollen Neuigkeiten auch deiner Familie mitteilen. »Da ist ein Drache in meiner Burg«, rufst du deiner Mutter zu. »Mmm … hmmm«, wird sie antworten. »Hör doch, wie laut er brüllt«, rufst du. »Ich höre nur das Rauschen des Meeres«, wird sie antworten.

Später wird der Drache hungrig und muss gefüttert werden, er wird alle belegten Brote fressen, auch die, die für die Schwester gedacht waren. Echt Pech. Und so geht es auch weiter:

((DS 10))
Dann wird sein feuriges Schnauben die Limonade zum Sprudeln bringen. »Hör auf, in deinen Strohhalm zu pusten«, wird deine Mutter sagen. »Das war ich nicht«, antwortest du. »Das war der Drache!« Und du wirst ein »He-he-he« hören, das tief unten aus der Sandburg kommt.

Auf der abgebildeten Doppelseite stehen 267 Zeichen inklusive Leerzeichen. Das ist eine gute Länge, aber etwas mehr ginge noch. Stellen Sie sich darauf ein, dass Sie mit höchstens 700 Zeichen pro Doppelseite auskommen müssen.

Wenn Ihnen das zu wenig Platz ist, um Ihre Geschichte zu erzählen – oder Ihre Story vielleicht längst auf 20 Seiten angewachsen ist – dann können Sie auf die **Vorlesegeschichte** ausweichen. Vorlesegeschichten sind sprachlich Bilderbüchern ähnlich, nur länger. Hier als Beispiel ein kleiner Auszug aus *Schluri Schlampowski und die Spielzeugbande* von Brigitte Endres – während die Eltern das 80-seitige Buch vorlesen, können die Kinder die bunten Illustrationen von Antje Drescher betrachten, die sich fast auf jeder Seite entdecken lassen. Schluri, ein wuschelhaariges Wesen, das Zwiebeln frisst und beim Geräusch eines Staubsaugers in Schockstarre fällt, hat mal wieder einiges angerichtet, was seinem Adoptivvater, einem Puppendoktor, nicht sonderlich gefällt.

> »Schluri«, knurrte er in einem Ton, den die Spielzeugbande selten von ihm gehört hatte. »Was fällt dir ein?«
>
> Schluri sprang auf der Couch Trampolin und trällerte vor sich hin. Helfrichs Verärgerung schien er nicht zu bemerken. »Was fällt mir ein?«, trällerte er. »Nur Schlamperein. Und Schlamperein find ich sehr fein!«
>
> Diese Meinung teilte Gottlieb Helfrich nun überhaupt nicht. »Du kommst sofort von der Couch runter!«, zischte er.
>
> »Autsch«, sang der kleine Schlampiner und trat dabei fest gegen die Lehne. »Autsch!, sagt die Couch.«
>
> Jetzt reichte es dem alten Puppendoktor. Er versuchte, Schluri zu schnappen. Aber der sprang wie ein Grashüpfer auf den Couchtisch und seilte sich am Tischtuch ab. Mit ihm landeten das Tischtuch und die Porzellanvase mit dem Goldrand auf dem Boden. Es klirrte, Porzellansplitter spritzten durchs Zimmer.

Hier sehen Sie, wie eine Doppelseite des Buchs aussieht:

»Ra-ta-ta-ta. Oh, oh – weh, weh!«

»Roberto!«, sagte er mit einem Seufzer. »Er ist mal wieder gestürzt!«

Das war nämlich ein Problem mit Roberto Blech: Wenn er auf den Rücken fiel, war er hilflos wie ein verunglückter Kartoffelkäfer und musste warten, bis ihn jemand wieder aufstellte.

»Wenn ihr mich fragt, kommt das aus der guten Stube!«, brummte Brumm Gnatzig und wandte sich betont gleichmütig seinem Honigmüsli zu.

Aus: *Schluri Schlampowski und die Spielzeugbande* von Brigitte Endres, Tulipan Verlag

»Sapperlot auch!«, rief der alte Helfrich mit einem Blick auf die leere Schuhschachtel. »Die beiden sind doch nicht etwa ...«

Und dann sagte er nichts mehr, sondern rannte, als sei der Teufel hinter ihm her, aus der Küche. Zwei Sekunden später stand er in der Wohnzimmertür und schnappte nach Luft.

Was war denn hier los?

Schluri hüpfte noch immer ausgelassen auf der Couch herum und warf mit Kissen um sich. Roberto lag wehklagend zwischen Büchern und Gummibaumerde auf dem Teppich und strampelte mit Armen und Beinen.

»Sapperlot, Sapperlot aber auch!«, stieß Helfrich noch einmal aus, unfähig, einen Gedanken zu fassen.

»Sapperlot und Schnuddeldiwutz!«, sang Schluri und warf die Kissen herum, dass es nur so staubte. »Sauber ist dumm, lustig ist Schmutz.«

»Ich hab's von Anfang an gewusst«, brummte eine tiefe Stimme. »Der Neue macht nur Ärger!«

Grete Petete sagte nichts, ihr hatte es die Sprache verschlagen. Die beiden waren am Tischbein hinuntergerutscht und Helfrich gefolgt. Mit aufgerissenen Augen standen sie neben ihm und betrachteten die Bescherung.

»Oh, oh – weh, weh!«, jammerte Roberto.

Wortlos trat der alte Helfrich in seine vormals gute Stube. Er half dem Spielzeugroboter hoch, stellte den Gummibaum auf und scharrte planlos eine Handvoll Erde zusammen. Wer ihn

51

Wenn Ihre Story nur fünf oder zehn Normseiten lang ist, sollten Sie mehrere Vorlesegeschichten zu einem Thema oder mit der gleichen Hauptfigur schreiben, dann könnte man daraus ein Buch machen. Solche kurzen Texte sind beliebt, weil man sie als Gutenachtgeschichten vorlesen kann. Ist die Geschichte länger, dann reicht sie für ein komplettes Buch aus, wenn Sie sie in mehrere kurze Kapitel einteilen. Lassen Sie die Kapitel bloß nicht an einer spannenden Stelle enden, sonst können Ihre Leser nicht schlafen und die Eltern sind genervt, weil sie gezwungen werden, am Bettrand immer weiter zu lesen!

Weitet sich Ihre Geschichte unaufhaltsam zu einem längeren Projekt aus, dann machen Sie am besten einen **Kinderroman** daraus. Solche Romane können für Kinder ab 7 oder 8 recht kurz sein, wie zum Beispiel die mehrbändigen *Spiderwick-Geheimnisse* von Tony DiTerlizzi und Holly Black, die zwar pro Band 120 Seiten haben, aber durch die große Schrift, den eineinhalbzeiligen Satz und die vielen Illustrationen nur sehr wenig Text enthalten (siehe Seite 52-53). Oder Sie gehen gleich in die Zielgruppe ab 10, darüber gleich mehr.

Für Kinder, die gerade lesen lernen, sollte die Sprache deutlich einfacher sein, weil es für sie sehr anstrengend ist, einen Text zu entziffern. Sehr wichtig sind kurze Sätze und eine Handlung, die rasch vorangeht (das ist die Belohnung fürs Entziffern). Hier ein Auszug aus dem **Erstlesebuch** *Hexe Lilli und der verflixte Gespensterzauber* von Knister:

> »Hilfe, Lilli!« schreit Leon. »Hier ist ein echtes Gespenst! Es will mich in eine Kröte verwandeln!«
>
> Kröte? Lilli wird hellhörig.
>
> »Lilli, Hilfeeee!«
>
> Leons Stimme klingt panisch.
>
> Lilli ist hin- und hergerissen. Will Leon sie wieder auf den Arm nehmen?
>
> Als Lilli in die Küche kommt, traut sie ihren Augen nicht. Ein riesengroßes Gespenst flattert um den Tisch herum. Darunter hat sich Leon versteckt. Das Gespenst heult schaurig. Auweia! Lilli ist sofort klar, was passiert ist: Ihre Zaubersprüche haben doch gewirkt!

Im **Kinderroman** können Sie Ihrer Fantasie freien Lauf lassen. Wenn Sie nicht nur Fantasie, sondern auch Humor haben, ist das wunderbar, denn Kinder lieben es witzig. Noch wichtiger ist aber, dass Ihre Geschichte möglichst vom Anfang bis zum Ende spannend ist. Kinder halten keine längeren Beschreibungen durch, mögen Dialoge, weil sie den Text lebendig machen, und sie bestehen auf einem Happy End. Sie können in Fantasyromanen für Kinder auch gerne Tiere oder Fabelwesen erzählen lassen. Die **»Animal Fantasy«** ist eine sehr beliebte Sparte der Fantasy, die sich fast nur im Kinderbuchbereich findet, deshalb erwähne ich sie erst hier.

Besonders bei Jungen beliebt sind zum Beispiel die verfeindeten, in der Wildnis lebenden Katzen-Clans aus der Serie *Warrior Cats*. So wie die Nachfolgereihen *Survivor Dogs* und *Seekers* stammen sie von Erin Hunter, dem Pseudonym eines Autorenteams, das in atemberaubendem Tempo neue Bände produziert. Kleiner Auszug:

> Tigerkralles leises Miauen unterbrach sie. »Da hast du recht, mein Junge.« Der Krieger war unbemerkt zu ihnen herangeschlendert. »Übrigens, Feuerpfote«, fügte er aalglatt hinzu. »Blaustern möchte dich sprechen.«
>
> Feuerpfote blickte überrascht auf. Warum sollte Blaustern ihn sprechen wollen?
>
> »Jetzt sofort … falls du die Zeit erübrigen kannst«, knurrte Tigerkralle.
>
> Sofort sprang Feuerpfote auf und rannte über die Lichtung zum Bau der Anführerin.
>
> Blaustern saß draußen, ihr Schwanz zuckte ruhelos hin und her. Als sie ihn sah, stand sie auf und blickte streng auf ihn hinab. »Tigerkralle hat mir erzählt, dass du heute mit einer Zweibeinerkatze gesprochen hast«, sagte sie ruhig.
>
> »Aber …«, wollte Feuerpfote erklären.
>
> »Er hat gesagt, dass du anfangs mit dieser Katze gekämpft hast, ihr euch am Ende aber die Zunge gegeben habt.«

Jared wurde davon wach, dass Mallory schrie.

Aus: *Die Spiderwick Geheimnisse* von Toni DiTerlizzi und Holly Black, cbj Verlag

31

KAPITEL ZWEI

In dem zwei Wände mit durchaus unterschiedlichen Methoden erforscht werden

Wegen der Löcher im Dach waren auf der ersten Etage nur drei Schlafzimmer bewohnbar. Eins bekam ihre Mutter, eins Mallory, das dritte mussten Jared und Simon sich teilen.

Als sie endlich mit dem Auspacken fertig waren, standen auf allen Kommoden und Nachttischen in Simons Zimmerhälfte Glasgefäße. In einigen wenigen schwammen Fische. Der Rest war voll gestopft mit Mäusen, Ei-

»Das stimmt«, gab Feuerpfote zu. Er spürte, wie sein Fell prickelte. »Aber er war ein alter Freund. Wir sind zusammen aufgewachsen.« Er schwieg und schluckte. »Als ich noch ein Hauskätzchen war.«

Ein Klassiker der Animal Fantasy ist die *Silberflügel*-Trilogie von Kenneth Oppel, in der Fledermäuse verschiedener Arten die Hauptrolle spielen. »Von Anfang an war ich fasziniert von den verschiedenen Überlieferungen der Völker auf der ganzen Welt, die die Entstehung der Fledermäuse beschreiben und erklären, warum sie nur bei Nacht fliegen und in welcher Beziehung sie zu anderen Tieren stehen«, erzählt er im Nachwort des ersten Bandes. Er war auch beeindruckt von den Eigenschaften der Fledermäuse, von der Art, wie sie sich in der Welt zurechtfinden und dass sie über weite Strecken wandern wie Zugvögel und sogar Ozeane überqueren. »All dies schien mir überaus reichhaltiges Material zu sein, um daraus eine neue Fantasiewelt zu schaffen mit einer eigenen Mythologie, Technologie und Magie. Mich reizte die Herausforderung, eine Schwarz-Weiß-Welt zu erschaffen (in dem ganzen Buch wird keine einzige Farbe erwähnt), das Klang-Sehen einer Fledermaus zu beschreiben und die Gesangskarten, die sie bei ihren Wanderungen benutzen.«

Es ist ihm hervorragend gelungen, sich in Fledermäuse hineinzuversetzen und aus ihrer Sichtweise zu schreiben. Nah an der Natur dran, aber auch immer wieder darüber hinaus, wenn die Geschichte es erfordert. In Wirklichkeit führen Fledermäuse natürlich keine Kriege gegen Eulen …

Im **Jugendroman** wären Fledermäuse ein bisschen harmlos, hier darf es auch gerne ein gefährliches und/oder mächtiges Fabelwesen sein. Zum Beispiel ein 5 000 Jahre alter Dschinn wie Bartimäus, den Jonathan Stroud zum Leben erweckt und zu seiner Hauptfigur erkoren hat. Hier ein kleiner Auszug aus dem ersten Band *Bartimäus – Das Amulett von Samarkand*:

Zu meinem Verdruss legten Xerxes und Baztuk, nachdem sie den Raum unter einem Austausch kindischer Knüffe und Schimpfworte einmal ganz umrundet hatten, direkt unter der geheimnisvollen Öffnung eine Verschnaufpause ein. Es war nur eine Frage der Zeit, bis sie den Staubregen bemerken würden, deshalb beschloss ich, alles auf eine Karte zu setzen.

»He, ihr Sandfresser!«, rief ich. »Der Mond bescheint die Kadaver eurer Gefährten und die Schakale bringen ihren Jungen die abgeschlagenen Köpfe als Spielzeug mit!«[3]

Wie erwartet hörte Baztuk sofort auf, Xerxes am Gefieder zu rupfen, und Xerxes zog seine Finger aus Baztuks Nüstern. Beide drehten sich mit mordlüsternen Blicken langsam nach mir um. So weit, so gut. Ich schätzte, dass mir ungefähr dreißig Sekunden blieben, bis das, was sich da durch die Wand bohrte, zum Vorschein käme. Andernfalls war es aus mit mir – wenn mir Baztuk und Xerxes nicht den Garaus machten, dann die Glocke, die mittlerweile auf Apfelsinengröße geschrumpft war.

Jugendromane werden etwas häufiger in der bei Jugendlichen sehr beliebten Ich-Erzählung geschrieben, damit es den Lesern leichter fällt, mit dem Protagonisten mitzufühlen. Der meistens ein Mensch ist, oft ein junger Magier oder jemand, der seine besonderen Fähigkeiten noch finden und entfalten muss.

Ein beliebtes Thema der Jugendliteratur ist auch, sich plötzlich in einer ganz neuen Rolle wiederzufinden – und das kann ruhig eine sehr angenehme Rolle sein, wie die vielen erfolgreichen Bände der

---

3 *(Original-Fußnote aus Bartimäus):* Hier geht durch die Übersetzung natürlich einiges verloren. Ich verhöhnte sie in der Sprache des Alten Ägypten, die sie beide verstanden und verabscheuten. Es war eine Anspielung auf die Zeit, als der Pharao seine Streitmacht ins Reich der Assyrer schickte und dort überall schlimme Verwüstungen anrichtete. Unter Dschinn gilt es als Gipfel der Unhöflichkeit, die Auseinandersetzungen der Menschen zur Sprache zu bringen (bei denen wir stets gezwungen sind, Partei zu ergreifen). Einen Utukku an einen Krieg zu erinnern, bei dem er zu den *Verlierern* gehört hat, ist ebenso unhöflich wie unklug.

Reihe *Plötzlich Fee* von Julie Kagawa belegen. Der Plot: Schon immer hat Megan Chase das Gefühl nicht dazuzugehören. Verblüfft erfährt sie an ihrem sechzehnten Geburtstag, dass sie die Tochter des Feenkönigs Oberon ist. Sie verliebt sich ausgerechnet in den schönen Ash, den Prinz des Winterreichs, ihren schlimmsten Feind. Die Leserinnen dürfen mitfiebern, ob sie trotzdem ihr Glück finden kann.

In *Plötzlich Fee* und in vielen anderen Romanen für Mädchen findet sich ein vertrautes Muster: »Die Jungs sind oft gutaussehend und toll, die Mädchen dafür sind nicht so perfekt, nicht wirklich hübsch, nicht wirklich schlank«, hat Lektorin Michelle Gyo (Verlagsgruppe Randomhouse) beobachtet. »Eigentlich sind diese tollen Jungs unerreichbar – aber natürlich erreichen die Mädchen sie dann doch.« Dafür hat sie festgestellt, dass auch *Kick-ass*-Heldinnen[4] im Jugendbuch viel präsenter sind als früher. Es muss also nicht immer nur das unscheinbare Mauerblümchen als Hauptfigur sein.

Auch richtig unangenehme neue Rollen geben viel her, wie Lilli Thal in ihrem preisgekrönten Roman *Mimus* beweist. Als die Familie von Kronprinz Florin im Kerker eines verfeindeten Königs landet, wird Florin gezwungen, Helfer des Hofnarren Mimus zu werden, einer schillernden und undurchschaubaren Gestalt. Florin hat alles verloren, was er hatte und war – seine Stellung und seine Freiheit. Jeden Tag muss er damit rechnen, auch sein Leben zu verlieren. Wie soll er dazu lachen und andere zum Lachen bringen? Die Lehrzeit bei Mimus verändert Florin … und am Schluss spielt der Hofnarr eine unerwartete Rolle, als es darum geht, ihn und seinen Vater zu befreien.

TIPP: *Was komplexe Welten, Bündnisse und Völker angeht, sollten Sie Jugendliche nicht unterschätzen. Viele wagen sich auch an Tolkien heran, und in der Buchfassung ist* Der Herr der Ringe *keine leichte Kost.*

---

4 Kämpferische Heldinnen, die ihre Gegner in den Hintern treten, wenn ihnen danach ist.

Jonathan Stroud
Der SPIEGEL-Bestseller erstmals im Taschenbuch
cbj
Bartimäus
Der Ring des Salomo

Hin und wieder stößt man auf **Grenzfälle** zwischen Kinder- und Erwachsenenbuch. Gerade habe ich mit Begeisterung *Der Ozean am Ende der Straße* gelesen, einen schmalen Fantasyroman von Neil Gaiman, der – eingebettet in die Rahmenhandlung eines in sein Heimatdorf zurückkehrenden Mannes – aus der Perspektive eines siebenjährigen Jungen erzählt ist. »Ach, das ist ja nur ein Kinderbuch«, meinte mein Mann, der wie üblich neugierig in das Buch hineingeschmökert hat, das ich gerade lese (ich nenne das Phänomen »Bücherparasitismus«). »Nein, ist es nicht«, gab ich spontan zurück. Weil die Hauptfigur ein Kind ist, muss es noch lange kein Kinderbuch (und für das »*nur* ein Kinderbuch« hätte ich meinen Mann eigentlich schlagen müssen). Kein Siebenjähriger könnte dieses Buch ohne schweren seelischen Schaden lesen, dafür ist es einfach zu gruselig. Es ist eine Erzählung *über* Kindheit und die Magie in unserer Umgebung. Und für einen Siebenjährigen wäre es schon deswegen nicht interessant, weil die Figur erst sieben ist. Klingt unlogisch? Ist es aber nicht. Kinder und Jugendliche orientieren sich nach oben und finden meist alle, die jünger sind als sie, kindisch, deshalb mein:

TIPP: *Machen Sie Ihre Hauptfigur mindestens ein bis zwei Jahre älter als die Zielgruppe!*

Das ist natürlich nicht alles, was Sie in diesem Buch über das Schreiben von Kinder – und Jugendfantasy erfahren. Alles weitere – und auch Beispiele aus Klassikern des Kinder- und Jugendbuchs – habe ich in den Haupttext integriert, da die handwerklichen Tipps für Erwachsenen- und Jugendliteratur gleichermaßen gelten.

LEGEN SIE LOS!

Jetzt wird es konkret – Sie wollen einen Fantasyroman schreiben oder sind schon mitten dabei und hätten gerne ein wenig Unterstützung. Kein Problem. In diesem Kapitel geht es um handwerkliche Techniken und Tricks, die ich selbst gerne gekannt hätte, als ich meinen ersten Fantasyroman schrieb.

Was Ihnen unabhängig von all diesen Tipps helfen wird: Lesen Sie so viel wie möglich! »Am meisten hilft mir, viele gute Bücher zu lesen und dabei darauf zu achten, warum sie mir gefallen«, meint Fantasy-Autorin Daniela Knor. »Ich frage mich also: Wie hat der Autor das gemacht? Wie hat er Spannung erzeugt? Durch welche Kniffe hat er mir Informationen gegeben, ohne völlig unrealistische Dialoge zu schreiben? Um zu lernen, worauf es sich zu achten lohnt, sind auch Autorenforen wie das Montségur-Autorenforum sehr nützlich, wo sich Profis über diese Fragen austauschen und ihr Wissen an Nachwuchsautoren weitergeben.«

Schlechte Bücher zu lesen wird Ihnen ebenfalls helfen – wenn Sie sich die Zeit nehmen zu analysieren, was der Autor oder die Autorin falsch gemacht hat. Wie man Plot, Figuren oder Sprache hätte retten können. Außerdem sind schlechte Bücher wichtig für die Motivation und das Selbstvertrauen. Wenn man immer nur geniale Fantasyklassiker liest oder Rezensionen, in denen andere Bücher in den Himmel gelobt werden, fühlt man sich, gerade wenn man noch am Anfang steht, unendlich klein in seinen Bemühungen, eine brauchbare Geschichte zu schreiben. Da tut der Gedanke »Das kann ich auch, und besser!« richtig gut und gibt Ihnen Kraft. Also – gönnen Sie sich mal ein richtig schlechtes Buch, bevor Sie loslegen!

Ideenfindung

Sagen Sie sich bloß nicht: »Ich brauche eine richtig gute, originelle Idee, die für einen Bestseller taugt!« Natürlich hätten wir alle gerne einen Bestseller, aber das kann man nicht erzwingen. Und wenn Sie sich viel vornehmen, verkrampfen sie sich vermutlich, außer Sie heißen Markus Heitz und haben sowieso ständig Bestseller-Ideen. Wichtig ist, dass Sie beim Nachdenken nett zu sich sind und sich erlauben, herumzuspinnen und auch Ideen zuzulassen, die sich später wahrscheinlich als langweilig, albern oder ausgelutscht herausstellen. Das Sortieren kommt später. Jetzt ist die pure Fantasie dran. »Ideen für Geschichten lauern überall und tauchen bevorzugt dann auf, wenn man sie nicht gebrauchen kann, zum Beispiel unter der Dusche oder während der Examensprüfung«, berichtet Gesa Schwartz. »Ich wurde schon von ganz verschiedenen Seiten inspiriert, von Musik, Bildern, der Natur, Menschen natürlich, Architektur und besonderen Kunstgegenständen. Oft ist es nur ein Gedankensplitter, der sich dann in meinen Kopf festsetzt und eines Tages zu einem ersten Bild und schließlich zu einer Geschichte wird.«

Gerade in der Fantasy sind Sie wunderbar frei, was die Themen angeht, weil Sie ja nicht nur der Schöpfer von Figuren und Handlung sind, sondern auch das ganze Umfeld mit bestimmen können. Diese Freiheit liebt der Fantasyautor und Grafiker Horus W. Odenthal: »Wenn wir zum Beispiel in einer Geschichte, die in unserer Welt spielt, über etwas reden wollen, was Religion und Glauben betrifft, müssen wir meist eine konkrete Religion auswählen – und haben es somit mit dem ganzen Überbau und der ganzen Geschichte zu tun, die als Wissen in unseren Köpfen herumschwirrt«, meint er. »Das habe ich in einer Fantasy-Geschichte nicht in dem Maß. Sie ist in mancher Hinsicht reiner, führt uns näher an den Kern eines Themas. Ich konnte meinen Helden Auric zum Beispiel in der *Ninragon*-Trilogie Dinge sagen lassen, die ihn in einer in unserer Welt angesiedelten Geschichte reflexmäßig zum Arschloch gestempelt hätten. An eine fremde Welt gehen wir mit offeneren Augen und ohne vorgeprägte Wertungen.«

WICHTIG: *Wenn eine Idee Sie anspringt … lassen Sie sie nicht mehr los! Versuchen Sie möglichst bald etwas daraus zu machen, damit die Energie nicht verpufft. Wenn absolut keine Zeit ist, dann eben nur notieren, was Ihnen eingefallen ist.*

Grundgedanke, Figur und Welt

Sie können mit allem anfangen – mit einem Grundthema, um das es in Ihrem Roman gehen soll, mit einer Welt, die nach einem besonderen Prinzip organisiert ist oder ein besonderes Problem hat, oder mit einer Figur, die Ihnen nicht aus dem Kopf geht. Bei Gesa Schwartz' *Grim*-Romanen war es die Figur – eine so starke Figur, dass sie sogar (sowas ist Glückssache) über mehrere Romane trug. »Der Auslöser der Geschichte war ein Bild, das eines Nachts in mir auftauchte«, erzählt sie. »Ich sah eine dunkle, steinerne Gestalt mit gewaltigen Schwingen hoch über den Dächern von Paris. Als ich mich der Gestalt näherte, konnte ich ihr ins Gesicht schauen. Es war das Gesicht eines Gargoyles, eines Engels, eines Dämons – vielleicht von allem ein bisschen. Er sah mich mit seiner Narbe über dem rechten Auge an und nannte mir mit vorsichtigem Lächeln seinen Namen. So lernte ich Grim kennen, und von diesem Zeitpunkt an wusste ich, dass ich seine Geschichte erzählen wollte. Er war und ist immer das Zentrum der Geschichte gewesen, und alles Weitere – die anderen Figuren, der Hintergrund, die Welt, in der er lebt – entwickelte sich um ihn herum.«

Bei anderen Autoren ist es eher eine abstrakte Idee, die am Anfang steht. So war es bei E. L. Greiff, deren hervorragende High Fantasy-Trilogie *Zwölf Wasser* bei dtv erschienen ist. »Ich kochte Kaffee und meine Kaffeemaschine röchelte ganz schrecklich, war schon wieder verkalkt. In dem Moment, als ich mich über dieses verkalkte Wasser aufgeregt habe, legte sich in meinem Kopf ein Schalter um«, erinnert sie sich im Interview mit *phantastik-couch.de*. »Ich dachte, wie arrogant meine Reaktion doch ist. Wie froh wir sein können, Trinkwasser mit einer unvergleichlichen Qualität zu haben, was längst nicht selbstverständlich ist. Es kamen mir Fragen wie: ›Was ist außer Kalk sonst noch im Wasser gelöst?‹ in den Sinn. Diese Gedanken entwickelten sich weiter: ›Was ist, wenn alles, was vom Wasser durchströmt ist, eine Spur darin zurücklässt?‹ Ich habe gewissermaßen dem universellen Lösungsmittel Wasser noch fantastischere Eigenschaften zugeschrieben als die, die es ohnehin schon hat. Und so entstand innerhalb von einem Tag die Idee mit Wasser als Informationsträger. Die weitere Entwicklung der Geschichte dauerte natürlich länger.« Herausgekommen ist dabei ein Epos über die Bedrohung eines ganzen Kontinents durch versiegende Quellen – es sind keine gewöhnlichen Quellen, sie spenden mehr als nur Wasser. Jede bringt einen bestimmten Teil des Menschseins in die Welt: Freundschaft, Mut, sogar die Liebe. Die Undae, eine Gemeinschaft von Frauen, die dem Wasser verbunden sind und darin lesen können, brechen ihr jahrhundertelanges Schweigen und warnen die Menschen. Drei von ihnen machen sich mit Begleitern, die sie schützen sollen, auf den langen Weg zu den zwölf Quellen mit dem Ziel, die Katastrophe abzuwenden.

Oder Sie haben einfach eine Idee für die Handlung oder ein bestimmtes Ziel und müssen sich noch die Welt und die Figuren ausdenken, die dazu passen. So war es bei Christoph Hardebuschs *Trollen*: »Ich wollte damals klassische Fantasy schreiben, ein wenig düster und mit einem geringen phantastischen Anteil. Keine epische Fantasy, bei der das Schicksal der ganzen Welt auf dem Spiel steht, sondern eine kleinere Geschichte, die für die Figuren natürlich dennoch die ganze Welt bedeutet«, berichtet er. »Aus diesen Überlegungen sind dann organisch die Charaktere, der Hintergrund und die Handlung entstanden, eines bedingte das andere. Bei den *Sturmwelten* habe ich meine Leidenschaft für die Zeit der Großsegler mit derjenigen für Fantasy verbunden. Es hat ungeheuer viel Spaß gemacht, meine Fantasy-Version der klassischen nautischen Abenteuer zu erzählen.«

Manchmal ist es sogar ein einziges Wort, ein Name oder ein einziger Satz, der zu einem Roman oder Epos anwachsen kann. »Namen erzählen Geschichten«, meint auch Fantasy-Experte und Lektor Helmut W. Pesch. »Es ist bekannt, dass Tolkien einmal bei einer langweiligen Arbeit spontan den Satz ›*In a hole in the ground there lived a Hobbit*‹ zu Papier brachte – und alles, was daraus folgte, war ein Versuch, diesen Namen zu erklären.«

Sie können sich selbst helfen, auf solche Ideen zu kommen – sammeln Sie flüchtige Ideen, Eindrücke, Namen, die Ihnen gefallen, und Bilder von Personen, die Sie inspirieren, am besten in einem Ideenbuch (das Sie immer dabei haben) und einem eigenen Ordner auf Ihrem Computer. Dieses Material wird Ihnen nützlich sein, wenn Sie ein neues Projekt planen.

Doch nun geht es erst einmal darum, dass Sie in sich selbst hineinhorchen.

Grundthema

Gibt es ein Thema, das Sie immer wieder beschäftigt oder *magisch anzieht* (sorry, diesen Kalauer konnte ich mir nicht verkneifen)? Dann eignet es sich für eine Geschichte. Natürlich kann und muss ein Fantasyroman viele solcher »Zutaten« haben, und wahrscheinlich hat jede Ihrer Hauptfiguren ihr eigenes Grundthema, doch hier geht es erst einmal um den Kern und den Mittelpunkt Ihrer Geschichte. Grundthemen sind zum Beispiel:

- Familie / Familienkonflikte
- Freundschaft / verratene Freundschaft
- Heilung
- Überleben
- Wettkampf
- Trauer und deren Überwindung
- Konflikte zwischen verschiedenen Kulturen
- Den eigenen Weg finden
- Fremdheit
- Natur / Zerstörung der Natur
- Armut und Reichtum / Reich werden
- Suche nach Liebe / schwierige Liebe
- (unfreiwillige) Wahl des Partners
- Verbrechen
- Rache
- Schuld
- Ehrgeiz

- Wiedergutmachung eines Unrechts
- Vorteile und Nachteile des Fabelwesendaseins (zum Beispiel die Last der Ewigkeit oder Macht über einen bestimmten Lebensbereich)
- Fremdbestimmtheit – Selbstbestimmtheit
- Hoffnung
- Heimat / Heimatlosigkeit
- Genuss
- … bestimmt fallen Ihnen noch weitere Kernthemen ein!

Zentrale Figur

Gibt es eine Figur, die Ihnen immer wieder in den Kopf kommt, oder eine bestimmte Rolle, die Sie besonders anzieht – die des Zauberers, die der taffen Heldin, die des Gauklers? Über solche Figuren später mehr, jetzt sind Sie dran:

- Welche Figuren gefallen Ihnen in Filmen und Büchern besonders gut?
- Welche Rolle finden Sie besonders interessant oder anziehend – Beschützer/in, Kämpfer/in, Verbrecher/in, Rächer/in, Bewahrer/in, Heiler/in, Sinnsuchende/r, oder etwas ganz anderes?
- Was interessiert Sie mehr, eine Figur, die für das Gute kämpft, oder eine auf der Seite des Bösen?
- Schweben Ihnen schon bestimmte Charaktereigenschaften/Eckdaten Ihrer Figur vor?
- Gibt es Fabelwesen, die Ihnen besonders sympathisch sind, und über die Sie gerne schreiben würden?
- Welche magischen Eigenschaften und Fähigkeiten würden Sie Ihrer Figur gerne geben? (Wenn Sie lieber eine nicht-magische Figur hätten, auch kein Problem.)
- Haben Sie mal das Bild einer Person aus einer Zeitschrift ausgeschnitten oder aus dem Internet abgespeichert, weil es Sie fasziniert hat? Suchen Sie es heraus – was für ein Mensch könnte diese Person sein, was für eine Geschichte könnte sie haben?
- Was macht Ihre Hauptperson außergewöhnlich, anders als andere?

Welt

Neue Welten und Kulturen zu erschaffen ist eine Hauptbeschäftigung von Fantasyautoren (wobei eine Welt oft mehrere verschiedene Kulturen und Völker enthält). Ideal ist eine Welt, die Sie mit Spaß an der Sache bis ins Detail ausgestalten können. Dabei können Sie sich alle Freiheiten nehmen, selbst wenn Sie sich von einer realen Kultur inspirieren lassen.

- Gibt es eine **Stadt**, die Sie fasziniert? Lissabon, Tokio, Istanbul, New Orleans, Dublin, Rio de Janeiro ... Sie merken schon, ich habe die üblichen Städte – New York, London, Paris, Prag, Venedig – erstmal ausgelassen, um Ihren Blick auf ungewöhnlichere Orte zu lenken, aber wenn Sie Lust haben, eine Fantasygeschichte in New York anzusiedeln, dann tun Sie das.
- Gibt es eine irdische **Epoche oder Kultur,** die Sie interessiert? Es gibt viele uralte und spannende Kulturen, von denen Sie sich inspirieren lassen können oder die Sie als farbenprächtigen Hintergrund für Ihre Geschichte verwenden können: Die Mongolei, das alte China, Japan, Ägypten, die Mayas, die magische Welt der Aborigines oder der Maori ...
- Nach welchen **Grundprinzipien** könnte Ihre Fantasywelt beziehungsweise einzelne Kulturen darin organisiert sein? So komplex Gesellschaften auch sind, sie lassen sich oft mit wenigen Stichworten in Umrissen charakterisieren oder fallen durch eine zentrale Eigenheit auf – wenn Ihnen diese eingefallen ist, können Sie sie anschließend genüsslich ausgestalten. In Markus Heitz' *Albae*-Romanen zum Beispiel gibt es sehr verschiedene originelle Kulturen, zum Beispiel ein Volk der Giftmischer (die Fflecx) und ein menschenähnliches Volk von professionellen Nachahmern (die Obboon, auch Fleischdiebe genannt). Die Obboon bewundern die Albae so sehr, dass sie versuchen, ihnen durch Operationen täuschend ähnlich zu werden (auch mit Hilfe von Körperteilen getöteter Albae, daher ihr Spitzname ...).

Ist beim Lesen der Liste Ihre **Fantasie** schon in Gang gekommen? Spinnen Sie so lange herum, bis Sie mehrere Ideen für Geschichten haben, am besten fünf bis sechs verschiedene, die Sie jeweils in einem Satz zusammenfassen können. Unbedingt alles aufschreiben! Junge Ideen, die sich noch nicht richtig im Gehirn verankern konnten, sind Stunden oder höchstens Tage später spurlos verschwunden (Walter Moers würde sagen, sie sind in den See des Vergessens gefallen).

Wenn Sie intensiv an einer Idee arbeiten, ist es übrigens sinnvoll, ab und zu mal eine Pause mit einer einfachen Tätigkeit, die Sie geistig nicht fordert, einzulegen (Spazierengehen, Radeln, Gärtnern, Duschen …). Mir hilft eine solche Pause besonders, wenn ich das Gefühl habe, meine Neuronen rösten sich gerade selbst. Dann nichts wie weg vom Schreibtisch. Während ich entspannt durch den Wald schlendere, arbeitet mein Gehirn unterschwellig an der Idee weiter und auf einmal komme ich auf ganz neue Entwicklungen, Plot-Knoten lösen sich, frische Ideen driften durch meine Gedanken. Und weil ich inzwischen den Luxus genieße, tagelang in meinem Projekt »drinbleiben« zu können, arbeiten meine Gedanken sogar nachts daran weiter. Block und Stift auf dem Nachttisch sind in dieser Zeit unentbehrlich.

Falls Sie Rollenspiele mögen, können Sie natürlich auch dort Ideen entwickeln und auftanken. »**Rollenspielabenteuer** sind ein großartiger Antrieb für die eigene Fantasie, führen aber nicht unbedingt auch zu guten Geschichten für Bücher«, meint Autor Oliver Plaschka. »Mir half es auf jeden Fall dabei, eigene Welten zu erfinden. Und insoweit an deren Entstehung auch Dritte beteiligt waren, sei es direkt oder durch ihre Teilhabe und Unterstützung, fand ich es wichtig, das offenzulegen.« In seiner Danksagung ist das detailliert aufgeschlüsselt – beeindruckend, wie ich finde, denn mir sind andere Autorinnen/Rollenspielerinnen bekannt, die es nicht so genau nehmen, von wem welche Idee stammt, und den Dank dafür schuldig bleiben. Ein Dankeschön und eine Nennung in der Danksagung sind schnell erledigt und kosten nicht einmal was! Keine Sorge, sicher wird keiner der Rollenspiel-Teilnehmer ernsthaft Prozente Ihrer Honorare fordern.

Falls Sie eine Fantasy-Geschichte für Kinder schreiben wollen, Ihnen aber noch die zündende Idee fehlt, versuchen Sie es doch mal mit der **Kärtchen-Übung**: Kaufen Sie Karteikarten in drei verschiedenen Farben, sagen wir grün, blau und gelb. Schreiben Sie auf die gelben Kärtchen eine Fantasy-Figur (nur als Stichwort, zum Beispiel *Kobold, Pegasus, Hexe* ...). Auf die nächste Kartensorte schreiben Sie einen Gegenstand (*Teekanne, Bus, Jacke, Gitarre* ...) und auf die dritte Kartensorte einen Ort (*Höhle, Bäckerei, Baustelle* ...). Je mehr Kärtchen Sie schreiben, desto besser, und bitten Sie auch Freunde und Verwandte, Ihnen ein paar Kärtchen auszufüllen. Je mehr Anregungen, desto besser. Nun mischen Sie die Kärtchen und ziehen eins von jeder Farbe. Vermutlich wird die Kombination der Begriffe ziemlich verrückt sein, vielleicht sogar komplett hirnrissig. Prima. Fällt Ihnen schon etwas dazu ein? Wenn nicht, setzen Sie sich mit einem Freund oder einer Freundin zusammen, zu zweit geht das Brainstorming leichter und macht mehr Spaß.

Reale Welt – fiktive Welt

Vielleicht wissen Sie schon, ob Ihr Roman in einer rein fiktiven Welt spielen soll, oder ob es Berührungspunkte mit unserer modernen Welt geben wird. Das ist eine wichtige Entscheidung ...

Als der Piper Verlag (er kannte mich durch meine Jugendromane) mich fragte, ob ich für ihn einen Fantasyroman für eine erwachsene Zielgruppe schreiben wolle, war ich natürlich begeistert. In einem meiner Notizbücher, in dem ich Ideen sammle, fand ich eine, die sich gut eignete: »Junge Frau entdeckt, dass ein Fluch auf ihrer Familie liegt – Priester eines düsteren Kults hilft ihr dabei, ihn zu lösen, und sie verliebt sich in ihn«. Aus der Familie wurde ein Familienclan, aus dem Priester der Offizier eines Eliteregiments, der in einem Tempel der Schwarzen Spiegel gesundgepflegt wurde und dem Kult danach verbunden bleibt. Innerhalb weniger Tage nahm die Handlung Gestalt an und ich schrieb das Exposé zu dem Roman, der später unter dem Titel *Nachtlilien* erscheinen würde und der damals einfach *Jerusha* hieß wie die weibliche Hauptfigur. Dem Programmleiter gefiel die Hand-

Siri Lindberg
NACHT
LILIEN
PIPER
Roman

lung, und doch zögerte er. »Könnte man daraus auch eine Geschichte machen, in der eine Frau aus unserer Gegenwart in diese Welt gelangt? Solche Romane sind gerade sehr beliebt.«

Sehr angetan war ich nicht von dieser Idee, aber sofort Nein sagen wollte ich auch nicht, denn wie oft bekommt man so eine Chance? Also überlegte ich hin und her, wie ich die Handlung so drehen könnte, dass Jerusha aus unserer Welt nach Ouenda überwechselt. Ich überlegte, welche Berufe sie bei uns wahrscheinlich hätte – war sie Studentin? –, dachte über eine alte Mühle nach, die vielleicht als magisches Tor taugte, und grübelte, wie ich die Perspektive meiner männlichen Hauptfigur Kiéran einbeziehen könnte. Doch richtig anfreunden konnte ich mich nicht mit diesem ganzen Konzept – jedes Mal, wenn ich darüber nachdachte, kräuselten sich mir die Zehennägel vor Widerwillen. »Das passt nicht, ich würde die Geschichte gerne so lassen«, schrieb ich schließlich an den Verlag, und der Programmleiter meinte zum Glück »Stimmt, die Geschichte funktioniert in einer eigenen Welt besser.« Uff. Lustigerweise hat sich der Trend mittlerweile umgekehrt und High Fantasy, die komplett in einer fiktiven Welt spielt, steht viel höher im Kurs.

TIPP: *Richten Sie sich, wenn Sie einen Roman planen, möglichst nicht nach aktuellen Strömungen, denn Trends ändern sich. Richten Sie sich nach Ihren eigenen Vorlieben und dem, was die Geschichte von Ihnen fordert.*

Bei anderen Geschichten funktioniert der Mix zwischen unserer Welt und Fantasywelt sehr gut, zum Beispiel in Tad Williams *Der Blumenkrieg*, in dem der Musiker Theo, der an einem Tiefpunkt seines Lebens angekommen ist, durch ein uraltes Buch überwechselt in die Welt Fairie, in der die einzelnen Adelshäuser die Namen von Blumen tragen. Noch ehe er durchschaut hat, was überhaupt vorgeht und wo genau er gelandet ist, ist er schon mitten drin in einem Strudel tödlicher Intrigen … und als er herausfindet, dass er selbst in Fairie geboren wurde und in die Welt der Menschen nie hineingepasst hat, wird seine Lage noch komplizierter.

Auf die Frage, welche Variante er persönlich bevorzugt, meinte Sebastian Pirling, Fantasylektor bei Heyne: »Ich bin als Kind mit Narnia aufgewachsen und liebe diese Art von ›Übertritt in eine fremde Welt‹-Geschichten. Aber gut gemachte reine Fantasieweltromane sind mir genauso lieb. Abholen müssen sie mich so oder so, und wie gut sie das können und wie lebendig sie mir ihre Welt vor Augen malen, das entscheidet für mich am allermeisten über die Qualität eines Fantasy-Romans.«

Hier eine kleine Entscheidungshilfe für Ihr geplantes Projekt:

Spricht für einen Mix aus real und fiktiv:

- Es kann sehr **reizvoll** sein, wenn das Phantastische in unsere gewohnte Welt einbricht. Das, was vertraut war, ist plötzlich neu und ungewohnt, Sie und Ihre Leser entdecken eine neue Schicht der Wirklichkeit und haben das Gefühl: »Ha, ich wusste es ja schon immer, dass es Feen/Elfen/Vampire/XX (hier bitte Ihr Lieblingswesen einsetzen) in unserer Welt wirklich gibt!« Das erfüllt auch geheime Wünsche. Genauso spannend ist natürlich, wenn ein Mensch aus unserer Welt in einem fremden Reich landet und sich dort bewähren muss.
- Der **Einstieg** in solche Romane gelingt leicht, weil Ihre Hauptfigur die fremde Welt nach und nach entdeckt und der Leser und die Leserin mit ihr. Wir befinden uns nicht vom ersten Satz an in einer unvertrauten, vielleicht verwirrenden Fantasywelt, in der wir uns erst einmal orientieren müssen. Die aus unserer Welt stammende Figur stellt die Fragen, die wir selbst stellen würden (aber nicht können).
- Es ist für Ihre Leser einfach, sich mit Hauptfiguren zu **identifizieren**, die aus unserer Welt kommen und in eine Fantasywelt gelangen oder sich in unserem Universum mit fremden Wesen herumschlagen müssen. Sie sind uns ähnlich und gewinnen dadurch schnell unsere Sympathien. Ihre Denkweise ist uns vertraut. Und natürlich fragen wir uns, wie wir an ihrer Stelle reagiert hätten und wie es wäre, so etwas zu erleben.

Spricht dagegen:

- Sie schreiben am liebsten High Fantasy und haben keine Lust auf einen dämliche **Fragen stellenden Außenseiter** in Ihrer Story.
- Der Mix der Welten **passt nicht zu jeder Geschichte** und Erzählweise – manchmal macht eine eigene Welt, in die man zu Beginn abtaucht und aus der man am Schluss wieder auftaucht, mehr Sinn. Hier müssen Sie ganz stark auf Ihr Gefühl hören. Reizt Sie der Gegensatz zwischen modern und mittelalterlich, rational und magisch … oder eben nicht?
- Sie und Ihre Leser wollen einfach nur **abtauchen** und haben derzeit keine Lust auf Ihre eigene Welt und deren Einwohner. Das hat nichts mit dem »Eskapismus« zu tun, die der Fantasy hin und wieder vorgeworfen wird. (J. R. R. Tolkien fand die Erfüllung uralter Bedürfnisse, die fantastische Geschichten im Gegensatz zu unserer modernen Welt bieten, übrigens völlig legitim, er hatte viel Nettes darüber zu sagen in seinem Essay »On Fairy Stories«.)

Ideen sortieren, bewerten und ausbauen

Bisher haben Sie die Ideen nur gesammelt und gehätschelt, jetzt können Sie ein bisschen strenger mit ihnen umgehen. Welche Idee spricht Sie besonders an, bei welcher fängt Ihr Hirn fast schon automatisch an, sie auszugestalten und Einzelheiten hervorzubringen? Bei welcher Idee denken Sie »Hm, nee, das ist es eher nicht«? Welche kommt Ihnen auf einmal albern vor, bei welcher haben Sie den schleichenden Verdacht, dass es sie schon so ähnlich gibt? Mit etwas Glück bleibt eine von fünf Ideen übrig. Das ist eine ziemlich gute Quote, wenn Sie noch nicht so viel Erfahrung haben. Bei Profis macht vielleicht eine von drei das Rennen.

»Wenn die Handlung das Thema, um das es mir gerade geht, wirklich durchexerziert, es von allen Seiten beleuchtet und so eine Wahrheit zutage fördert, dann weiß ich, dass ich auf der richtigen Spur bin«, berichtet Jenny-Mai Nuyen von ihrer Methode, eigene neue Buchideen zu beurteilen. »Außerdem muss ich mich auf die Figuren, auf ihre Welt, ihre Sprache freuen können und dabei ein ästhetisches Vergnügen empfinden.«

TIPP: *Wenn Sie merken, dass Ihre Idee, Figur oder Welt Sie stark beschäftigt, Sie nicht mehr loslässt oder begeistert, dann sind Sie auf der richtigen Spur und auf einem guten Weg!*

Der nächste Test ist, diese Idee ein paar Freunden und Verwandten zu erzählen, bevor Sie richtig viel Arbeit hineinstecken. An den Reaktionen werden sie merken, ob die Idee anderen ebenso gut gefällt wie Ihnen (denn irgendjemand soll ja später das Buch kaufen ...). Kommt ein lauwarmes »Klingt ganz nett« oder »Nicht schlecht«, dann sollten Sie darüber nachdenken, ob Sie Ihrem Einfall noch einen besonderen Dreh geben könnten, um ihn zu retten. Ist die Reaktion euphorisch, nichts wie ran an die Planung!

Wenn Sie beschlossen haben, eine Idee weiterzuverfolgen, ist die Frage, was Sie daraus machen könnten.

Wenn Sie erst ins Genre einsteigen und sich noch keinen ganzen Roman zutrauen, dann könnten Sie es erst einmal mit einer **Kurzgeschichte oder Erzählung** (5 bis 50 Seiten) versuchen. Dafür reicht ein einzelner Aspekt Ihres Themas, das Schicksal einer einzelnen Figur (möglicherweise einer späteren Nebenfigur) oder eine besonders emotionale Episode aus dem Leben Ihrer Figur (die Sie später vielleicht zu einer Roman-Hauptfigur ausbauen können). Das Gute an einer Erzählung ist, dass Ihre Puste dafür ganz sicher reicht. Und Ihre Begeisterung auch. Sie können die Story, wenn sie kurz genug ist, für Wettbewerbe und Anthologien verwenden. Der Nachteil ist, dass Sie für eine Erzählung, selbst wenn sie nur zehn Seiten umfasst, ordentlich Arbeit in Figuren und Welt stecken müssen, sie dürfen keineswegs flach erscheinen. Aber vielleicht haben Sie ja schon mal eine Welt entwickelt, in der sie die eine oder andere Geschichte ansiedeln können.

Wenn Sie sich richtig in Ihre Idee verliebt haben und sich zutrauen, mindestens über ein halbes Jahr oder ganzes Jahr dranzubleiben, dann eignet sie sich für einen **Roman** (250-700 Seiten). Planen Sie Figuren, Welt und Handlung, dann können Sie loslegen!

Eine **Trilogie** oder eine Saga mit noch mehr Bänden zu planen ist ein großer Schritt. Das geht nur, wenn Sie wirklich für Ihre Idee brennen und außerdem Ihre Hauptfiguren interessant und vielschichtig genug sind, um eine Trilogie zu tragen. Ein Erstautor hat mir mal geschrieben, er plane eine fünfbändige Saga mit etwa zehn Perspektiven. Mir blieb der Mund offen stehen. Leider weiß ich nicht, was aus ihm geworden ist. Sollte er geschafft haben, das auch nur zur Hälfte umzusetzen, dann Hut ab (wenn Sie sich wiedererkennen, dann schreiben Sie mir doch bitte mal).

»Es ist für Anfänger nicht unbedingt ratsam, gleich einen Mehrteiler zu schreiben«, meint *Trolle*-Autor Christoph Hardebusch. »Verlage erwarten oft fertige Manuskripte von Debütanten, da diese noch nicht bewiesen haben, dass sie einen Roman auch zu Ende bringen können. Besser ist, eine abgeschlossene Geschichte in einem Buch zu erzählen, mit der Option auf mehr. Außerdem muss man sicher sein, dass der große Handlungsbogen auch über mehrere Bände trägt. Bleibt die Spannung auf so vielen, teilweise tausenden von Seiten erhalten? Ist man selbst in der Lage, eine so große Geschichte in dieser Länge zu erzählen? Die Entwicklung der Figuren und ihre Beziehungen untereinander müssen sowohl über die Gänze der Bücher als auch im kleineren Bereich der einzelnen Romane bedacht und ausgestaltet werden. Zu guter Letzt sollte man nicht vergessen, dass man bei einem solchen Projekt Jahre investieren wird. Man sollte es nur angehen, wenn man absolut sicher ist, dass man genau das will.«

Nur mal als Vergleich: E. L. Greiff hat ihre *Zwölf-Wasser*-Trilogie fünf Jahre lang geplant, das Schreiben hat weitere fünf Jahre gedauert.

Bei meiner ersten *Daresh*-Trilogie war ich noch nicht sicher genug, um mehrere Bände vorauszuplanen, zumal ich ja nicht wusste, ob der Verlag noch weitere Bücher von mir würde haben wollen. Deshalb schloss ich jeden Band in sich ab, die Kontinuität ergibt sich aus den beiden Hauptfiguren Rena, einer klugen jungen Frau aus der Erd-Gilde, die sich zu einer talentierten Vermittlerin mausert, und ihrer besten Freundin Alix aus der Feuer-Gilde, einer humorvollen, oft auch ziemlich groben Schmiedin und Schwertkämpferin. Nach drei Bänden hatte ich das Gefühl, diese Konstellation sei ausgereizt, und ich hatte Lust, mit Alix' Tochter Alena weiterzumachen. Also ließ ich Alix am Ende des dritten Bandes sterben, was mir viele wütende (»Das finde ich echt nicht gut!«) und traurige (»Wieso haben Sie das gemacht??!«) Mails eingebracht hat. Aber Alena, Alix' Tochter, faszinierte mich einfach zu sehr, und ich wollte, dass sie als Halbwaise aufwächst, die damit klarkommen muss, zu Anfang im übergroßen Schatten ihrer berühmten, toten Mutter zu stehen. Sie ist wild und verletzlich, unsicher und arrogant, und sie braucht drei Bände, um ihren Weg zu finden. Doch sie ist sicher eine der stärksten Persönlichkeiten, die ich bisher erfunden habe, und gemeinsam mit ihrem Gefährten Jorak verändert sie ihre Welt für immer. Von Anfang an hatte ich keine Zweifel, dass sie und ihre sich entwickelnde Liebe zu Jorak drei Bände tragen würde.

TIPP: *Schließen Sie die einzelnen Bände in sich ab, damit Sie keine frustrierten Leser hinterlassen – aber lassen Sie ein paar Handlungsfäden offen, um die Geschichte fortsetzen zu können, wenn sie richtig gut ankommt!*

Die Konkurrenz – was gibt es schon, was nicht?

Wenn Sie einen Fantasyroman planen oder schon zum Teil geschrieben haben, dann stellen Sie sich wahrscheinlich die Frage, »Ist das eine originelle Idee oder gibt es so etwas schon?« Wenn schon ein sehr ähnlicher Roman (gleiches Thema, verwandter Plot) existiert und Sie ihn nur nicht kennen, ist das ungünstig. Dagegen hilft, viel, viel Fantasy zu lesen. Natürlich ist es unmöglich, einen kompletten Überblick zu gewinnen, dafür erscheinen einfach zu viele Romane. Deshalb ist es gut, die eigene Idee mit Freunden zu diskutieren, die das Genre mögen und kennen. Vielleicht ergibt sich daraus ein Hinweis darauf, ob die Idee schon »gut abgehangen« oder frisch genug ist, um viele Monate Arbeit hineinzustecken.

Auch Verlage müssen natürlich beurteilen, ob eine Idee neu ist oder nicht. »Dafür sind Erfahrung und ein gut informiertes Team von externen Gutachtern und Literatur-Scouts von unschätzbarem Wert«, sagt Sebastian Pirling von Heyne. »Aber oft ist es ja gar nicht unbedingt die Originalität eines Plots oder die Besonderheit der Grundidee, die einen Roman wirklich gut machen – gute Autoren können auch die ältesten Strickmuster und die bekanntesten Sujets neu und aufregend interpretieren.«

Falls Sie gelegentlich das frustrierende Gefühl haben, es sei alles schon geschrieben worden, sind Sie damit garantiert nicht alleine. Aber trösten Sie sich: Ihre Idee muss nicht absolut revolutionär sein (es ist natürlich nicht von Nachteil, wenn sie es ist). Leser wollen oft ähnliche Bücher lesen, wie die, die sie kennen, und auch der fünfzigste Roman über ein Internat, in dem Magier/Vampire/Halbgötter/Engel ausgebildet werden, wird begeisterte Leser finden, wenn das Thema spannend und mit Herzklopfgarantie umgesetzt ist. Außerdem können aus einer schlichten Idee – zum Beispiel »Mädchen liebt Werwolf und umgekehrt« – wunderbar erzählte, anrührende Romane werden wie zum Beispiel Maggie Stiefvaters Trilogie um Grace und Sam (*Nach dem Sommer* und die Folgebände). Sie brauchen also nicht das gesamte Genre umzukrempeln, um ein tolles Buch zu schreiben. Schön ist aber, wenn Sie einem traditionsreichen Thema neue Aspekte oder eine überraschende Perspektive abgewinnen können. Und es kräftig mit eigenen, interessanten Einfällen würzen.

Wenn Sie bewusst versuchen, auf einen fahrenden Zug aufzuspringen, also sich an einen Trend anzuhängen, können Sie auf die Nase fallen. Dann wirft der Lektor vielleicht nur einen Blick ins Manuskript, denkt gelangweilt »Ach, das ist so ein Me-too-Ding zu Biss/Trudi Canavan/Panem« und schickt es umgehend zurück. Natürlich können Sie auch Glück haben, und manche Verlage suchen gerade fieberhaft solche Me-too-Romane, weil sie sich gerade rasend gut verkaufen. Aber darauf zu setzen ist riskant und vermutlich auch etwas unbefriedigend.

Allein oder mit Co-Autor?
Manche Autoren arbeiten am liebsten allein, andere haben Spaß daran, mit anderen zusammenzuarbeiten. Das kann motivieren und helfen, an der Geschichte dranzubleiben. Christine Spindler beispielsweise arbeitet hin und wieder mit ihrem Kollegen Thomas Endl zusammen. Gemeinsam haben sie das Pseudonym Kris Benedikt, unter dem sie den Science-Fiction-Zweiteiler *Mein Kater vom Mars* veröffentlicht haben. Aktuell arbeiten sie an einer Krimireihe. »Es ist eine sehr bereichernde Erfahrung, weil der Co-Autor seine Ideen einbringt – und natürlich sind das Sachen, auf die man selbst nie gekommen wäre und die einen dann auch wieder zu neuen Ideen anregen«, erzählt sie. »Der Ablauf ist etwa so: Zuerst sitzen Thomas und ich zusammen und brainstormen wie verrückt, bis sich etwas herauskristallisiert. Das wird dann weitergesponnen. Per E-Mail-Austausch machen wir aus der Idee ein Exposé. Das Manuskript schreiben wir abwechselnd, wobei wir uns stilistisch aneinander anpassen.«

Aber bei solchen Co-Projekten kann es natürlich auch Streit geben, wenn man das Gefühl hat, man wird hängen gelassen. Am besten Vereinbarungen schriftlich treffen, und bevor richtig Geld fließt, lohnt sich ein Vertrag (kann ruhig ganz informell sein, einfach eine frei formulierte Vereinbarung, die von beiden unterschrieben wird).

Weltenerfinden

Inzwischen haben Sie eine Ahnung, worüber Sie schreiben wollen – nun ist es Zeit, dass Sie ein bisschen Gott spielen und eine Welt aus der Taufe heben. »Es ist sinnvoll, erst die Karte zu haben und dann die Geschichte – also eine konkrete Vorstellung von Zeit und Raum mit den wichtigen Eckdaten«, rät Helmut W. Pesch, langjähriger Lektor bei Bastei-Lübbe und selbst Autor. »Aber Achtung, man kann auch zu viel an der Welt basteln und darüber die Geschichte vergessen.« Wenn Sie nach etwa einem halben Jahr noch »tüfteln«, sollten Sie sich lieber wieder Ihrer Handlung und Ihren Figuren zuwenden.

Doch jetzt geht es erst einmal darum, den Einstieg zu finden, ein Grundkonzept für Ihre Welt zu entwickeln und sie landschaftlich und kulturell auszugestalten.

Das Grundkonzept Ihrer Welt

Eine in sich schlüssige und glaubwürdige Fantasywelt zu erschaffen ist zeitaufwendig. Wenn Sie so im Bann Ihrer Geschichte und Figuren sind, dass Sie ohne die nötige Vorbereitung drauflosschreiben, sollten Sie zumindest parallel an der Welt weiterbasteln. Denn fehlt Ihrer Welt die Tiefe, funktioniert der fertige Roman nicht richtig. J. R. R. Tolkien über die Folgen: »Der Erzähler schafft eine Sekundärwelt, die unser Geist betreten kann. Darinnen ist ›wahr‹, was er erzählt: Es stimmt mit den Gesetzen jener Welt überein. Daher glauben wir es, solange wir uns gewissermaßen darin befinden. Sobald Unglaube aufkommt, ist der Bann gebrochen; der Zauber, oder vielmehr die Kunst, hat versagt. Und dann sind wir wieder in der Primärwelt und betrachten die kleine, misslungene Sekundärwelt von außen.«

So ging es mir, als ich das High Fantasy-Manuskript einer guten Bekannten las. Die Geschichte las sich nicht schlecht, aber man erfuhr nie, was die Figuren essen, wie sie sich kleiden, welche Tiere und Pflanzen es gibt, sie hatten keine eigenen Ausdrücke, die zu ihrer Welt gepasst hätten, und sagten Dinge wie »Okay« und »Alles paletti«. Ich hatte nicht wirklich das Gefühl, in diese Geschichte eintauchen zu können, weil die Figuren sich durch eine Kulisse aus Pappmaché zu bewegen schienen.

Also weg mit dem Pappmaché. Ein Teil des Weltenbaus ist schlicht **Landschaftsentwurf.** Es gilt, ein ganzes Land auszustaffieren – mit Gebirgen, Tälern, Städten, Flüssen, Sümpfen, Wäldern, Meeren, Inseln, Ruinen, Handelsstraßen, Steinbrüchen, eigenartigen (Natur)Phänomen und allem, was Ihnen sonst noch einfällt. Was die Größe angeht, sollte Ihre Welt nicht zu unübersichtlich sein – es macht keinen Sinn, wenn man Jahre braucht, um sie auf dem Pferderücken zu durchqueren, oder es so viele Reiche oder Völker darin gibt, dass man sie sich bis zum Schluss des Romans kaum merken kann. Aber es sollte auch viel zu entdecken geben.

Viel Erfolg beim Gestalten der Landschaft, und ich drücke Ihnen die Daumen, dass Ihnen ein paar Besonderheiten einfallen, an die man sich gut erinnern kann! Sie werden merken, dass sich aus dem Weltenbau schon manche Impulse für Ihre Story ergeben.

Doch selbst eine gut ausgestaltete, vielseitige Landschaft sichert Ihnen nicht das Interesse Ihrer Leser. Viel entscheidender ist, wie die jeweiligen **Reiche** Ihrer Welt organisiert sind, welche Geschichte sie haben, welche **Kulturen/Völker** dort existieren und was die jeweiligen Städte ausmacht.

Saramee zum Beispiel, eine Schöpfung von Chris Weidler, ist eine Stadt der Vertriebenen. »Ein Schmelztiegel von Abenteurern, Glücksrittern, Vertriebenen und verlorenen Existenzen auf der Suche nach einem neuen Weg zum Leben, Ruhm, Reichtum und einem Neuanfang«, wie es im Saramee-Wiki heißt.[5] Klar, dass ein solcher Ort jede Menge Geschichten hergibt, in vielen Romanen und Anthologien haben Autoren schon beschrieben, welche Abenteuer und Schicksale diese schillernde Stadt birgt.

Bedenken Sie beim Weltenentwerfen, wie die Umgebung die Kultur der Bewohner prägt. Sehr hart ist zum Beispiel das Leben für die Menschen in Robert Corvus' *Grauwacht*. In ihrer Welt dauern Tag und Nacht jeweils 30 Jahre (nach unserer Zeitrechnung). Ein alter Pakt zwingt die Menschen dazu, mit der Nacht zu wandern und ihr Dasein in kalter Dunkelheit zu fristen, denn der Tag gehört den amphibischen Sassek, die die Wärme brauchen. Sie übernehmen die Siedlungen, die die Menschen geräumt haben; überwacht und durchgesetzt werden diese Räumungen von der Grauwacht, Elitesoldaten mit einer unglaublichen Fähigkeit, zu überleben und sich selbst zu heilen. Gerade in kleineren Orten dieser Welt, in denen das Leben besonders hart ist, sind auch die Sitten rau. Kinder ab einer bestimmten Größe werden ein Stück von der Siedlung entfernt ausgesetzt – sie müssen ihre Überlebenstauglichkeit beweisen, indem sie in der eisigen Dunkelheit ohne Hilfe die Rückkehr schaffen.

WICHTIG: *Das Land / die Landschaft prägt die Lebensweise, Einstellung und Hoffnungen seiner Bewohner.*

5 www.saramee.de

Wir sind wieder beim **Grundprinzip oder Kernthema** einer Kultur oder eines Volkes, das sich meist in wenigen Stichworten zusammenfassen lässt. In *Feuerblüte – Im Reich der Wolkentrinker* zum Beispiel lasse ich meine Hauptfiguren zwei sehr unterschiedliche benachbarte Stadtstaaten entdecken, der eine – Rhiannon – widmet sich den fünf Sinnen und ist ganz nach diesem Prinzip organisiert, der andere – Atacán, von dem nur noch Ruinen übrig sind – huldigte bis zu seiner Zerstörung den Göttern des Zufalls. Im zentralen Tempel der Stadt gibt es noch immer alles, was man dafür braucht: eine Vielzahl von seltsamen Würfeln, die das Alte Volk erschaffen hat.

> Ehrfürchtig nahm Elwyn einen pyramidenförmigen Würfel aus weißem Stein in die Hand. »Nahe Vergangenheit, ferne Vergangenheit, Zukunft, Gegenwart – er versetzt dich in andere Zeiten«, erzählte er. »Nicht ganz ohne Risiko, das Schätzchen. Ein paar Tempelhelfer, die damit experimentiert haben, sind nie wieder gesehen worden. Deshalb war es zu meiner Zeit verboten, ihn zu benutzen. Außerdem ist er durch seine Form leider ziemlich empfindlich.« Er ging weiter zur nächsten Säule, legte stolz die Hand auf einen kreiselförmigen, achtseitigen Würfel aus durchscheinendem, rötlichen Stein mit Flammensymbolen auf den Flächen. »Den hier wollten alle ausleihen, aber nur die wichtigsten Leute der Stadt durften ihn benutzen. Er gibt dir unterschiedliche Mengen von Lebensenergie«, berichtete Elwyn stolz. »Oder dieser Zehnseitige hier, mit Gemütszuständen. Sieben seiner Flächen sind wunderbar, machen dich froh oder unternehmungslustig und so weiter.«
>
> »Und die anderen?«, fragte Jelica.
>
> Elwyn lächelte verschmitzt. »Falls du dieses Symbol erwischst, bekommst du eine *Traurigkeit* vom Feinsten, und solltest du Pech haben und *Wut* würfeln … o je. Deshalb wurde man, wenn man diesen Würfel benutzen wollte, vorsorglich eingesperrt, bis klar war, dass man nicht *Wut* erwischt hatte. Am besten war es immer, man benutzte ihn in Zeiten, in denen man völlig am Ende war – dann konnte es praktisch nur noch besser werden …«

Mit dem wichtigsten, dem neunseitigen Großen Würfel aus purem Gold, den nur wenige Auserwählte benutzen durften, lässt sich das Schicksal des Würfelnden beeinflussen – auf den Seiten stehen neben *Reichtum, Ruhm, Liebe, Schönheit, Glück* und *Macht* auch *Verderben* und *Pech.* Dieser Würfel spielte vor Jahren eine wichtige Rolle beim Untergang der Stadt, wenn auch auf andere Weise, als die Hauptfiguren sich vorstellen können. Klar, was ich während des Schreibens auf meinem Schreibtisch hatte, oder? Ein halbes Dutzend eigenartiger Würfel aus dem Rollenspiel-Shop, die der Göttin des Zufalls bestimmt gefallen hätten.

Jetzt zurück zu Ihrer eigenen Welt. Haben Sie schon ein Grundprinzip gefunden? Dann geht es jetzt an die konkrete Ausgestaltung, viel Spaß!

Wichtige **Eckpunkte für Ihre Welt** und jede Ihrer Kulturen:

Thema	Kommentar	Erledigt?
Soziale Organisation / Hierarchien	Wie ist die Gesellschaft organisiert, gibt es Höhergestellte, und wie rechtfertigen sie ihre Rolle? Wie heißen die derzeitigen Herrscher und welche Funktion haben sie? Wer bestimmt über eine Stadt, ein Dorf, größere Familieneinheiten?	
Religion / Götterwelt	Woran glauben die Bewohner Ihrer Welt? Welche überirdischen Mächte fürchten sie, wen bitten sie um Beistand, wenn sie in Not sind? Welche Rituale gibt es zu Geburt und Tod?	
Familienstruktur / Erziehung	Wie leben die Menschen zusammen? Wer hat das Sagen in der Familie? Welche Erziehung ist üblich, gibt es besondere Erziehungstraditionen, die sich von unseren unterscheiden?	
Systematik der Namen / Spitznamen	Welche Namen und Namensformen sind typisch für Ihre Welt / Kultur? Woraus setzt sich der Name zusammen, ist daraus die Abstammung zu erkennen? Sind Spitznamen üblich, wie werden sie vergeben?	

Thema	Kommentar	Erledigt?
Sprache / Ausdrücke und Redewendungen	Was wird in Ihrer Welt / Ihrer Kultur gesprochen? Welche typischen Redewendungen, Ausdrücke, Flüche gibt es? Welche Akzente, Dialekte und Regionalsprachen hört man? Gibt es eine *lingua franca*/Handelssprache, die jeder versteht?	
Zeitrechnung und -messung / Kalender	In welche Zeiteinheiten ist der Alltag gegliedert? Gibt es Entsprechungen für Stunde, Tag und Jahr? Sie müssen hier nicht unbedingt etwas ganz Neues erfinden (erfahrungsgemäß ist die Orientierung in einem neuen Zeitsystem für Leser sehr mühsam).	
Schul- und Ausbildungssystem	Gibt es Schulen? Können die meisten Menschen lesen und schreiben? Wie wird ein Beruf erlernt? Gibt es Universitäten?	
Geschichte / Feinde und Verbündete	Sollte über mindestens tausend Jahre grob bekannt sein. Was für Feindschaften oder Bündnisse gab es zwischen den Völkern? Hat eines der Völker eine dunkle Vergangenheit? Welche Herrscher waren besonders wichtig?	
Entwicklungsstand	Blüht die Kultur/die Nation gerade erst auf, oder ist sie im Niedergang?	
Tiere und Pflanzen	Gefährliche Tiere, nützliche Tiere, alltägliche Pflanzen, Heilpflanzen, giftige Pflanzen ... am besten nicht zu ähnlich und nicht zu fremd. Ein Trick ist, etwas abzuwandeln, was es bereits gibt. So entstehen Goldfalken, Bluteichen, Nachtwürmer ... darunter kann man sich mehr vorstellen als unter einem Xylap oder einer Parsimone (aber auch die haben ihre Daseinsberechtigung) .	
Wichtige Nahrungsmittel und einige gängige Gerichte	In einer fremden Welt werden natürlich auch andere Dinge gegessen ... da ist es gut, vorher zu klären, was in Ihrer Welt alles wächst oder in den Wäldern herumläuft. Dann müssen Sie sich nur noch ein paar Zubereitungsarten überlegen ...	
Kleidungsstile	Kleidung allgemein und Unterschiede bei Arm und Reich, auf dem Land und in der Stadt. Woran erkennt man sozialen Status auf den ersten Blick?	

Thema	Kommentar	Erledigt?
Kommunikationssystem	Wenn ich einer bestimmten Person eine Nachricht zukommen lassen will, wie geht das? Vor allem, wenn diese Person wieder einmal unterwegs ist?	
Geld	Wie sehen die Münzen aus, wie fühlen sie sich in der Hand an? Wie viel kosten ein Laib Brot, ein Pferd, ein Schiff?	
Fortbewegungsarten	Gibt es Pferde oder andere Wesen, auf denen geritten werden kann (und welche Eigenheiten haben sie)? Oder sind die Menschen in quasi-technischen Geräten unterwegs?	
Magie	Welchen Regeln unterliegt die Nutzung von Magie? Was sind ihre Grenzen? Wer kann sie nutzen und was muss er dafür investieren?	
Feste und Feiertage	Gefeiert wird immer, fragt sich nur, was, wann und wie. Wer teilnehmen darf, wer nicht. Wer dabei besonders viel Spaß hat, wer weniger. Was für Speisen serviert werden.	
Gepflogenheiten, Rituale und Traditionen	Was gilt als unfein, was als gutes Benehmen? Wie begrüßen die Bewohner Ihrer Welt den Tag, den Mond, einander? Wie verhält man sich, wenn man jemanden besucht? Was bringt angeblich Glück? Und vieles mehr …	
Besonderheiten beim Körper und Körperschmuck	An welchen Äußerlichkeiten (Haarfarbe, Statur) erkennt man ein Mitglied Ihrer Kultur sofort? Gibt es rituelle Tattoos, werden bei der Mann- beziehungsweise Frauwerdung Teile des Körpers verändert?	
Krankheiten	Von den Vogelpocken bis zur Rotfäule, lassen Sie Ihre Fantasie spielen … und denken Sie sich gleich aus, was in Ihrer Welt alles in eine Reiseapotheke gehört. Gängige Heiltränke zum Beispiel.	
Berühmte Personen, Volkshelden	Wer hat es ins kollektive Gedächtnis Ihres Volkes geschafft? Helden und Hassfiguren, beides gehört dazu.	
Lieder, Legenden und Geschichten	Vergisst man leicht, gehören aber zum Alltag und machen die Kultur und Geschichte der Welt farbig und fassbar.	

Natürlich können Sie sich auch von einer bestehenden oder früheren irdischen Kultur inspirieren lassen. »In der *Runlandsaga* habe ich viel von der sumerischen Mythologie verwendet«, erzählt zum Beispiel der deutsche Fantasyautor Robin Gates. »Ich wollte von einem epischen Konflikt zwischen zwei Göttergeschlechtern, den Mächten des Chaos und den Mächten der Ordnung, erzählen, und wie dieser Konflikt die Welt von Runland bedroht. Dabei habe ich mich stark vom Enuma Elish, dem sumerischen Schöpfungsmythos, inspirieren lassen.«

Meine allererste Fantasywelt Daresh war eine komplette Neuschöpfung ohne Anleihen. Damals war ich noch ziemlich unerfahren und überlegte mir zwar viel, aber wie sich herausstellte, nicht genug. Das merkte ich, als ich einen Fanfiction-Wettbewerb veranstaltete. Dafür hatte ich eine Art »Guide« für meine Welt verfasst, aber während meine Fans ihre Geschichten schrieben, hatten sie eine Menge zusätzlicher Fragen. »Wie stehen die Menschen in Daresh eigentlich zu Homosexualität?«, »Wie wird man ins Eliteregiment der Regentin aufgenommen?«, »Was haben eigentlich die verschiedenen Gilden für Trinksprüche?« »Äh … keine Ahnung«, hätte die ehrliche Antwort lauten müssen, aber so etwas sagt man ja sehr ungern, stattdessen denkt man sich rasch etwas aus. All diese Fragen waren für mich Gold wert, weil sie mir halfen, meine Welt auszugestalten und ihr immer mehr Tiefe zu geben. Auch deswegen wurde mein letzter Daresh-Roman *Der Sucher* der (wie ich finde) beste von allen.

Das, was meine Leser damals für mich getan haben, tue ich jetzt für Sie – ich stelle Ihnen ein paar fiese Detailfragen zu Ihrer Welt. Falls Sie sie beantworten können, sind Sie schon ziemlich weit beim Weltenerfinden.

- Welche Speise gilt als besonders fein und wird zum Beispiel bei Hofe serviert?
- Welche Strafe droht einem, wenn man einen wertvollen Gegenstand gestohlen hat? Wie und von wem wird man verurteilt?
- Welche Musik und Musikinstrumente gibt es in Ihrer Welt?
- Auf welche Pflanze sollte man auf keinen Fall drauftreten?
- Was für Rituale gibt es, wenn sich zwei junge Menschen in Ihrer

Kultur verlieben und sich miteinander treffen beziehungsweise treffen wollen?
- Wie weiß man, dass man es mit einem Händler zu tun hat, ohne mit demjenigen ein Wort zu wechseln?
- Welche Haustiere (mit welchen Eigenschaften) gibt es in Ihrer Welt? Und wie sieht es mit Körperparasiten aus?

Na, alles klar? Richtig gut sind Sie, wenn Sie – zum Beispiel bei einer Lesung – minutenlang schön pseudowissenschaftlich über eins dieser Themen dozieren können, ohne sich anmerken zu lassen, dass Sie noch nie zuvor darüber nachgedacht haben.

TIPP: *Fantasyleser wollen beim Lesen staunen und sich faszinieren lassen (der vielzitierte »sense of wonder«). Wenn Ihnen also etwas Erstaunliches, Beeindruckendes einfällt, super! Special effects sind im Film teuer, kosten im Buch aber keinen Cent.*

Nicht ganz einfach ist es, all diese Ideen zur Welt im Griff zu behalten. »Alles gleich aufschreiben, alles dokumentieren«, rät Horus W. Odenthal. »Von Anfang an konsequent eine ›Bibel‹ anlegen, eine private Enzyklopädie, in der man alles einträgt. Alles mit Stichwörtern versehen, sodass es wieder auffindbar ist. Alle Definitionen, alle Namen, alle Beschreibungen, überhaupt alle Eigenerfindungen, die nicht selbstverständlich sind – und selbst manche von denen. Und ein Schreibprogramm finden, mit dem das möglich ist. Meines Erachtens kann das Scrivener am besten.«

Das Schlusswort zum Thema Weltenerfinden bleibt Oliver Plaschka vorbehalten: »Effizient vorgehen und sich immer fragen: Brauche ich das wirklich und wofür? Muss der kleine dicke Mann im fünften Kapitel wirklich ein Zwerg sein, wenn danach keine Zwerge im Buch mehr vorkommen? Außerdem: keine Ideen, Begriffe und Kulturen verwenden, die einem nicht gehören. Sonst sitzt man sehr schnell auf einem nicht vermittelbaren Manuskript. Ich weiß das, ich habe selbst eines in der Schublade liegen.«

Karten & Skizzen anfertigen

Bei meinem ersten Fantasyroman zeichnete ich erst eine Karte meiner Welt, als der Roman fertig war und ich Material für meine Homepage brauchte. Vorher hatte ich die Landschaft und die einzelnen Provinzen zwar im Kopf, aber nur so ungefähr, und prompt unterlief mir im Roman ein böser Schnitzer. Irgendwann beim Wieder-mal-Reinlesen stellten sich mir die Nackenhärchen auf: Meine Hauptfiguren hatten bei ihrer Reise von Ost nach West eine ganze Provinz ausgelassen! Peinlich, peinlich. Lustigerweise hat sich nie jemand darüber beschwert, obwohl mir andere kleine Schnitzer gnadenlos unter die Nase gerieben worden sind (»Im dritten Band verliert sie ihren Umhang, wieso ist der in der Fortsetzung wieder da?!« »Äh, ihr habt doch auch mehrere Jacken, oder?«). Wahrscheinlich hat es deswegen keiner gemerkt, weil der Verlag nicht wie bei Fantasyromanen üblich eine Karte aufs Vorsatzpapier hat drucken lassen. Bei meiner nächsten Fantasywelt – Ouenda und das Nachbarreich Khorat –, war ich dann besonders gründlich und fertigte eine Karte an, *bevor* ich mit dem Schreiben loslegte. Außerdem hatte ich mir eine Karte von Jerushas Dorf und der näheren Umgebung gezeichnet und einen Plan der Quellenveste, in der der junge Offizier Kiéran SaJintar (meine männliche Hauptfigur) Dienst tut. Beides heftete ich an meine Pinnwand, sodass ich sie immer im Blick hatte. Wie hatte ich das früher eigentlich ohne Karte geschafft?

Eine Karte, die ins Buch gedruckt wird, gibt übrigens der Verlag bei einem Zeichner in Auftrag; es gibt Illustratoren, die sich auf Karten spezialisiert haben. Ich lieferte eine Vorlage, und obwohl ich darauf alle Namen und Bezeichnungen mit meiner besten Schön-Druckschrift eingetragen hatte, war in der Endfassung praktisch jeder Name falsch geschrieben. Zum Glück bekam ich das ganze nochmal zur Korrektur. Bevor man eine solche Karte auf seiner Homepage verwendet, empfiehlt es sich, den Illustrator zu fragen, ob er einverstanden ist. Ich zeige auf meiner Website aber auch meine Original-Karte und dazu die Planungs-Skizzen. Denn ich konnte mir Uniformen, Wesen, Gebäude und Landschaften schon immer besser vorstellen, wenn ich

Aus: *Nachlilien,* Karte gezeichnet von Daniel Ernle

sie bildlich vor Augen hatte (und ein bisschen zeichnen kann ich zum Glück, sozusagen für den Hausgebrauch). Und Sie können das in dem Umfang, in dem Sie es für den Roman brauchen, bestimmt auch. Muss ja keiner sehen.

Fantasy-Wesen entwickeln

Drachen, Gargoyles, Dämonen, Elfen, Vampire, Einhörner, Werwölfe ... vielleicht wissen Sie schon, ob solche Gestalten in Ihrem Roman auftauchen sollen. Solche Figuren, die zur menschlichen **Mythologie** gehören, haben den Vorteil, dass sie den Lesern schon in Grundzügen bekannt sind und Sie nicht mehr so viel erklären müssen. Außerdem haben all diese Wesen ihre Fans. Ich werde nie vergessen, wie mich mal bei der Diskussion nach einer *Sucher*-Lesung (die ziemlich gut gelaufen war), ein Junge fragte: »Kommen in Ihrem Roman auch Drachen vor?« Geduldig erklärte ich, dass es in Daresh keine Drachen gab. »Dann lese ich den Roman nicht«, beschied mir der Junge. Uff.

Der Nachteil solcher Fabelwesen ist, dass sie eben schon sehr bekannt sind (*ausgelutscht* möchte ich hier nicht sagen, obwohl Vampire so vermutlich über uns reden) und es bei manchen Wesen nicht leicht ist, noch neue Facetten an ihnen zu finden. »Mich interessiert der 50. Roman um die ach so trinkfreudigen Zwerge nicht mehr wirklich, und die so meisterhaften Bogenschützen der Elben haben auch ein wenig ausgedient«, meint Carsten Kuhr, Redakteur bei *phantastik-couch.de.* »Nein, in der Mischung, in der Vielfältigkeit und der glaubwürdigen Entwicklung der Charaktere liegt die Zukunft – und da ist die Rasse sekundär.«

Unabhängig davon, was gerade im Trend liegt, sollten Sie sich nach Ihren eigenen Vorlieben richten. Denn wenn Sie keine Beziehung zu den Wesen aufbauen können, über die Sie schreiben, spürt man das natürlich. Fantasy-Expertin Maren Bonacker meint: »Meine persönlichen Lieblingswesen waren früher lange Zeit die Einhörner – ihre Zartheit hat mich begeistert, ich habe seitenweise gertenschlanke Einhörner auf mondbeschienenen Felsen gemalt. Heute liebe ich die Drachen. Zum Teil, weil sie groß, mächtig, intelligent und außergewöhnlich sind, besonders aber aus literarischer Sicht wegen der Vielfalt und Spielmöglichkeit mit diesen Wesen. Im phantastischen Kinder- und Jugendbuch haben sie sich vom ›bösen‹ Wesen über das missverstandene Reptil, das eigentlich ganz nett ist bis hin zum naturwissenschaftlich interessanten Forschungsobjekt gewandelt – diese Rollenverschiebung finde ich ungemein spannend und ich frage mich, was wohl noch möglich ist.«

Drachen sind wirklich ein dankbares Beispiel dafür, wie viele verschiedene Arten es gibt ein Wesen darzustellen. Was spricht Sie mehr an, Drachen als mächtige Gefährten, Seelenverwandte und Reittiere wie in den *Drachenreiter*-Romanen von Anne McCaffrey oder in Christopher Paolinis *Eragon*? Oder mögen Sie Drachen als weise, für das Gleichgewicht der Welt bedeutsame Geschöpfe wie in der *Wolkenvolk*-Trilogie von Kai Meyer, in der seine Hauptfigur Nugua unter Drachen aufwächst? Oder reizen Sie eher die bösartigen, nach Juwelen gierenden Weltenvernichter im *Hobbit* und dem *Herrn der Ringe?* In meiner Erzählung *Jalishas Gast* (veröffentlicht in einer Arena-Anthologie) habe ich mich für die putzige Variante entschieden, dort gibt es einen blauen walisischen Zwergdrachen, der einem schnell mal an der Wade hängt, wenn man nicht aufpasst.

Kurz, wenn Sie Fabelwesen verwenden wollen, dann ist es an Ihnen, Ihre ganz **eigene Interpretation** dieser Wesen zu finden und interessante, vielleicht neue Facetten an ihnen zu entdecken. Sie können sich mit diesen Wesen alle Freiheiten erlauben, denn niemand wird kommen und den Zeigefinger hochhalten nach dem Motto »Aber Dämonen sind gar nicht so!« Dämonen sind in Ihrem Roman genau so, wie Sie sie haben wollen. Wichtig ist, dass die Wesen, die vorkommen, für Sie lebendig werden und durch ihre Eigenheiten und ihre Vielschichtigkeit für den Leser interessant sind. Eine komplette Kultur der Gargoyles hat zum Beispiel Gesa Schwartz für ihre *Grim*-Romane entwickelt.

Gargoyles, ging es Mia durch den Kopf, und sie konnte fühlen, wie dieser Name seine Bedeutung verwandelte, wie er aus einer staubigen, unbedeutenden Ecke heraustrat und im Licht anfing zu schimmern. Fasziniert betrachtete sie die Gesichter dieser Geschöpfe, allesamt aus feinstem Stein, der bei vielen so zart war, dass ihre Haut fast menschlich wirkte. Mia sah Gargoyles in Teufelsgestalt mit winzigen Hörnern auf dem Kopf, sie sah steinerne Hunde, Affen und Drachen und solche, die trotz ihrer menschlichen Gestalt mächtige Pranken besaßen oder lange, gespaltene Zungen. Aber ganz gleich, wie ihr Körper gebildet war, trugen sie doch alle eine Dunkelheit in den Augen, die Mia frösteln ließ und sie gleichzeitig auf eine Weise anzog, wie sie es noch nie gespürt hatte. Solche Augen hatte sie noch nie gesehen, nicht einmal in ihren Träumen.

Auch Gegenspieler zu Ihren Wesen sind natürlich wichtig – die der Gargoyles und der Menschen sind die Hybriden, halb Mensch, halb Gargoyle, die rechtlos oder versklavt vor sich hin vegetieren und irgendwann aufbegehren, um es ihren Unterdrückern heimzuzahlen. Und gleich auch jeder Menge Menschen das Herz herauszureißen, um Gargoyles in Hybriden verwandeln zu können.

Wenn Sie ein Fabelwesen für Ihren Roman suchen, dann lohnt sich die Recherche in der Märchen- und Sagenwelt, natürlich nicht nur in der europäischen. Als sie ihre Romantasy-Reihe *MondLichtSaga* plante, wurde Marah Woolf in der schottisch-walisischen Mythologie fündig: »Mir war beim Schreiben relativ schnell klar, dass ich keinesfalls einen wunderschönen und perfekten Vampir in mein Buch lassen wollte. Die Parallelen zu *Twilight* wären mir zu groß gewesen«, erzählt sie. »Und mal ehrlich, Edward ist sowieso nicht zu schlagen. Was blieb übrig? Engel, Dämonen, Nachtmahre? Alles nicht mein Fall. Ich überlegte also weiter und das einzige Element, dass mir einfiel und aus dem noch kein perfektes Wesen entstiegen war, blieb das Wasser. Nun wollte ich aber weder ein Selkie noch einen Nix. Ein Mann mit Fischschwanz oder einer, der in seinem zweiten Leben eine Robbe war – wer sollte sich in diesen schon verlieben? Der Mann, der mir vorschwebte, sollte einerseits relativ normal aber wiederum auch sehr außergewöhnlich sein. Ein Mann eben, der ein Geheimnis hat, aber jeder von uns über den Weg laufen könnte. Also begann ich das Internet nach meiner Traumfigur zu durchstöbern. Es dauerte nicht lange, da stieß ich auch schon auf den Namen: Shellycoat. Ein perfekter Name für den perfekten Protagonisten.« Angeblich leben Shellycoats auf dem Grund von walisischen Seen und locken Mädchen mit Harfenklängen in ihr nasses Reich.

Mindestens ebenso interessant wie das Durchwühlen von Sagenwelten ist es, eine Rasse (dieser Begriff wird in der Fantasy ganz neutral verwendet) oder **Wesen neu zu erfinden**. »Der Steinbeißer aus Michael Endes *Unendlicher Geschichte* ist ein Beispiel für eine gelungene Schöpfung«, meint Gustav Gaisbauer vom Ersten Deutschen Fantasy Club (EDFC). Ein meisterhafter Erfinder ist auch Walter Moers, der seine Welt Zamonien mit unzähligen schrägen Geschöpfen bevölkert hat – Haifischmaden (sehr skrupellos), Stollentrolle (pathologische Lügner), Blutschinken (machen gerne Ärger), Rettungssaurier (spezialisiert auf die Rettung in letzter Sekunde), Eydeeten (sieben Gehirne), Bolloggs (wirklich riesige Riesen, die hin und wieder ihren Kopf ablegen) und Dutzende von anderen Wesen. Meine zamonischen Lieblingswesen sind die Olfaktillen, die zu den Geruchsvampiren zählen und bis zu fünfzehn Nasen haben. Sie ernähren sich ausschließlich von Körpergeruch, was praktisch sein kann, wenn man welchen loswerden will. Doch manchmal machen sie sich auch unbeliebt:

> Es gab eine etwas unbeliebtere, wesentlich kleinere Sorte von Olfaktillen mit nur vier Nasen, dafür aber mit acht Beinen, die auf schlechten Atem spezialisiert war und nachts auf die Gesichter von Schlafenden kletterte, um den Mundgeruch abzusaugen. Es konnte schockauslösend sein, nachts aufzuwachen und eine schnaufende Kleinolfaktille auf seinem Gesicht zu finden.

Der Leser profitiert davon, dass Blaubär, die Hauptfigur der *13 ½ Leben des Käpt'n Blaubär*, durch das von seinem Lehrer implantierte **Lexikon** immer wieder Wissenswertes über Fauna, Flora und Phänomene des Kontinents erfährt. Klingt so:

> *Berghutze, die:* Beheimatet im südzamonischen Hutzengebirge, darf die gemeine Berghutze allgemein den sogenannten arglosen Gebirgsdämonen zugerechnet werden, wie auch der Klammtroll und die Gletschermume, also Gebirgsbewohner ohne schlechte Absichten, im Gegensatz zu Stollentrollen und Lawinenhexen. Eigentlich harmlos im Umgang, ist die Berghutze durch ihr abschreckendes Äußeres zu relativer Einsamkeit verdammt. Dabei ist ihre wahre Hässlichkeit noch nicht einmal sichtbar. Durch eine Gnade des Schicksals sind Berghutzen mit dichtem verfilztem Haar bewachsen, sodass man ihre tatsächliche körperliche Beschaffenheit nur ahnen kann. Den Anblick einer komplett rasierten Berghutze könnte niemand ertragen.

Nicht immer meldet sich das Lexikon rechtzeitig, um Blaubär vor Unheil zu bewahren, zum Beispiel wäre es für ihn sehr praktisch gewesen, rechtzeitig zu erfahren, was für eine Bedeutung die Tornadohaltestellen haben oder wie man sich aus dem Netz einer Waldspinnenhexe befreit.

TIPP: *Für alle diejenigen Autoren, deren Hauptfigur kein Lexikon im Kopf hat, empfiehlt sich ein* ***Glossar*** *am Schluss des Romans, in dem man nochmal alle Völker, Wesen, Bezeichnungen und sonstigen Erfindungen in wenigen Sätzen erklärt. Auf eine solche Übersicht reagieren Leser dankbar, denn nicht immer kann man sich in einer unvertrauten Welt alles leicht merken.*

Für seinen Roman *Grauwacht*, in dem Nacht und Tag Generationen lang dauern, hat Robert Corvus die Sasseks erfunden, amphibische Wesen, die sich die Welt nicht ganz konfliktfrei mit den Menschen teilen. »Ich brauchte ein Volk für den Tag. Erst dachte ich an Echsen wegen der Hitze, doch das funktionierte nicht – sie hätten die Meere zwischen den Kontinenten nicht überwinden können«, erzählt Robert Corvus. »Ich brauchte eine Spezies, die große Wasserstrecken überwinden kann, und kam schließlich auf intelligente Amphibien.« Sie wechseln dreimal in ihrem Leben das Geschlecht, ernähren sich zum Teil durch ein Moos zwischen ihren Häuten, mit denen sie symbiotisch zusammenleben, und hassen die Farbe Blau – Sittenwächter unter ihnen zerstören es, wo auch immer sie es finden (was einen realen Hintergrund hat, der jedoch in Vergessenheit geraten und in fanatische Hysterie umgeschlagen ist). Ihre Biologie ist ebenso glaubwürdig wie ihre Denkweise, wie man feststellen kann, wenn man im Roman die Passagen aus Sassek-Perspektive liest. »Als ich einmal drin war, ist es mir leicht gefallen, aus dieser Perspektive zu schreiben«, erzählt Robert Corvus. »Ich habe auch viel gelacht dabei, weil die Sasseks einen so liebevollen Außenblick auf Menschen haben. Einer von ihnen, Ssarronn, versucht sich in sie hineinzuversetzen und denkt zum Beispiel darüber nach, wie das so ist, mit nur einem Geschlecht zu leben.«

Die Sasseks sind keine Monster. Sie als Weltenerfinder jedoch werden häufig in die Situation kommen, **gefährliche Wesen** erfinden zu müssen, die Ihre Hauptfiguren in arge Bedrängnis bringen. Je fieser, desto besser. Die Brutalität und Gerissenheit der Orks kennen Sie sicher aus **Tolkiens Werken** und schon mehrere andere Autoren haben die Orks in Romanen oder Reihen verwendet (sie werden einem richtig sympathisch, wenn der Roman aus ihrer Perspektive erzählt wird). Das fällt in diesem Fall nicht unter Fanfiction, weil das Tolkien-Universum eine so prägende Kraft entfaltet hat, dass die Figuren quasi universell geworden sind. Jedenfalls ist mir nicht bekannt, dass Stan Nicholls Lizenzgebühren an Tolkiens Erben bezahlt hätte. Für Sie heißt das Carte blanche, falls Sie sie ebenfalls ausleihen wollen – aber wollen Sie das wirklich? Es macht deutlich mehr Spaß selbst Ungeheuer zu ersinnen und Ihre Leser sind Ihnen sicher dankbar für die Abwechslung. Das Ungeheuer kann jede beliebige Gestalt haben – in Markus Heitz' *Ulldart* zum Beispiel brechen Legionen von wurmartigen Wesen aus dem Boden hervor. Wirklich originell fand ich die Seidenrachen in Sam Bowrings *Herr der Tränen*:

> Von allen Schöpfungen des Herrn der Tränen hasste Rostigan die Seidenrachen am meisten. Er war sich nicht sicher, ob sie überhaupt lebten, denn sie hatten kein Fleisch am Leib. Nur Knochen verliehen ihnen Gestalt, die von rauer weißer Seide zusammengehalten wurde, welche sich dehnte und zusammenzog wie Muskelfasern. Sie hatten keine Stimmen, und das einzige Geräusch, das sie von sich gaben, war ein gelegentliches Klacken der Knochen. Der Rachen auf dem Boden öffnete das Maul und dehnte die Stränge, die es zusammenhielten. Nun konnte man die Zähne in den missgebildeten Kiefern sehen. Er schlug sie so heftig zusammen, dass sich die Spitzen durch die eigene Schnauze bohrten, schien dabei aber nichts zu empfinden.
>
> Ein Soldat stürmte auf ihn zu und zerschlitzte die Seide am Flügel. Das Wesen schnappte nach ihm und biss zu. Es sah aus, als würde das Untier gefüttert, doch der leere Körper des Wesens hatte keinen Bauch. So tränkte nur Blut die weiße Seide. Der Rachen schüttelte seine Beute, um so viel wie möglich in sich aufzunehmen
>
> Ein roter Seidenrachen war ein glücklicher Seidenrachen.
>
> Ein Brandpfeil traf ihn in die Seite, setzte ihn jedoch nicht in Flammen, da die durchtränkten Stränge bereits zu feucht waren.

In meiner *Nachtlilien*-Trilogie gibt es verschiedene Wesen, die zur Gefahr werden können. Während die Hunderthänder, raupenähnliche Wesen mit rudimentärer Sprachfähigkeit (und ja, ziemlich vielen Händen), einem höchstens die Waffe stehlen und man den Eisenfressern leicht aus dem Weg gehen kann, sollte man sich vor Werpanthern und Skraelings – Vogel-Mensch-Wesen – unbedingt in Acht nehmen. Mehrere Skraeling-Schwärme werden von skrupellosen nichtmenschlichen Gegnern gezielt auf Jerusha und Kiéran gehetzt. Als meine Lektorin (damals Michelle Gyo) das Manuskript las, wandte sie ein, sie habe den Begriff »Skraelings« schon mal im Roman eines anderen

Autors gelesen. Ups. Aber auch er hatte sich den Begriff nicht ausgedacht, sondern hatte ihn aus alten Quellen übernommen – so nannten nämlich die Wikinger die Menschen, die sie an der Küste des nordamerikanischen Kontinents antrafen und die ihnen fremd und widerlich erschienen. Mir war der Begriff während meines Amerikanistik-Studiums untergekommen und ich hatte ihn mir für meinen Roman ausgeliehen. Da es ein historisches Wort war und nicht die Erfindung eines anderen Autors, durfte es im Roman bleiben.

Auch wenn Sie nichtmenschliche Völker ausarbeiten oder neu entwickeln, können Sie auf meine Weltenerfinder-Tabelle zurückgreifen – allerdings kommen jetzt noch **biologische Details** hinzu, zum Beispiel:

- Lebenszyklus
- Lebensräume
- Fortpflanzung
- Kampfverhalten / Verteidigungsstrategien
- Ernährung
- Weltsicht
- Körper
- Besondere Fähigkeiten
- Mögliche Symbiosen

Und die Kernfrage ist, wie und warum hat sich das alles entwickelt, welcher **evolutionäre Nutzen** steht dahinter? Wie haben sich diese Geschöpfe an ihre Umwelt angepasst?

»Eigentlich habe nicht ich mir das alles ausgedacht, sondern die Evolution«, meint E. L. Greiff über die vielen fantastischen Wesen, die ihre *Zwölf Wasser*-Trilogie bevölkern. »Im Ernst: Wenn man, wie ich, schon seit Kindertagen leidenschaftlich Naturdokus schaut und auch viel draußen unterwegs ist, kann man nur immer wieder staunen: Was es alles gibt! Ich schaue einen Raubvogel an, erfahre etwas über seine Fähigkeiten, und bin fasziniert. Der Schritt vom realen Falken zur fantastischen Szasla ist kleiner als man denkt. Man geht aus von einem Falkenauge, das über eine Entfernung von hunderten von Metern eine

Maus erspähen kann – und kommt zu einem Szasla-Auge, das bis hinein in die Zukunft schaut. Überhaupt kann ich nur dazu raten, sich intensiv mit unserer Welt zu befassen, wenn man eine andere erschaffen will. Ich bin ein großer Fan unseres fantastischen Planeten und der teilweise irrwitzigen Lebewesen, die ihn bevölkern.«

Natürlich müssen Sie biologische Details bei Rassen, die nur selten in Ihrem Manuskript vorkommen, nicht erschöpfend behandeln, aber wenn sie für den Roman wichtig sind, lohnt es sich, auch diese Erfindungen möglichst »echt« wirken zu lassen.

Zum Schluss noch ein guter Tipp von Autorin Ju Honisch: »Weniger ist mehr! Ein Ungeheuer ist unheimlich, 25 sind lächerlich. Ein Drache ist majestätisch, 20 sind eine Plage.«

Fremdartige Sprachen

J. R. R. Tolkien war fasziniert, fast besessen von Sprachen und ihrer Struktur. »Ursprünglich war es bei ihm die Sprachschöpfung, die der Weltschöpfung vorausging, aber bald schon ging beides Hand in Hand, denn eine Sprache brauchte nach Tolkiens Verständnis einen Raum und eine Zeit, sich darin zu entfalten«, erklärt Fantasy-Experte Helmut W. Pesch. »Wie dies miteinander verknüpft ist, sieht man am besten in den Bezeichnungen der Könige von Númenor im Zweiten Zeitalter, an denen sich ihre Haltung zu den Elben, zu Gott und zu ihrem Selbstverständnis in der Welt ablesen lässt.«

Tolkien hat für sein Epos nicht nur eine Sprache, sondern gleich mehrere entwickelt, darunter die elbischen Sprachen Sindarin und Quenya. Und seine Arbeit wirkt bis heute nach – so mancher Tolkien-Fan hat schon gelernt, Elbisch zu sprechen. Es gibt dafür sehr gute Lehrbücher von Helmut W. Pesch und in einer Schule in Großbritannien kann man es sogar als Zusatzkurs belegen.

Diese unglaubliche Schöpfungstiefe hat viel dazu beigetragen, Mittelerde so »echt« werden zu lassen, zu einem Ort, der wirklich existiert, wenn auch nur in unseren Herzen und Köpfen (und natürlich den Bücherregalen). Auch die Macher der Serie *Game of Thrones,* die auf den Romanen von George R. R. Martin basiert, hatten diesen

Anspruch und beauftragten den Linguisten David Peterson, ihnen eine eigene Sprache für das Reitervolk der Dothraki zu entwickeln – diese Sprache verwenden die Darsteller im Film, Untertitel erschließen sie den Zuschauern. Zum Glück war Peterson während der Dreharbeiten gut per Mail erreichbar, denn bei Drehbuch-Änderungen musste er manchmal schnell ein paar Zeilen eines neuen Dialogs übersetzen.

Keine Sorge, niemand erwartet von Ihnen, dass Sie für Ihren Roman ebenfalls eine komplette Sprache erschaffen. Peterson hat acht Monate lang daran gearbeitet, er musste immerhin mehrere tausend Wörter und eine komplette Grammatik erschaffen.[6] Da Sie vermutlich weniger Zeit haben und kein Linguist sind, machen Sie es am besten wie George R. R. Martin selbst – in seinen *Lied von Eis und Feuer*-Romanen hat er nur einige Redewendungen, Begriffe, Grüße und ähnliches in der Sprache der Dothraki eingebaut. Das genügt, um im Roman das *Gefühl* zu erzeugen, dass diese Leute nicht etwa Deutsch, Englisch oder was auch immer sprechen, sondern ihre eigene Sprache. Und auf dieses Gefühl kommt es an. Darauf, Atmosphäre zu schaffen und Ihre Leser eintauchen zu lassen in Ihre Welt. Der ganze Rest der Dialoge kann in Deutsch stehen bleiben. Das könnte bei Bezeichnungen etwa so aussehen wie in diesem Auszug aus dem ersten *Nachtlilien*-Band. Meine Hauptfiguren sind gerade bei den Eliscan, dem Volk des Mondes, eingetroffen.

> »Königin Célafiora, *Thybrelis*«, murmelte der Blonde. »Es sind keine gewöhnlichen Menschen, sonst hätten wir sie niemals hergebracht. Er ist ein *Lin'tháresh*, ein Tiefsehender, und sie hat einen Pakt mit den Drachen. Sie möchten eine Audienz bei Aláes.«
>
> Ein Tiefsehender. Ja, das passte. Jerusha ergriff Kiérans Hand und er erwiderte den Druck, ohne sie anzusehen.

Hier wird nicht weiter erklärt, was *Thybrelis* bedeutet, aber Jerusha begreift schnell, dass es ein Ausdruck des Respekts ist und nur gegen-

6 Quelle: Dothraki.org

über dem Königspaar verwendet wird. Übersetzt heißt es »Majestät«. Sie können sich gewöhnlich darauf verlassen, dass Ihre Leser mitdenken, und müssen nicht alles erklären.

TIPP: *Fremdsprachige Ausdrücke im Roman sehen kursiv am besten aus, das macht auch den Klangwechsel von der einen zur anderen Sprache deutlicher.*

Schön sind auch ganze Satzteile in der fremden Sprache. In diesem Fall kann man die Leser entweder rätseln lassen, was gesagt wurde – was aber schade wäre –, oder den Sprecher seine Aussage selbst entschlüsseln lassen:

> Es war Zeit, sich zu verabschieden. »*Gi sa wyín, ardesh k'ion*«, sagte Célafiora. »Gesegnet sei dein Tag und voller Licht.« Dann streifte sie plötzlich einen Armreif von ihrem Handgelenk und reichte ihn Jerusha.

In diesem Fall beherrschen die Anderwesen eine der Menschensprachen, doch wenn sich ein fremdartiges Wesen bemüht, in der Handels- oder Hochsprache zu sprechen, können Sie die Satzstruktur ruhig ein bisschen verquirlen. Stellen Sie sich vor, wie Sie sich ausdrücken würden, wenn Sie nach einem zweiwöchigen Sprachkurs versuchen würden, in Schwedisch, Indonesisch oder Russisch zu kommunizieren. Auch eignet sich nicht jedes Mundwerkzeug beziehungsweise jede Schnauze für eine klare Aussprache und ein gefauchter Satz klingt anders als ein ruhig gesagter.

ACHTUNG: *Eine gebrochene Redeweise, Stottern o.ä. eignet sich nur für kurz auftretende Nebenfiguren, nicht für Hauptfiguren, die ständig zu Wort kommen, da würde es schnell nerven.*

Hier eine Kurzübersicht, was Sie für jedes Volk/jede Rasse in Ihrer Fantasywelt brauchen:

- Begrüßungen und Abschiedsfloskeln
- Gute Wünsche
- Flüche
- Sprichwörter und gängige Redewendungen
- Wichtige Bezeichnungen, zum Beispiel für Herrscher, Schwert, magische Gegenstände und Eigenschaften
- Teile von Liedtexten, magischen Formeln, Beschwörungen

Diese Wörter können Sie sich ganz frei ausdenken, aber auch anderen Sprachen entlehnen und abwandeln (Tolkien orientierte sich an Walisisch und Finnisch). Sinnvoll ist auch, sich ein paar einfache grammatikalische Regeln zu überlegen, zum Beispiel wie aus dem Singular der Plural geformt wird.

Ganz wichtig ist, dass Sie die Worte und Redewendungen aussprechen und nach dem Klang auswählen, der zu Ihrem Volk passt. Der grobe, polternde Klang einer Trollsprache wird ein wenig in den Ohren schmerzen, aber da müssen wahre Fans durch.

Auch Elbisch-Experte Helmut W. Pesch hält es nicht für nötig, für einen Roman eine ganze Sprache zu erfinden: »Die meisten Fantasy-Autoren kommen ohne eine solche aus. Obacht sollte ein Fantasy-Autor bei der Nomenklatur, den Namen von Dingen und Figuren, geben; denn in der Welt der Fantasy steht Bezeichnendes und Bezeichnetes, anders als in unserer realen Welt, in einem inneren Zusammenhang. Namen sind wichtig, manchmal entscheidend, ob eine Geschichte glaubhaft wirkt oder nicht. Namen in Romanen sollten deutlich unterscheidbar sein, und sie sollten vor allem passen. Man kann gar nicht genug Sorgfalt darauf verwenden.« Mehr über Figurennamen im Unterkapitel »Die richtigen Namen«.

Figuren entwickeln

Vielschichtige Figuren erschaffen

Gute Figuren sind extrem wichtig. Wenn Ihre Leser und Leserinnen nicht wissen wollen, wie es Ihren Hauptfiguren im Verlauf der Handlung ergeht, dann legen sie das Buch weg. Also investieren Sie Zeit und Mühe in die Aufgabe, Ihr Buch mit interessanten und vielseitigen Menschen (oder Wesen) zu bevölkern. Wetten, auch Sie erinnern sich noch gut an manche Figuren, denen Sie sich nahe gefühlt haben, mit denen Sie durch dicke Bücher hindurch gelebt und gelitten haben? Zu meinen persönlichen Lieblingscharakteren zählt zum Beispiel Fitz, der Held von Robin Hobbs' *Weitseher*-Romanen (die man möglichst im englischen Original lesen sollte, die Übersetzung ist nicht so besonders). Er wächst als Bastard auf, geht halb freiwillig bei einem Assassinen in die Lehre und hat die Fähigkeit, sich geistig-seelisch eng an ein Tier zu binden – der Wolf Nachtauge wird zu seinem treuen Begleiter. In Hobbs' meisterhaften Romanen begleiten wir ihn vom Kind bis zum alten Mann und ich bin froh darüber, ihn kennengelernt zu haben. Eine Figur zu erschaffen, die – wie Fitz – gleich mehrere Trilogien tragen kann, ist ein Glücksfall. Aber interessante Figuren zu erschaffen ist keine Hexerei, in diesem Kapitel erfahren Sie einiges darüber.

»Wirklich gelungene Figuren besitzen das Potenzial, ein Eigenleben zu entwickeln und einen gelegentlich zu überraschen«, erzählt Jan Oldenburg. »Das macht das Schreiben einerseits dank unvorhergesehener Wendungen spannender für einen selbst und verhindert andererseits, dass man seine Figuren bloß dafür benutzt, um eine mechanisch konstruierte Handlung voranzubringen. Das klassische Negativbeispiel wäre der Filmstatist, der einzig aus dem Grund, weil es so im Drehbuch steht, in die Höhle der schrecklichen Kannibalenmutanten schleicht, in der bereits alle seine Freunde ein grausiges Ende gefunden haben. Wie es weitergeht (Spoilerwarnung!), wird man sich denken können.«

Ich selbst entwickle Figuren, indem ich sie erst kurz charakterisiere, in fünf bis sechs Sätzen – diese kurze Form hilft, ein Gefühl für die Figur zu bekommen, bevor man ins Detail geht. Hier ein Beispiel, frisch ausgedacht:

> *Peeryn*, 24 Winter alt, hat eine zähe, sehnige Statur, fröhliche braune Augen und eine wilde nussbraune Haarmähne. Sie stammt aus einer reichen, mächtigen Magierfamilie, hat sich aber zum Entsetzen ihrer Verwandten dafür entschieden, eine reisende Medica zu werden und Menschen zu heilen. Sie ist sowieso seit ihrer Kindheit das schwarze Schaf der Familie, weil sie scheinbar nur schwache magische Fähigkeiten hat (darunter ein paar gute Abwehrzauber, die sie schützen) und schon immer trotzig getan hat, was sie wollte. Immer wieder versucht jemand vergeblich, sie in den Schoß der Familie zurückzuholen, doch Peeryn weigert sich, ihre Einsamkeit einzugestehen. Niemand weiß, dass sie auch deswegen so rastlos unterwegs ist, weil sie auf der Suche ist … auf der Suche nach einem jungen Mann, der ihr immer wieder im Traum erscheint und dem sie sich so nahe fühlt, dass es ihr Angst macht.

Wenn ich die »Eckdaten« der Figur weiß, gehe ich in die Details und versuche meine Figur kennenzulernen, indem ich Fragen zu ihm oder ihr beantworte. Daraus ergibt sich ein »Steckbrief«, den ich besonders zu Beginn eines neuen Projekts immer wieder aufrufe. Nachdem ich Grunddaten der Figur wie den vollen Namen, Wohnort, Geburtsdatum etc. erfunden habe, wird es interessant:

- Was für eine **Persönlichkeit** hat Ihre Figur? Ist sie extrovertiert oder eher introvertiert? Fröhlich oder nachdenklich? Lebenslustig oder melancholisch? Selbstsicher oder unsicher? Und so weiter.
- Wie sieht Ihre Figur aus, welchen **Eindruck** hat man von ihr, wenn man sie das erste Mal sieht? Hier spielt ganz vieles hinein – nicht nur Haar- und Augenfarbe sowie Körpergröße, sondern auch Kleidungsstil, Körperhaltung, Ausstrahlung und Gang.
- Wie spricht Ihre Figur? Jeder Mensch hat eine ganz eigene **Sprechweise**, die seine Persönlichkeit wiederspiegelt und die Art, wie er

aufgewachsen ist, zum Beispiel als Findelkind bei Walddämonen oder auf der Burg eines Herzogs. Welche Lieblingsausdrücke hat Ihre Figur?

- Wie ist Ihre Figur aufgewachsen? Wer sind ihre **Eltern und Geschwister**? Es macht einen Riesenunterschied, ob jemand in einer Familie mit fünf Geschwistern oder als Einzelkind aufwächst. Auch die Persönlichkeit der Eltern sollte man einbeziehen, wie ist Ihre Figur erzogen worden?
- Welche **Freunde und Feinde** hat Ihre Figur? Zu jedem Menschen gehört sein Umfeld, über das er sich definiert. Feinde sind für Ihre Figur ebenso wichtig wie Freunde, denn irgendwoher muss ja der Konflikt kommen …
- Welche **Bildung und Ausbildung** hat Ihre Figur? Wieso hat sie ihren Beruf ergriffen, was gefällt ihr daran und was weniger? Ist sie erfolgreich in ihrer Berufung, und wenn nicht, warum?
- Welche **Ziele, Träume und Wünsche** hat Ihre Figur? Ein ganz wichtiger Punkt, denn diese Träume und Wünsche starke »Antreiber«, die eine Figur und damit die Geschichte so richtig in Bewegung bringen, auch unerreichbare Ziele zählen.
- Was sind ihre **positiven Eigenschaften und Stärken**? Selbst Anti-Helden, die eher das Gegenteil von Helden sind, sollten ein paar Stärken haben. Sonst mag man sie nicht durch die Geschichte begleiten. Und sogar Schurkenfiguren können und sollten positive Eigenschaften haben, denn niemand ist durch und durch gemein (darüber später mehr).
- Hat Ihre Figur **besondere Fähigkeiten oder Talente**, zum Beispiel eine magische Begabung, eine Bindung zu bestimmten Fabelwesen oder ein genial gutes Auge als Bogenschütze?
- Was sind ihre **negativen Eigenschaften, Schwächen und Ängste**? Ganz wichtig, denn es gibt nichts Langweiligeres als eine perfekte Figur! Meine Figuren werden von Testlesern oft als »zu gut« geschmäht, dann beeile ich mich, ihnen noch ein paar dunkle Seiten anzudichten. Mit Figuren, die ähnliche Schwächen haben wie sie selbst, identifizieren sich Leser übrigens am liebsten. Und

auch die mutigsten Kerle haben Ängste, auch wenn es nur die Angst ist, kahl zu werden …

- Wie verbringt Ihre Figur ihre **freie Zeit**, die sogar Menschen in archaischen Welten hin und wieder haben? Versuchen Sie hier ruhig, etwas Besonderes zu finden, das Ihre Figur von anderen abhebt.
- Welche **Angewohnheiten** hat Ihre Figur? Was macht sie mit den Händen, wenn sie nervös ist? Zupft sie sich immer an einer Locke, wenn sie nachdenkt? Es sind kleine Details wie diese, die eine Figur richtig lebendig machen.
- Welche **Gegenstände** sind ihr wichtig? Versuchen Sie mal, sich in Gedanken im Gemach Ihrer Figur umzuschauen – was sehen Sie? Welchen Krimskrams hält sie in Ehren, und aus welchen Gründen? Der Gegenstand muss nicht mal so handlich sein, dass er ins Zimmer passt, er kann auch im Schuppen stehen …
- **Was mag Ihre Figur, was nicht?** Versuchen Sie hier, nicht nur Allgemeinplätze einzufügen, besonders ungewöhnliche Vorlieben charakterisieren eine Figur. Isst sie besonders gerne in Honig eingelegte Libellen, was alle anderen widerlich finden? Regt sie sich gerne über Kleinigkeiten auf, um ein bisschen herumfluchen zu können?
- Welche wichtigen **Erfahrungen in der Vergangenheit** hat Ihre Figur gemacht? Hier können Sie die Vorgeschichte Ihrer Figur erfinden, und die gibt speziell in der Fantasy eine Menge her. Glückserfahrungen, Traumata, prägende positive und negative Erlebnisse mit Verwandten und Freunden, hier können Sie alles unterbringen.
- Woran **glaubt** Ihre Figur? Glaubt sie an einen bestimmten Gott, an den Retter, an die Kraft des Universums? Ist sie auf Sinnsuche? Wann war sie zuletzt in einem Tempel oder bei einem Wahrsager, und war sie freiwillig dort?
- Welche **Probleme und Konflikte** hat Ihre Figur? Hier liegen die Storys versteckt! Besonders wichtig ist, Ihrer Figur nicht nur äußere, sondern auch innere Konflikte zu geben. Peeryn aus dem Beispiel leidet unter ihrer Einsamkeit, würde das ihrer Familie gegenüber aber nie zugeben. Sie ist noch nicht bereit dafür, sich

einzugestehen, dass dieses Leben doch nicht das Richtige für sie ist, obwohl sie schon vielen Menschen geholfen hat.

- Was macht Ihre Figur **außergewöhnlich** und anders als andere? Woran würde man sie in einer Gruppe von Männern / Frauen / Wesen erkennen?
- Was ist das größte **Geheimnis** Ihrer Figur? Ich glaube, dass jeder Mensch ein Geheimnis hat … Und auch jede Figur sollte ein Geheimnis haben, mindestens eins. Selbst wenn es im Text nicht erwähnt wird. Vielleicht sogar ein dunkles, furchtbares Geheimnis. Eine Figur mit Abgründen ist oft interessanter als ein sonniges Gemüt …
- Wie **entwickelt** sich Ihre Figur im Laufe des Romans? Denn nur in schlechten Romanen ist die Hauptfigur am Anfang und am Ende genau gleich. Erfahrungen, die wir machen, verändern uns – und wenn Ihre Hauptfigur zum Beispiel Furchtbares durchmacht auf dem Weg zu einem bestimmten Ziel, ist sie nicht mehr derselbe Mensch, wenn sie dieses Ziel erreicht hat. Anders herum kann eine schwer traumatisierte Figur neuen Lebensmut gewinnen durch die Begegnungen und Bewährungsproben, die Sie für sie vorgesehen haben.

Es lohnt sich, bei der Charakterisierung gründlich zu sein, sonst hat man zum Schluss eine **eindimensionale Figur**, die nur ganz wenige Eigenschaften besitzt und durch Ihren Roman läuft, als hätte sie jemand aus Sperrholz ausgesägt. **Mehrdimensionale Figuren** dagegen haben wie echte Menschen eine Vorgeschichte, viele verschiedene Facetten, gelegentlich sogar widersprüchliche Eigenschaften, sie verhalten sich manchmal falsch und sind doch so interessant, dass man mehr über sie wissen möchte und mitfiebert, wenn sie in Schwierigkeiten geraten (oder sich selbst in eben solche gebracht haben).

Keine Sorge, für **Nebenfiguren** reicht eine etwas kürzere Charakterisierung. Hier ergeben wenige, nicht zu durchschnittliche Eigenschaften schon ein Bild. Wichtige Nebenfiguren charakterisiere ich auf einer dicht beschriebenen A4-Seite. Hauptfiguren bekommen manchmal mehr als zehn Seiten.

Ähnlich ausführlich hat Horus W. Odenthal die Hauptfigur seiner *Ninragon*-Reihe charakterisiert, eine Figur, die schon vor vielen Jahren bei seinen ersten literarischen Gehversuchen entstanden war und mit der er weiterarbeiten wollte. »Auric der Schwarze – mit dem Namen kamen viele Charakteristika. Nur wurde jetzt dieser Held von einem wesentlich älteren Menschen neu erfunden, was sein Bild sehr geprägt hat«, erzählt Horus. »Der Auric der *Ninragon*-Trilogie ist viel zerrissener und vielschichtiger. Das hat bei einigen Lesern zu dem Kommentar geführt, dass sie nicht wüssten, ob Auric ein Guter oder ein Böser ist. Das ist eigentlich irrelevant. Er ist ein Mensch, der sich bemüht, trotz widriger Umstände und vieler Schwierigkeiten seinen Weg zu finden. Er erliegt niemals ganz der Furcht und damit dem Hass. Er versucht sein Bestes.«

Geboren wird Auric in einem Barbarenstamm, er ist schon als Kind bei ersten Raubzügen mit seinem Volk dabei und tritt danach ins Militär ein. Doch durch seine Mutter, eine aus einem anderen Volk geraubte Frau, wird Auric, so Odenthal, »ein Intellektueller, das Kuckucksei, das man in dieses ›Barbaren‹-Nest gelegt hat, und so durchschaut er die Lügen und Stumpfheit seiner Umgebung und kann ihnen dennoch nicht entgehen.«

Zum Glück hat Horus W. Odenthal bei Aurics Familiengeschichte auf die üblichen Klischees verzichtet. Etwas überstrapaziert finde ich, dass in so vielen fantastischen Romanen (und besonders oft in Jugendromanen) **Waisen** eine so große Rolle spielen. Entweder die Eltern sind von Anfang an tot oder sie werden in den ersten Kapiteln beiseitegeschafft. Jutta Wenske vom Thienemann Verlag: »Ich erkläre mir dieses Phänomen im Jugendbuch-Bereich so, dass Jugendliche einerseits Interesse an ebenbürtigen Figuren haben – hauptsächlich in Romanen, die in der Jetztzeit und an einer normalen Schule spielen – andererseits aber gerne etwas über Figuren lesen, die einen schwierigen Start hatten. Bei denen kann man in einem historischen oder fantastischen Roman mitfiebern, wie sie sich entwickeln.«

Vielleicht ist es auch für die Heldenreise wichtig, dass der Protagonist seine Bindungen verliert, um aufbrechen zu können und zu müssen.

Irgendwann haben Sie Ihre Charakterisierung fertig. Nur ist so eine Beschreibung noch kein lebender, atmender Mensch. Das kommt erst nach und nach. Jeder Autor kennt den Punkt, an dem es *Zingggg* macht und das Papierwesen plötzlich zu einem **lebenden Menschen** wird. Im Idealfall passiert das schon während man an der Charakterisierung arbeitet, manchmal aber auch erst richtig, während man das erste Kapitel verfasst. »Ich schreibe erstmal ins Blaue, um ein Gefühl für die Figuren zu bekommen – wie sie reden, wie sie denken«, erzählt Ju Honisch. »Wenn ich mich selbst etwas in sie verliebt habe und das Gefühl habe, ich kann mit ihnen reden, fange ich nochmal von vorne an. Das ist aufwendig, aber es lohnt sich – es gibt viele Bücher, in denen die Hauptfiguren viel erleben, aber flach bleiben.«

Damit das nicht passiert, stecken gute Autoren viel Arbeit in ihre Figuren, so auch Jürgen Banscherus. »Bis eine Figur lebendig wird, dauert es eine Weile«, berichtet er. »Gerade in den ersten Wochen bin ich mit fast jeder meiner Figuren unzufrieden. Aber da muss ich durch, Wut und Verzweiflung gehören dazu – genau wie Euphorie und Größenwahn. Nach vielen Jahren des Schreibens weiß ich, dass irgendwann der Zeitpunkt kommt, an dem meine Figuren zu leben beginnen. Und eigentlich macht das Arbeiten auch von da an erst Spaß.«

Vielleicht spüren Sie schon vom ersten Moment an, in dem Sie Ihre Figur entwickelt haben, eine Verbindung zu ihr, vielleicht entdecken Sie ihr wahres Potenzial aber auch erst beim Schreiben. Bei einem meiner Near-Future-Romane, *Floaters – Im Sog des Meeres,* ging es mir bei Arif so, einem indonesischen Jungen, der auf den ersten Blick nichts Besonderes an sich hat und durch einen ungeschickten Funkspruch mit dafür verantwortlich ist, dass Piraten sein Schiff versenken. Doch Arif ist ein heller Kopf, er ist gewitzter als die meisten der Piraten, und am Schluss des Buches hat er sie alle ausgeschaltet. Schon bald nachdem ich begonnen hatte, aus seiner Perspektive zu schreiben, entwickelte Arif ein solches Charisma, dass ich selbst davon verblüfft war und es kaum erwarten konnte, wieder Passagen aus seiner Sicht zu schreiben.

Wenn Sie merken, dass eine Ihrer Figuren eine ganz starke Lebenskraft und Ausstrahlung entwickelt, dann seien Sie so flexibel, auch mal

Ihren Plot umzuwerfen und aus der einstigen Nebenfigur eine Hauptfigur zu machen!

Eine der wichtigsten Eigenschaften, die man als Autor oder Autorin braucht, ist übrigens **Einfühlungsvermögen,** die Fähigkeit, sich in Menschen und Wesen hineinzuversetzen. Bei manchen Figuren fällt einem das nicht ganz leicht, obwohl es zum Beispiel großen Spaß machen kann, als Frau aus einer männlichen Perspektive zu schreiben und umgekehrt. Je besser Sie Ihre Figur kennen, desto leichter wird es Ihnen fallen, sich in deren Kopf zu versetzen.

TIPP: *Wenn Sie mal das Gefühl haben, in eine Figur »nicht so richtig reinzukommen«, dann probieren Sie es doch mal mit einem* ***Figureninterview****. Sie versetzen sich in Ihre Figur hinein und ein Freund oder eine Freundin stellt Ihnen Fragen, am besten möglichst ungewöhnliche (»Was befindet sich alles unter deinem Bett? Was war die schlimmste Enttäuschung in deinem Leben bisher?« Und so weiter). Sie antworten aus Ihrer Rolle heraus, ganz spontan, auch Dinge, die Sie sich nicht vorher überlegt haben, und entdecken sicher Facetten an Ihrer Figur, die Sie vorher noch nicht kannten.*

Quicklebendige Figuren haben natürlich auch Nachteile. Susanne Gerdom erzählt: »Meine ›Darsteller‹ neigen dazu, dickköpfig zu sein und ihre eigenen Wege zu gehen, und ich arme Autorin hechele atemlos hinterher und versuche, möglichst alles mitzuschreiben und sie dazwischen sanft in die Richtung zu lenken, die mir für die jeweilige Geschichte wünschenswert erscheint!«

Wenn Sie Ihre Hauptfigur nun gefunden haben, Glückwunsch. Oder gibt es bei Ihnen sogar mehrere? Dann achten Sie darauf, dass Sie nicht zu viele haben. Zu viele Figuren überfordern den Leser – vor allem **zu viele Hauptfiguren**! Wenn in Ihrem Plot eine ganze Gruppe von sechs, sieben oder mehr Leuten im Mittelpunkt steht, brauchen Sie trotzdem ein, zwei oder maximal drei Figuren, auf die sich das Interesse oder die Sympathie besonders fokussieren kann. Diese Figuren sollten in einem großen Teil der Romanszenen vertreten sein, vor allem am Anfang, denn Ihre Leser akzeptieren automatisch die Figur, der sie auf den ersten dreißig Seiten am häufigsten begegnen, als die zentrale Hauptfigur und gewöhnen sich an sie. Wenn Sie diese Figur schon auf Seite 50 um die Ecke bringen, weil sie doch nicht so wichtig war, werfen Ihre Leser den Roman frustriert in die Ecke.

Wenn Sie Ihre **Hauptfiguren einführen**, dann charakterisieren Sie sie am besten durch das, was sie sagen und tun. Nicht dadurch, dass Sie die Figur erklären. »Rollenspieler neigen dazu, einem Informationen zu den Figuren an den Kopf zu knallen, zum Beispiel was sie gut können und was nicht«, meint Fantasy-Autorin Ju Honisch. »Das ist langweilig. Im wirklichen Leben erfährt man auch erst nach und nach wie jemand ist. Wichtig ist auch, nicht alles zu erklären. Die Fey genannten Wesen werden in meinem Roman nicht erklärt, weil keiner weiß, was sie genau sind. Dadurch bleiben sie geheimnisvoll.« Mehr über das Einführen von Figuren auf Seite 172/173.

Nicht nur Ihre Hauptfiguren sollten lebendig und interessant sein, auch **Nebenfiguren** lohnen die Arbeit – Leser wissen gelungene Nebenfiguren sehr zu schätzen. Da sie im Manuskript nur wenig Platz beanspruchen dürfen, kommt es bei ihnen darauf an, ihnen besonders markante Eigenschaften mitzugeben. Besonders gut gefallen hat mir zum Beispiel die junge Iole in Kai Meyers *Arkadien*-Trilogie. Sie ist von der Mafia/Gestaltwandler-Familie der zweiten Hauptfigur Alessandro als Neunjährige entführt und seither in einem einsamen Haus auf einer Insel gefangen gehalten worden. Inzwischen ist sie fünfzehn Jahre alt, durch die Geiselhaft hatte sie keine Gelegenheit, zur Schule zu gehen und der Fernseher war meist ihre einzige Gesellschaft. Niemand vermisst sie, da ihre gesamte Familie ausgelöscht wurde. Sofort hatte ich als Leserin den Wunsch, sie zu beschützen, und drängte Rosa und Alessandro in Gedanken sie zu befreien (was sie später auch versuchen). Sie hat alles, was eine gute Nebenfigur ausmacht – man kann sie sich sofort merken und interessiert sich für ihr Schicksal.

Hat Ihre Hauptfigur eigentlich einen **Sidekick**? Sidekicks sind treue Begleiter, die manchmal sogar eine wichtige Rolle spielen dürfen. Klassisches Beispiel ist Samwise Gamdschie im *Herrn der Ringe* – er ist der bodenständige, gutmütige Sohn des Gärtners und begleitet Frodo mehr aus Neugier auf seiner Mission. Er wird Frodos wichtigster Gefährte und wächst über sich hinaus als sein Freund dringend Hilfe braucht.

Andere Sidekicks taugen auch für humoristische Einlagen. Unterschätzen Sie nicht, wie wichtig hin und wieder etwas Humor ist, manchmal brauchen Ihre Leser nach besonders düsteren Szenen wieder etwas Leichtigkeit (dafür gibt es sogar einen Fachausdruck: *comic relief*, Erleichterung durch Komik).

Ob Ihre Figur einen Sidekick gebrauchen könnte oder nicht, entscheiden Sie am besten aus dem Bauch heraus. Wirklich notwendig sind sie, wenn es ohne sie keinen oder wenig Dialog gäbe, wenn zum Beispiel ihre Figur ansonsten lange Zeit allein unterwegs wäre oder wenn es schwer ist, den überlegenen Gedankengängen Ihrer Hauptfigur zu folgen. Sherlock Holmes braucht einen Watson, um seine messerscharfen Folgerungen zu erklären, sonst würde man einfach staunend und verständnislos vor dem Ergebnis stehen.

Die richtigen Namen

Geben Sie Ihren Hauptfiguren – und Ihrem Manuskript! – möglichst bald einen Namen, auch wenn es nur ein »Arbeitsname« oder »Arbeitstitel« ist. Über jemanden, der keinen Namen hat, kann man nur schwer nachdenken, eine schwammige Anonymität bleibt bestehen. Austauschen können Sie den Namen ja schnell, das kostet Sie per Suchen & Ersetzen ein paar Millisekunden. Falls Sie sich nicht mittlerweile an den Namen gewöhnt haben.

Fantasynamen sollten nicht zu gewöhnlich sein, niemand möchte in Ihrer phantastischen Welt etwas von einem Felix oder einer Katharina lesen (auch wenn das grundsätzlich schöne Namen sind). Aber auch Namen, die zu kompliziert oder zu schwer auszusprechen sind, sorgen bei Ihren Lesern nicht für Begeisterungsstürme. Ich merke an mir selbst, wie ich mit solchen Namen in Romanen umgehe – meine Augen überfliegen sie nur noch, ich versuche gar nicht erst, sie im Geiste auszusprechen. Im Text erkenne ich sie wieder, aber das ist auch alles, merken kann ich sie mir nicht.

Wenn ich selbst einen Namen für eine Figur, eine Stadt oder ein Reich brauche, stöbere ich erst einmal durch mein Ideenbuch, in dem ich Fundstücke festhalte, so auch Namen, die mir im Abspann von Filmen, in Autobiografien, auf Landkarten oder im Alltag begegnet sind und die mir spontan gefallen haben. Wenn ich meine Namenslisten durchlese, denke ich manchmal spontan »Ja, der! Der passt genau!« *Pharanee, Sacobian, Sherounda* und *Koray* habe ich alle mal notiert und mittlerweile verwendet, ein paar Dutzend Namen warten noch darauf, ihre Figur zu finden. *Sacobia* ist übrigens der Name eines Flusses auf den Philippinen, ich habe einfach noch ein *n* drangeklebt. Auf Landkarten exotischer Gegenden findet man tolle Anregungen. Und manche meiner Namen verraten, womit ich mich mal beschäftigt habe – *Ouenda* heißt »Reise« in der Sprache der in Namibia lebenden Ovambo, mein Roman *Gepardensommer* lässt grüßen.

Manchmal werde ich in der Mythologie oder bei seltenen Vornamen fündig, so bin ich zum Beispiel auf *Kiéran* gestoßen, einen sehr alten keltischen Namen, der »der Dunkle« bedeutet (was gut zu ihm passt). **Vornamens-Datenbanken** finden Sie im Internet reichlich, ich bin oft auf www.beliebte-vornamen.de unterwegs.

Habe ich immer noch nichts Passendes entdeckt, fange ich an, auf der Tastatur herumzuspielen und Namen zu verfremden. Einzelne Buchstaben auszutauschen, damit zu experimentieren, bis mir das Ergebnis gefällt. So wird aus *Sarah* ganz schnell *Sajah* oder *Sivaré*.

In dieser Phase schließe ich mich gewöhnlich in meinem Arbeitszimmer ein, weil ich diese Namen alle laut ausspreche, bis mir der Klang zusagt. Das mache ich erst seit einer fiesen Beinahe-Panne bei meiner *Feuerblüte*-Trilogie. Ich suchte einen Namen für die männliche Hauptfigur und kam auf Roag, was mir geschrieben sehr gut gefiel – bis mich mein damaliger Freund und heutiger Mann darauf hinwies, dass der Name ausgesprochen wie ein Würgegeräusch klingt. Ich änderte den Namen ganz schnell zu Jorak, und dabei blieb es auch.

TIPP: *Namen laut aussprechen, bis Ihnen der Klang gefällt, und dann Akzente setzen, damit auch Ihre Leser den Namen so aussprechen, wie Sie das möchten!*

Akzente sind sehr beliebt bei Fantasynamen, einerseits natürlich, weil das Wort dadurch so schön fremdartig aussieht – manche Autoren benutzen so ungewöhnliche Zeichen, dass ich keine Ahnung habe, wie man das betont – aber auch als Aussprachehilfe. *Beispiel:* Sie haben einen Namen namens *Alcaram* erfunden. Ohne Akzent könnte man ihn für den Handelsnamen einer Keramiksorte oder einer neuen Art von Karamellbonbon halten, weil man ihn instinktiv auf der letzten Silbe betont. Wenn Sie aber deutlich machen, dass man diese Namen anders betont und als Hinweis darauf einen Akzent setzen *(Alcáram)* klingt er gleich viel edler, leicht orientalisch-kraftvoll.

Etwas unschön finde ich übrigens, dem Namen mehrere Akzente oder Sonderzeichen zu verpassen. Das hat etwas von Overkill. Aber wenn es Ihnen gefällt, nur zu, es ist Ihr Buch.

Was Namen für Ihre Bösen angeht, so bietet sich natürlich etwas an, das hart, kalt oder fauchend klingt oder an einen negativen Begriff anklingt. In »Lord Voldemort« klingt sicher nicht zufällig etwas Mörderisches mit, »Sauron« wäre als Name für eine nette Figur mit sonnigem Gemüt keine gute Wahl und »Darth Vader« ist leicht mit »Dunkler Vater« zu übersetzen. Joanne K. Rowling hat ohnehin ein Faible für **sprechende Namen**, »Snape« zum Beispiel ist nur einen Buchstaben von »Snake« entfernt. Doch auch andere Autoren nutzen Assoziationen für ihre Namen. Kai Meyer hat zum Beispiel in seinen Arkadien-Romanen eine Familie von Raubtier-Gestaltwandlern *Carnevare* genannt. Man hört leicht den *Carnivoren*, den Fleischfresser, heraus. Wer Spanisch kann, bei dem macht es besonders schnell Klick, denn *carne* heißt Fleisch. Ein anderer Clan heißt Pantaleone, was schön italienisch klingt – die Romane spielen auf Sizilien – und gleichzeitig an Panther und Löwe (*Leo*) erinnert.

Achten Sie darauf, dass die Namen, die Sie erfinden, sich sinnvoll in Ihre **Fantasykulturen** einfügen. »Ich finde es sehr wichtig, dass die

Namen und Bezeichnungen aus einem Guss sind«, meint Christoph Hardebusch. »Optimal ist es, wenn Leser schon am Namen erkennen können, aus welchem Kulturkreis, aus welchem Land eine Figur oder ein Ding kommt. Dafür orientiere ich mich fast immer am reichen Schatz der realen Sprachen und Namen. Das bietet mir die innere Geschlossenheit, die ich mir wünsche.«

Archetypen und Klischees

Joseph Campbell war einer der weltweit bedeutendsten Mythenforscher. In seinem Standardwerk *Der Heros in tausend Gestalten* hat er Mythen, Märchen und Volkssagen analysiert und immer wieder ähnliche Grundstrukturen und vor allem Gestalten entdeckt – zeitlose sogenannte *Archetypen*, die tief im kollektiven Gedächtnis der Menschheit verankert zu sein scheinen. Zu diesen Archetypen gehören *Held, Mentor, Torwächter, Herold/Bote, Gestaltwandler, Schatten/Schurke* und *Gauner/Schelm* (im Original *»Trickster«*). Auch in Ihrer Story werden mit Sicherheit einige dieser Archetypen auftauchen und es ist schon einiges darüber geschrieben worden, wie man Campbells Erkenntnisse fürs Drehbuch- oder Geschichtenschreiben verwenden kann. Doch Achtung, wenn Sie sich von Anfang an an solchen Archetypen orientieren, birgt das das Risiko, schablonenhafte Figuren und Handlungen zu erschaffen! Denn dadurch, dass diese Rollen in Literatur und Film schon tausendfach besetzt worden sind, sind sie entweder nur haarscharf vom Klischee entfernt oder schon längst eins geworden. **Klischees**, die erfahrene Fantasyleser zum Gähnen bringen, sind zum Beispiel der alte, schweigsame Mentor mit der geheimnisvollen Vergangenheit oder der unbedarfte Bauernjunge, der zu einer Heldenreise aufbricht.

Wie wäre es damit, Archetypen zu mischen? Ihre Figur könnte ja Eigenschaften mehrerer dieser Gestalten in sich vereinen (und ist dann origineller als das Original). Oder Sie lösen sich beim Entwerfen von Figuren gleich von diesen Rollen und entwickeln etwas Eigenes, einen unverwechselbaren Menschen oder ein Wesen, das uns fasziniert, weil es uns neugierig macht und überraschen kann.

Ähnlich problematisch ist es, wenn Sie als Rollenspieler gewohnt sind, Ihre Figur aus bestimmten Vorgaben auszuwählen (bei World of Warcraft zum Beispiel *Druide, Hexenmeister, Jäger, Krieger, Magier, Paladin, Priester, Schamane, Schurke, Todesritter und Mönch*). Damit fokussieren Sie Ihre Gedanken auf bestimmte Rollen, schieben Ihre Figuren in geistige Schubladen, aus denen sie nur schwer herauskommen. Bei echten Menschen ist es umgekehrt – ein und dieselbe Person kann viele verschiedene Rollen einnehmen, manchmal sogar widersprüchliche. *»I'm a little bit of everything, all rolled into one«*, bringt es Sängerin Meredith Brooks in ihrem Song *Bitch* auf den Punkt: *»I'm a bitch, I'm a lover, I'm a child, I'm a mother, I'm a sinner, I'm a saint, and I do not feel ashamed. I'm your hell, I'm your dream, I'm nothing in between.«* Klingt nach einer höllisch starken Hauptfigur, oder?

Sehr spannend fand ich die Interview-Antwort von E. L. Greiff auf meine Frage, wie sie ihre Figuren gefunden und entwickelt hat. »Das etwas lautere Personal, das gleich nach vorn an die Rampe meines Bewusstseins tritt, ist nicht notwendigerweise das interessante«, meint sie. »Oft ist die Figur, die einem als erstes einfällt, nur eine verkleidete Konvention. Sie nimmt einen schnell bei der Hand und führt einen auf ausgetretenen Pfaden durch eine Geschichte, die nur so dahinfließt und sich praktisch von selbst schreibt. Warum geht alles so einfach? Weil es etwas Altbekanntes ist. Gerade als Autor ist man empfindlich für Geschichten (oder sollte es sein) und hat stets das Radar draußen, fängt unheimlich viel auf. Das Aufgefangene vom Eigenen zu trennen, ist nicht immer einfach. Ein Mittel dazu sind ganz sicher die Figuren und zwar die aus der zweiten Reihe, die sich sträubenden, die stillen, die nicht so einfach zu erzählenden. Das sind die, die mich interessieren. Sie sind es, die meine Geschichte zu meiner eigenen machen.«

Jetzt noch eine kleine Beruhigung: Sie müssen nicht zwanghaft versuchen, Klischees zu vermeiden. Das findet auch Natalja Schmidt, Programmleiterin Fantasy bei Droemer. »Natürlich gibt es in der Fantasy einige Motive, die schon oft wiederholt wurden – der auserwählte Held mit dem Geburtsmal, wiedergekehrte dunkle Götter, Tore, Siegel, Prophezeiungen und Artefakte aller Art. Das kann schon ermüdend sein«, meint sie. »Letztlich ist die Qualität aber immer auch eine Frage davon, wie etwas erzählt wird. Wenn ein Autor eine innovative, frische Herangehensweise findet, dann muss seine Geschichte vielleicht das Rad gar nicht neu erfinden. Es ist ein bisschen wie im Krimi- und Thrillergenre auch: Viele Themen und Figuren sind nicht ganz neu, funktionieren aber trotzdem sehr gut, wenn sie auf überraschende Weise präsentiert werden.«

Helden, Anti-Helden, Feinde und »das Böse«

Die Nischen für Helden sind klein geworden, aber in der phantastischen Literatur dürfen sie sich noch richtig austoben. Hier dürfen Männer stark und Frauen schön sein. Wenn Sie also Lust haben, einen Sieger oder eine Siegerin in allen Klassen zu erschaffen, dann viel Spaß. Doch selbst in der Fantasy sind die strahlenden, makellosen Helden (fähig, die fiesesten Gegner zu besiegen, allzeit edel und natürlich blendend aussehend) aus der Mode geraten, weil selbst weniger anspruchsvolle Leser sie als zu zweidimensional empfinden und es Mühe macht, sich als unperfekter, mit seinem Leben hadernder Leser mit solchen Figuren zu identifizieren. Nicht erst seit den Spider-Man-Verfilmungen von Sam Raimi dürfen selbst Helden **Probleme und Selbstzweifel** haben. Es widerspricht sich nicht, stark und cool zu sein und sich trotzdem mit Einsamkeitsgefühlen oder verfärbter Wäsche herumschlagen zu müssen. Deshalb habe ich Ihnen auch empfohlen, Ihren Hauptfiguren nicht nur gute Eigenschaften mitzugeben, sondern auch Schwächen, Ängste und eine dunkle Seite. Auch wenn es Ihnen vielleicht schwer fällt.

»Der Heros hat sich in den letzten Jahren definitiv ge- und verändert«, stellt Fantasyexperte und Rezensent Carsten Kuhr fest. »Galt früher – eigentlich seit Tolkien die Maßgabe – einen jungen, entwicklungsfähigen Helden ins Abenteuer zu entsenden, so tauchen in den letzten Jahren immer mehr ältere Protagonisten auf. Diese sind vom Leben gezeichnet, auch nicht mehr ganz eindeutig als gut und aufrecht anzusehen, sondern, wie im wahren Leben, immer vielschichtiger. So werden zunehmend Attentäter, Mörder, Zweifler und Verräter ins

Zentrum von Romanen gestellt.« Und die Leser akzeptieren es, vielleicht auch, weil sie die Nase voll haben von den edlen Helden, die vom Autor auf ein Podest gestellt werden, einem aber nicht wirklich ans Herz wachsen.

In *Doctor Sleep* von Stephen King ist die Hauptfigur ein Mann, der wegen seiner schwierigen Vergangenheit mit dem Alkohol und seinen inneren Dämonen kämpft. Danny, der Junge aus *Shining*, ist erwachsen geworden, aber es dauert lange, bis Dan Torrance sein Leben in den Griff bekommt und eine positive Rolle für sich findet: Mit seinen paranormalen Fähigkeiten hilft er alten Menschen im Hospiz sanft hinüber in die nächste Welt und unterstützt ein junges, stark begabtes Mädchen, gegen ihre gefährlichen Gegner zu bestehen. Als Leser drückt man Dan die Daumen, dass ihm dieses neue Leben nicht wieder entgleitet. In der dunkelsten Phase seines Lebens tut er etwas, was er erst ganz am Schluss des Romans beichten kann. Auch als Leser ist man entsetzt und traurig über seine Tat. Und doch verzeiht man Danny weitaus früher, als er sich selbst verzeihen kann.

Es gibt noch eine zweite Möglichkeit bei heldenhaften Figuren unerträgliches Pathos zu vermeiden. Die Zauberzutaten sind **Humor und Selbstironie**. Jemand, der sich nicht ganz ernst nimmt, wird schnell sympathisch und vermeidet es, in eine unerträgliche »Ich-bin-der-Größte«-Rolle abzudriften. Witzig und selbstironisch erzählt zum Beispiel in Kevin Hearnes *Chronik des Eisernen Druiden* der in den modernen USA lebende Druide Atticus O'Sullivan. Er sieht aus wie ein attraktiver Collegestudent, aber in Wirklichkeit hat er das eine oder andere Jahrtausend auf dem Buckel – und immer wieder muss er sich mit Göttern und fiesen Wesen herumschlagen. Eigentlich ist er ein Held. Aber er landet auch mal mit dem Gesicht im Matsch (was in seinem Fall gut ist, weil er seine Magie und Kraft aus der Erde zieht) und er betrachtet die Welt und sich selbst mit einem Augenzwinkern. Der Band *Verhext* fängt so an:

> Du brauchst nur einen Gott zu erschlagen und schon wollen plötzlich alle möglichen Leute mit dir reden. Paranormale Versicherungsvertreter mit speziellen »Gottesschlächter«-Lebensversicherungen. Scharlatane mit Rüstungen, die hundertprozentigen Schutz gegen Götter bieten sollen, und mit Mietangeboten für außerweltliche Geheimverstecke. Vor allem aber andere Götter, die dir erstens zu deiner Tat gratulieren, dich zweitens davor warnen, je solche Scherze mit ihnen zu versuchen, und dir zu guter Letzt nahelegen, doch einen ihrer Rivalen zu erschlagen – nur so zum Spaß, versteht sich.

Oder vielleicht ist Ihre Heldin unfreiwillig in diese Rolle geraten, kann es nicht ausstehen, dass andere sie eine Heldin nennen und vermeidet den Ruhm so gut sie kann? Das macht sie in einer Zeit, in der alle sich ins Rampenlicht drängeln und um Beachtung buhlen, umso bewundernswerter.

Falls Sie Lust auf einen **Anti-Helden** haben – die geben als Figuren genauso viel her wie Helden! Ein wunderbarer Anti-Held ist zum Beispiel der Elektroartikelverkäufer Shaun in der Horrorkomödie *Shaun of the Dead*. Er ist nicht gerade ein Schnellmerker, liebt seine Stammkneipe, lässt jeden Ehrgeiz vermissen – mit seinem eher kräftig gebauten besten Freund Ed auf der Couch abzuhängen gehört zu seinen Lieblingsbeschäftigungen – und trauert seiner Ex-Freundin hinterher. Ausgerechnet er und Ed müssen gegen eine Invasion von Zombies kämpfen, was natürlich brüllend komisch ist.

In der Fantasy, in der eigentlich die Starken das Sagen haben, gibt es dennoch Platz für Anti-Helden, ob Mensch oder Fabelwesen. Faule, nicht sonderlich hübsche Figuren mit schlechten Manieren, Mundgeruch oder einem Kleidungsstil, der einem die Schuhe auszieht. Nur den Leser nerven dürfen sie nicht, das ist das einzige Tabu.

Jetzt aber zu den **Bösen**, die sich in Fantasyromanen, ihrer angestammten Heimat, tummeln. Eine starke Figur braucht natürlich einen **Gegenspieler (Antagonisten)** der mindestens gleichstark – das sorgt für spannende Duelle – oder noch deutlich mächtiger ist als sie selbst.

Einen Menschen oder ein Geschöpf, das fast unmöglich zu besiegen ist und durch seine Eigenschaften selbst dem Leser Angst macht, weil man um das Leben der liebgewonnenen Figuren fürchtet. »Im Grunde sind es die Bösen, die die Handlung vorantreiben, denn die Guten wollen eigentlich nur in Frieden leben«, meint Fantasy-Lektor und –autor Helmut W. Pesch. Doch leider gibt es bei den Antagonisten jede Menge Klischees, wie der Blog *Weltenschmiede* (http://dieweltenschmiede.blogspot.de) genüsslich aufs Korn nimmt: »Ein Schatten bedroht die Welt. Auf seinem Thron aus den Knochen der Gefallenen sieht der Schattenkönig auf das Friedliche Land[tm] hinab, das er zu unterjochen gedenkt, weil ... ja, warum eigentlich? Viele Fantasy-Fieslinge sind bei näherer Betrachtung erstaunlich motivationslos. Der Dunkle Lord will die Welt erobern, weil das zu seiner Stellenbeschreibung gehört oder er ist wahnsinnig oder das Böse selbst. Viele Fantasy-Antagonisten fallen in die Kategorie des Dunklen Lords, womit ihre Charakterisierung scheinbar abgeschlossen ist – dabei hat sie nicht einmal stattgefunden.«

Stimmt leider. Eine düstere Streitmacht und ein furchterregender, oft nichtmenschlicher Gegner, den es zu überwinden gilt, machen noch keinen guten Roman aus. Es lohnt sich, einen Antagonisten zu entwickeln, der auch psychologisch interessant ist. »Die einfach nur abgrundtief bösen Bösen sind ein Klischee und haben in einer intelligenten Story nichts zu suchen«, sagt Helmut W. Pesch. »Je besser das Böse motiviert wird und je mehr Schattierungen Gut und Böse aufweisen, umso größer ist die Versuchung, wenigstens ein kleines Stück auf die dunkle Seite der Macht zu wechseln. Und umso besser funktioniert die Geschichte.«

Eine gut motivierte und trotzdem sehr fiese Gegenspielerin ist in Stephen Kings *Doctor Sleep* die schöne, aber furchterregende Rose O'Hara, genannt »Rose the Hat« – der schräg sitzende Zylinderhut und ein einzelner großer Zahn sind ihr Markenzeichen. Sie ist Anführerin des »Wahren Knotens«, einer Gruppe von Wesen, die sich von der Seelenessenz übersinnlich begabter Kinder ernähren und dadurch ihr eigenes Leben unendlich verlängern können. Um diese Essenz zu gewinnen, müssen sie Kinder foltern und töten – und das tun sie auf routinierte, keineswegs gefühlsduselige Art. Eine scheußliche Truppe, doch ihre Freundschaften und die zum Teil tiefen Beziehungen untereinander verhindern, dass sie einfach nur bösartig erscheinen. Und sie können sich nicht anders ernähren, sie haben also im Grunde keine Wahl.

Ähnlich, aber noch etwas anders funktionieren die *Legenden der Albae* von Markus Heitz. Heitz hat das interessante Experiment gewagt, beide Seiten zu schildern – die Bösen aus seinen *Zwergen*-Romanen sind nun die Hauptfiguren. Die Albae sind grausam, blutrünstig und absolut skrupellos … und die Romane über sie verkaufen sich blendend. Vielleicht deshalb, weil es manchen Lesern Spaß macht, zumindest im Kopfkino mit ihnen zusammen so richtig böse sein zu dürfen. Die berühmte **Faszination des Bösen**. Schon beim Kaltenberger Ritterturnier ist es regelmäßig so, dass nicht etwa dem edlen Weißen Ritter zugejubelt wird. Der Schwarze Ritter ist nämlich viel cooler.

Mir fiel es nicht leicht, einen Draht zu den Albae zu finden, doch sie können Freundschaft und Liebe empfinden. Als die Alben Caphalor und Sinthoras beide einen schweren Verlust erleiden, konnte ich mit ihnen fühlen und habe mich nicht etwa darüber gefreut, dass ihnen eins ausgewischt wird für ihre widerlichen Taten. Zudem liegt es in ihrer Natur, böse zu sein, sie haben sich nicht dafür entschieden.

In George R. R. Martins *Lied von Eis und Feuer* sind es eher skrupellose, machtgierige Menschen, die den Guten zu schaffen machen. Doch Martin ist ein viel zu guter Erzähler, um platte, womöglich auch noch hässliche Schurken mit dem entsprechenden Lachen zu erschaffen. Der junge Thronfolger zum Beispiel, Joffrey Lennister, ist ein gutaussehender, charmanter Junge, der Sansa Stark bezaubert, doch Mitgefühl ist nicht gerade seine Stärke und immer wieder offenbart sich in ihm eine Kälte, bei der es einen selbst kalt überläuft. Geschickt eskaliert Martin die Situation: Joffrey offenbart immer mehr von seiner wahren Persönlichkeit und leider liegt das Schicksal vieler Hauptfiguren in seinen Händen … das lässt einen an den Nägeln kauen! Vermutlich hat den jungen Thronfolger seine Erziehung im machtbewussten Hause Lennister geprägt, das kann man verstehen – doch er ist jemand, den man als Leser langsam hassen lernt, weil er sich bewusst dafür entscheidet, auf eine bösartige Art zu handeln. Er könnte auch anders.

Das ist optimal: Ein fieser Gegenspieler, der den Hauptfiguren gefährlich wird und den man richtig hassen kann. Aber das Böse ist so gut motiviert und verstehbar, dass es absolut glaubwürdig ist. Andere Mitglieder der Lennister-Familie begehen ebenfalls grausame oder moralisch verwerfliche Taten. Doch in Passagen, die beispielsweise aus der Perspektive von Jaime Lennister geschrieben worden sind, stellt man fest, dass man ihn durch seine hoffnungslose Liebe zu seiner Schwester, seine eigene Wahrnehmung seines Königsmords (er sah es als seine Aufgabe, das Land von einem wahnsinnigen Herrscher zu befreien) und durch seine Niederlagen von einer ganz neuen Seite sieht. Und es ist nicht so, dass alle Mitglieder der sympathischen Familie Stark einfach nur gut und edel wären. Sansa Stark zum Beispiel ist manchmal unerträglich oberflächlich, naiv und zickig. Die Starks entscheiden falsch, stellen sich stur oder behandeln andere nicht so, wie sie behandelt werden möchten. Gut und Böse sind bei George R. R. Martin eindeutig, aber niemals eindimensional.

TIPP: *Leser haben selbst in Fantasyromanen ein starkes Bedürfnis danach, das Böse zu verstehen und nachzuvollziehen, wie jemand so werden konnte, wie er ist. Deshalb geizen Sie nicht mit* ***Vorgeschichte und Psychologie*** *bei Ihren Antagonisten. Und achten Sie darauf, dass selbst die Bösen auch die eine oder andere gute Eigenschaft haben oder zumindest Gefühle, die man nachvollziehen kann.*

»Eine gute Gegenspielerfigur muss schillern, finde ich«, meint Sebastian Pirling, Fantasy-Lektor bei Heyne. »Manche Helden sind schon ›böse‹ oder, neutraler formuliert, gebrochen genug, sodass es gar keinen Bösewicht im klassischen moralischen Sinne braucht. Heutzutage (und damit meine ich im Zeitalter von George R. R. Martin und Joe Abercrombie) sind die Antagonisten eines Romans eher so etwas wie Tanzpartner der Protagonisten, die durch ihr Auftreten die Handlung voranbringen und neue Facetten der Helden sichtbar werden lassen.«

Eines ist klar – ein guter Antagonist ist Gold wert. Versuchen Sie, ihm etwas Besonderes zu geben, damit er kein 08/15-Schurke bleibt. Unvergessen der James-Bond-Bösewicht, den man hauptsächlich als Hand sah, die eine flauschige Katze streichelte. Ganz zu schweigen von der äußerlich biederen, Wandteller mit spielenden Kätzchen sammelnden Dolores Umbridge aus dem Zauberministerium, die dem armen Harry Potter grausam zusetzt und die ich durch ihre fanatische Art gruseliger fand als Den-dessen-Name-nicht-genannt-werden-darf. Vielleicht, weil man Leuten wie ihr auch im wirklichen Leben begegnen kann.

Plot entwickeln

Sie haben schon eine Idee, Figuren und Welt zeichnen sich ab, aber Sie haben es noch vor sich, einen Plot zusammenzuzimmern? Oder Sie haben schon einige Szenen geschrieben und wissen noch nicht ganz, wo sich die Geschichte hinbewegt? Dann bringt Sie dieses Kapitel weiter, in dem Sie Ihre Idee reifen lassen und weiterentwickeln können.

Schwerpunkte bei der Handlung setzen

Nach Orson Scott Card gibt es, abhängig vom Schwerpunkt der Handlung, vier verschiedene **Typen von Fantasyromanen**. Schauen Sie sich die Tabelle an – welcher Typus Roman liegt Ihnen am meisten oder gefällt Ihnen am besten? Scotts Einteilung kann man gleich für die Plotentwicklung nutzen, deshalb habe ich Fragen und Übungen hinzugefügt.

Kategorie	**Beispiel**	**Übung**
Weltgetriebene Geschichten *(Milieu Story)*	Eine ausgefeilte, komplexe, staunen machende Welt – oder die Familie, der Clan, das Volk, das Reich – steht im Mittelpunkt, die Figuren sind erst an zweiter Stelle wichtig. Das klassische Beispiel dafür ist nach Orson Scott Card *Gullivers Reisen*. Ein Außenseiter gelangt in ein eigenartiges Land und ergründet nach und nach seine Geheimnisse. Durch seine Erlebnisse verändert, kehrt er in seine eigene Welt zurück (oder auch nicht).	Was ist das Besondere, Unverwechselbare an Ihrer Welt? Interessieren Sie besonders die vielfältigen Menschen, Wesen und Geschichten, die darin schlummern? Werfen Sie wie Gott einen Blick auf Reiche, Länder, Städte, Völker, Clans … und überlegen Sie, was Sie mit ihnen anstellen könnten. Welche Probleme hat Ihre Welt?
Geheimnisgetriebene Geschichten *(Idea Story)*	In diesen Romanen wird ein Geheimnis Schritt für Schritt gelüftet und man liest weiter, weil man erfahren möchte, was dahintersteckt. Zu dieser Art von Romanen zählen viele Krimis (es wird ergründet, wer der Mörder ist). Man will wissen, was passiert ist oder warum sich am Anfang seltsame Dinge ereignen. Die Geschichte wirft Fragen auf, und am Schluss sollten diese Fragen beantwortet sein, damit der Leser zufrieden ist.	Was für ein Geheimnis könnte es in Ihrem Roman geben? Denken Sie sich ein paar seltsame Vorkommnisse aus, die Sie selbst neugierig machen würden – die Erklärung dafür können Sie später noch finden. Andere Übung: Denken Sie sich klangvolle, neugierig machende oder ungewöhnliche Titel für Ihren geplanten Roman aus und überlegen Sie dann, was für eine Geschichte sich dahinter verbergen könnte.

Kategorie	Beispiel	Übung
Ereignisgetriebene Geschichten *(Event Story)*	Nach Card die häufigste Form. Irgendetwas stimmt nicht in der Welt, es gibt Umwälzungen, negative Ereignisse – die Welt muss wieder ins Lot gerückt werden – und das geschieht am Schluss des Romans auch. Klassisches Beispiel ist *Der Herr der Ringe*. Auch die *Indiana Jones*-Filme, obwohl auf den ersten Blick eine Person klar im Mittelpunkt zu stehen scheint. Die Charakterisierung der Hauptfigur ist auf wenige Eigenschaften beschränkt, die Handlung wird von Ereignissen vorangetrieben.	Welche Probleme hat Ihre Welt? Welche Konflikte gibt es darin? Was für Ereignisse könnten das geruhsame Leben dort aus der Bahn werfen? Denken Sie nicht nur an Kriege und dergleichen, auch Verstöße gegen Tabus oder eine schockierende Tat eignet sich. Was müssen Ihre Hauptfiguren retten oder wiederherstellen?
Figurengetriebene Geschichten *(Character Story)*	In diesem Romanen steht eine bestimmte Figur im Mittelpunkt – sie bricht aus ihrer bisherigen Rolle in der Gesellschaft, ihrer Familie o.ä. aus, um neue Wege zu gehen. Ihre Entwicklung ist es, die das Buch spannend macht. Bestes Beispiel dafür ist Patrick Rothfuss' *Der Name des Windes*, der um die Entwicklung von Kvothe kreist, eine der faszinierendsten, schillerndsten Gestalten der Fantasy. Auch er kämpft um seine Rolle in einer Gesellschaft, die ihn nicht anerkennen will und es ihm schwer macht, seinen Weg zu finden.	Haben Sie eine besondere, charismatische oder von ihrer Vorgeschichte her interessante Hauptfigur? Welche Entwicklung muss sie noch durchlaufen auf ihrem Weg, aus welcher Rolle bricht sie aus? Welche wichtige Aufgabe könnte Ihre Figur haben?

Orson Scott Cards Kategorien sind für Autoren nützlich und geben gute Anregungen, aber es macht keinen Sinn, sich verzweifelt darüber den Kopf zu zerbrechen, in welche Ihr Roman passen könnte. Denn manchmal ist es vielversprechender, wenn Sie die **Formen mischen** und den **Fokus erweitern**. Dafür entschied sich auch Robert Corvus, allerdings erst bei der Überarbeitung. »*Grauwacht* ist im Kern eine Rätselgeschichte, also eine Idea Story. Als ich das während der Arbeit am Exposé erkannt habe, habe ich einige Ratgeber dazu studiert, wie man eine solche Geschichte am besten konzipiert – das Ergebnis ist der Stand im Exposé«, erzählt Corvus. »Als ich aber die ersten hundert Seiten geschrieben hatte, fiel mir auf, dass der Geschichte Flair fehlte. Bei der Analyse und während der Gespräche mit meiner Lektorin wurde mir klar, dass eine Rätselgeschichte zwar eine Idea Story im Sinne von Orson Scott Cards Systematik ist, eine Fantasygeschichte aber immer auch Anteile einer Milieu Story aufweist. Mit diesem erweiterten Ziel bekam die Geschichte zu viel Gewicht, um aus einer einzigen Perspektive – der von Remon – erzählt zu werden. So wurde der Weg frei für Nata und Ssarronn als Perspektivfiguren, die jeweils ihren eigenen Weg gehen durften und im Interesse einer möglichst guten Geschichte auch gehen mussten.«

Auch mein Roman *Ruf der Tiefe* ist nach dieser Einteilung eine Mischung aus Idea Story (Todeszonen breiten sich im Meer aus, niemand weiß, warum) und Character Story, denn die Entwicklung meiner Hauptfigur Leon Redway, eines jungen Tiefseetauchers, steht im Zentrum des Romans. Dieser Mix hat prima funktioniert, *Ruf der Tiefe* ist mein bisher bekanntester Roman.

Machen Sie sich **Stichworte für Ihre Handlung** – in eine Datei, auf Karteikärtchen, in Ihr Ideenbuch. Was steht im Mittelpunkt Ihres Romans, was könnte sich daraus alles ergeben, welche Figuren könnten darin verwickelt sein? Jetzt ist es an der Zeit, einfach drauflos zu fabulieren und Ihre Fantasie schweifen zu lassen, verschiedene Handlungswege zu durchdenken und entweder zu verwerfen – wenn sie Sie nicht überzeugen – oder weiterzuverfolgen, wenn Ihr Bauchgefühl ruft »Ja, das könnte was sein!«

TIPP: *Am Plot zu arbeiten kann sich über längere Zeit hinziehen, aber es ist wichtig, dass Sie dranbleiben. Sammeln Sie Ideen, machen Sie sich Notizen, kleben Sie bunte Zettel an Wände … was auch immer für Sie funktioniert. Gehen Sie auf lange Spaziergänge oder zum Angeln (irgendeine Tätigkeit, bei der Sie gut die Gedanken schweifen lassen können), und nehmen Sie immer, immer Schreibzeug mit oder ein Smartphone mit Notiz-App.*

Wenn Sie über Ihren Plot nachdenken, werden Sie vermutlich irgendwann geistig bei der **Heldenreise** vorbeikommen. So nennt man eine Struktur, die Mythenforscher Campbell in vielen Mythen und Legenden gefunden hat. So läuft diese »Heldenreise« ab: Ein eher unbedarfter junger Mensch muss eine große Aufgabe erfüllen, weigert sich erst, seine Bestimmung anzunehmen, zögert, und bricht dann doch auf zu einer Reise, die zu einer Initiation wird. Er findet einen weisen Mentor auf der Reise, muss sich in zahlreichen Prüfungen bewähren, Versuchungen widerstehen und Verbündete finden. Schließlich muss er sich mit dem Vater versöhnen und mit einem großen Gegner messen, bevor ihm die Rückkehr gelingen kann.[7]

Kommt Ihnen bekannt vor? Aber klar doch. Diese uralte Struktur findet sich auch in vielen Romanen und Filmen, da sie von nicht wenigen Ratgeber-Autoren als Bestsellergarant verkauft wurde und wird. George Lucas hat seine *StarWars*-Filme ganz bewusst danach entwickelt, und auch in neueren Werken wie *Eragon* findet sie sich. Die Struktur kann noch immer funktionieren … Das Problem ist nur, sie nervt erfahrene Fantasyleser ganz furchtbar, weil sie längst zu einer Anleitung geworden ist, wie man Durchschnittsgeschichten nach dem Baukastenprinzip entwickelt. Wenn Sie sich also an der Heldenreise orientieren, dann tun Sie es auf eigenes Risiko.

Das hat nichts damit zu tun, dass Hauptfiguren in einem Roman sehr oft auf eine **Reise** (auch **Queste** genannt) gehen. Irgendetwas

7 Wer sich dafür interessiert, kann das nachlesen in: Joseph Campbell, *Der Heros in tausend Gestalten* (*The Hero with a Thousand Faces*), insel tb, 2011.

müssen sie ja tun, nur wenige spannende Plots entstehen daraus, dass sie in ihrem Dorf auf ihrem Hintern sitzen bleiben. Der Autor John Gardner hat einmal gesagt: *»There are only two stories: a man goes on a journey or a stranger comes to town.«*[8] Es ist jeweils die Veränderung, das Unbekannte, das Unberechenbare, das die Handlung in Gang bringt und Leser neugierig macht. Aber lassen Sie sich von solchen Zitaten und Vorbildern nicht einengen – wenn Ihre Geschichte im Heimatort der Figur spielen soll und sich die Entwicklung dieser Figur dort vollzieht, dann ziehen Sie das so durch. An Ihrem Bauchgefühl und der Reaktion der ersten (Test)leser werden Sie merken, ob es funktioniert.

Auch in *American Gods* schickt Neil Gaiman seine Hauptfigur Shadow auf eine Reise. Gerade ist er aus dem Gefängnis entlassen worden und will endlich zu seiner Frau zurückkehren, da erfährt er, dass sie gestorben ist. Noch halb in Schockstarre lässt sich Shadow darauf ein, für den geheimnisvollen und etwas zwielichtigen Wednesday und dessen Freunde – wie sich herausstellt, allesamt etwas heruntergekommene Götter, an die kaum noch jemand glaubt – zu arbeiten. Die beiden reisen quer durch Amerika, um die alten Götter zu einem Kampf gegen die neuen (zum Beispiel Geld, Computer und Fernsehen – letztere Götter sind perfekt gestylt wie Fernsehmoderatoren ...) zu mobilisieren. Sie suchen magische Orte auf, finden überraschende Verbündete und müssen Begegnungen mit dem Feind überstehen. Zum Schluss ist doch alles ganz anders als gedacht und gerade noch rechtzeitig durchschaut Shadow die wahren Absichten hinter diesem Konflikt. Es ist eine Art von Heldenreise abseits sämtlicher Klischees. Shadow ist kein auserwählter Jüngling vom Dorf, sondern ein tief verletzter, orientierungsloser Mann. Der geheimnisvolle Mentor, den er findet und mit dem er reist, bringt ihm einiges bei – aber er ist auch ein ziemlich hinterlistiger Kerl, der eigene Pläne verfolgt.

Während Sie an der Handlung arbeiten, ist es sinnvoll, sie hin und

8 Das Zitat ist verschiedenen Autoren zugeschrieben worden, unter anderem Tolstoi, aber John Gardner ist der wahrscheinliche Urheber.

wieder mit jemandem zu diskutieren, der sich für Ihre Arbeit interessiert. Besonders sinnvoll ist ein solcher **Gegencheck** dann, wenn man das Gefühl hat, dass etwas daran noch nicht ganz passt. »Es gab einmal einen Roman von Andreas Eschbach, *Der Letzte seiner Art*, bei dem er sich im Nachwort für die eine Frage bedankte, die ich als Lektor ihm gestellt hatte«, berichtet Helmut W. Pesch, lange Jahre Fantasy- und SF-Lektor bei Bastei-Lübbe. »Die Geschichte erzählt von einem Cyborg, der im Rahmen eines militärischen Programms zu einem Supersoldaten gemacht werden sollte. Nur, das Experiment ging schief, und so erlaubte man ihm, für den Rest seines vermutlich kurzen Lebens in einem kleinen irischen Dorf sein Gnadenbrot zu fristen. Mir erschien der Roman zu kurz und zu eindimensional, und so fragte ich: ›Was ist mit den anderen? Mit den Menschen, die ebenfalls aus den unterschiedlichsten Gründen an diesem Programm teilgenommen hatten?‹ Indem Andreas ihre Storys in die Hauptgeschichte einflocht, wurde diese auf einmal größer, weil sie unterschiedliche Einstellungen gegenüber dem Leben aufzeigen konnte. Er hat das brillant gemacht. Darum mein Rat an Fantasy-Autoren: THINK BIG! Bleibe nicht stur bei deiner Hauptfigur, die ja vielleicht nur dein Avatar, deine eigene Projektion ist. Denk auch an die anderen.«

Spannung erzeugen

Im wirklichen Leben wünschen wir uns, dass bei dem, was wir geplant haben und durchziehen, alles glatt geht und wir in glücklicher Harmonie mit allen anderen Menschen leben. Seltsamerweise wollten wir das aber nicht in Romanen lesen – in der Welt der Fikton wird es immer dann interessant, wenn auf dem Weg zum Ziel etwas schief geht, wenn es schier unüberwindliche Schwierigkeiten zu bewältigen gibt, wenn verschiedene Interessen mit gefährlicher Wucht aufeinanderprallen. Was Sie für eine gute Handlung brauchen, sind also **Konflikte**. Es gibt innere und äußere Konflikte. Äußere Konflikte (die oft Gefahren, Kämpfe und Intrigen mit sich bringen) sind zum Beispiel:

- wenn zwei Völker mit ganz verschiedenen Zielen und Idealen in Streit geraten

- wenn jemand versucht, Ihre Hauptfiguren aufzuhalten und ihre Pläne zu verhindern
- wenn es Auseinandersetzungen um den Thron/die Führung eines Reiches gibt
- wenn Ihre Hauptfiguren zwischen die Fronten geraten
- wenn jemand Ihre Hauptfiguren fälschlich beschuldigt, eine Tat begangen zu haben
- wenn jemand oder etwas eine unheilvolle Entwicklung in Gang gesetzt hat, die Ihre Hauptfiguren verhindern wollen
- wenn zwei Gegner ein gemeinsames Ziel erreichen wollen/müssen und sich dabei gegenseitig das Leben schwer machen
- wenn Verbündete Ihre Figur verraten oder Verrat droht
- wenn Ihre Figur mit anderen rivalisiert
- wenn Ihre Hauptfiguren ein entscheidendes Duell bestehen müssen …

Innere Konflikte finden innerhalb einer Figur statt, würzen die Handlung aber auf die gleiche Weise und sind wichtig für die Entwicklung der Figuren. Ein paar Beispiele für innere Konflikte (aus denen eine psychologische Spannung entsteht):

- Ihre Figur ist nicht sicher, ob sie eine ihr zugedachte Rolle oder Funktion wirklich übernehmen soll
- Ihre Figur fühlt sich zerrissen zwischen Pflicht und Gefühl, zwischen einem übernommenen Auftrag und etwas, das sie dringend tun muss
- Ihre Figur reibt sich auf zwischen verschiedenen Loyalitäten (zum Beispiel zu ihrer Familie und ihrem Land)
- Ihre Figur ist hin- und hergerissen zwischen zwei verschiedenen Männern beziehungsweise Frauen, die ihr beide viel bedeuten
- Ihre Figur kommt mit dem nicht klar, was sie getan hat
- Ihre Figur will sich und ihr Leben ändern, weiß aber nicht genau, wie
- Ihr Figur will ihre Bestimmung finden und erfüllen, weiß aber nicht, was ihre Bestimmung ist

- Ihre Figur zweifelt daran, wem sie vertrauen kann, muss aber eine Entscheidung treffen
- Ihre Figur steckt in einem Gewissenskonflikt
- Ihre Figur weiß nicht, ob sie das zweifelhafte Verhalten eines Freundes/Verwandten unterstützen soll oder nicht
- Ihre Figur versucht sich zu entscheiden, ob sie weiterleben oder sterben möchte (oder alternativ, ob sie jemanden umbringen sollte oder nicht).

In einem Gewissenskonflikt befinden sich zum Beispiel die Figuren von Marion Zimmer Bradleys *Herrin der Stürme*. Was macht man mit einem Kind wie Dorilys, das so mächtig ist, dass ihr Zorn töten kann? Schon bei der Geburt bringt sie durch ihre magischen Kräfte unabsichtlich ihre Mutter um und auch später kommt es zu tragischen Zwischenfällen. Kann es irgendwie gelingen, ein solches Kind zu erziehen und zu kontrollieren? Sollte man es töten, bevor es noch mehr Unheil anrichten kann?

Generell sollten Sie in Ihrer Handlung einen großen **Spannungsbogen** mit möglichst vielen kleineren kombinieren. Der große Spannungsbogen ist die Frage, das Rätsel, der Konflikt, der den ganzen Roman trägt und nach einem Showdown im letzten Drittel aufgelöst wird. Kleine Spannungsbögen sind zum Beispiel Situationen, in denen Ihre Figur einen Angriff meistern oder eine Bewährungsprobe bestehen muss, eine mit Neugier erwartete Begegnung hat oder vor einer schwierigen Entscheidung steht. Kosten Sie auch diese kleinen Bögen richtig aus. In Manuskripten, in denen sie arg schnell abgehakt werden, womöglich auf nur einer oder zwei Manuskriptseiten, schreibe ich »Spannung verschenkt!« an den Rand. Andererseits sollte man so etwas nicht zu sehr auswalzen, weil der Roman sonst dicker als ein Backstein wird – die Kunst ist, das richtige Maß zu finden. Mit jeder selbst verfassten Geschichte wird Ihr Gespür für das **Erzähltempo** wachsen.

WICHTIG: *In einem Fantasyroman mit hohem Action-Anteil kann und sollte man einen Konflikt nach dem anderen bringen und so ein hohes Tempo vorlegen, doch in allen anderen Romanen sollte man den Lesern und Leserinnen zwischen den Spannungsmomenten Zeit zum Luftholen geben, zum Beispiel mit romantischen oder nachdenklichen Szenen.*

Nehmen Sie Ihre Handlung unter die Lupe – an welchen Stellen wird der Leser gespannt weiterlesen und warum? Jetzt fragen Sie sich vielleicht, wie in aller Welt Sie feststellen sollen, wann und wo Ihr Manuskript spannend ist. Man selbst spürt diese Spannung ja nicht mehr, weil man den Plot sowieso schon in- und auswendig kennt und das entstehende Manuskript wahrscheinlich schon zwanzigmal (oder öfter) gelesen hat. Mein Tipp: Halten Sie Ausschau nach **offenen Fragen**! Offene Fragen motivieren Ihre späteren Leser nämlich zum Weiterschmökern. Schon während ich das Exposé schreibe, achte ich darauf, dass der Plot genügend solcher Frage-Anlässe enthält.

In Neil Gaimans *American Gods* gibt es jede Menge dieser offenen Fragen – manche werden innerhalb weniger Seiten beantwortet, andere (nach vielen Hinweisen zwischendurch) erst im Showdown. Warum schaut der Gefängniswärter Shadow seltsam und warum soll Shadow auf einmal vorzeitig entlassen werden? Er erfährt, dass er deswegen früher entlassen wird, weil seine Frau tot ist. Doch wie und warum ist sie so plötzlich gestorben? Was will dieser eigenartige Fremde, der Shadow im Flugzeug anspricht, von ihm? Wer genau ist er und was hat er vor? Wird Shadow zustimmen, für ihn zu arbeiten und worauf lässt er sich dabei ein? War es richtig von Shadow, sich mit diesem Bekannten seines neuen Arbeitgebers in der Kneipe zu prügeln, hat er dadurch Prestige gewonnen oder verloren? Wer wird siegen bei dem eigenartigen Mühlespiel mit dem undurchsichtigen Typen, der vermutlich ein Gott ist und der Shadow mit seinem Hammer den Schädel einschlagen darf, wenn er gewinnt? Wird Shadow die Nerven behalten, als er die erste Partie verliert? Wie wird er sich aus der Situation rauswinden? Die Fragen ziehen einen von Seite zu Seite, von Kapitel zu Kapitel und man kommt gar nicht auf die Idee, irgendwelche Action zu vermissen.

TIPP: *Setzen Sie Ihre Figur unter Druck! Je größer die Fallhöhe, desto größer auch die Spannung. Wenn sie alles verlieren kann oder schon alles verloren hat und versucht, es zurückzuerobern, fiebert man richtig mit.*

Natürlich gibt es auch **handwerkliche Kniffe**, um Spannung zu erzeugen. Ihre Figur sitzt in der Klemme. Wie kommt sie wieder raus? Oder sie bekommt nur sehr wenig Zeit, eine Aufgabe zu lösen, es steht enorm viel auf dem Spiel – das klassische Rennen gegen die Zeit. Wie wichtig Hindernisse aller Art sind, habe ich ja schon betont.

Es kann auch Spannung erzeugen, wenn der Leser mehr weiß als die Hauptfigur. Wenn irgendwo eine Bombe explodiert, ist das eine Überraschung. Wenn der Zuschauer weiß, dass die Hauptfigur eine Bombe mit sich herumträgt, ohne es zu wissen, dann ist das Spannung. (Ich wünschte, dieser Spruch wäre von mir. Doch Alfred Hitchcock hat es schon vorher gesagt.) Aber auch, wenn die Hauptfigur so agiert, dass man als Leser Unheil vorhersieht, erzeugt das Spannung. Zwischen Ihren Hauptpersonen gibt es vermeidbaren Streit oder Missverständnisse, sie verpassen sich knapp, sie stehen sich selbst im Weg, sie treffen falsche Entscheidungen. Der Leser ist vielleicht der einzige, der die Situation ganz durchschauen kann und möchte die Hauptperson am liebsten in den Hintern treten: »Mach das doch endlich, du Trottel!«

Wenn Sie Spannung erzeugen wollen, sollten Sie besonders auf **Tempo und Rhythmus** des Romans achten. »Schnelle Schnitte, keine gemächlichen Passagen«, empfiehlt Susanne Gerdom. »Das habe ich über einige Jahre weg lernen müssen. Weglassen. Viel, viel weglassen. Ich bin eine ausufernde Schreiberin, ich kann mich seitenlang in Beschreibungen ergehen, in Nebengeschichten verlaufen, vor mich hin mäandern. Das war im 19. Jahrhundert üblich, aber heute ist Spannung eine der wichtigsten Zutaten. Das heißt: Beschreibungen so präzise und kurz wie möglich halten, Bilder und Atmosphären verdichten, Handlung, Handlung, Handlung und keine Angst vor Konflikten. Ganz im Gegenteil. Der schwierigste Punkt für so einen harmoniesüchtigen Menschen wie mich …«

Den Plot strukturieren

Theaterstücke haben meist eine Struktur aus drei Akten. Drehbücher und Romane oft ebenfalls, doch hier sind diese **Akte** »unsichtbar«, also nicht ins Manuskript eingetragen. Außer man teilt den Roman in mehrere Teile auf, das habe ich bei meinen Fantasyromanen oft so gemacht, um sie für mich und den Leser zu strukturieren und fassbarer zu machen. Ich hatte meist drei Teile, die jeweils ein Drittel des Romans umfassten. Ganz grob enthielten diese Teile folgendes:

Teil I – Einführung der Hauptfiguren und des Hauptschauplatzes. Ihre Leser können das Grundproblem kennenlernen und die Handlung kommt in Gang. Möglicherweise findet man Ende des ersten Teils ein erstes Wendepunkt-Ereignis statt (ein *plot point*, wie Drehbuch-Guru Syd Field es nennt).
Teil II – Die Handlung entfaltet sich, die Spannung steigt. Auch dieser Teil endet oft mit einem Wendepunkt. Der nächste Teil findet möglicherweise an einem anderen Schauplatz statt.
Teil III – Nun steuert alles auf den Höhepunkt und Showdown zu, der bei mir inklusive Vorbereitung ungefähr ein Viertel des Buches umfasst (also ungefähr hundert Buchseiten). Danach sollten Sie noch mindestens ein Kapitel, besser mehr, für einen ruhigen Ausklang einplanen, damit die Figuren nach dem Showdown zur Ruhe kommen und sich Ihre Leser innerlich von der Geschichte und den Figuren verabschieden können.

Diese traditionsreiche Struktur hat sich für mich bewährt, Sie können es aber gerne ganz anders machen (zum Beispiel fünf klar definierte Teile, das hängt sehr von Ihrem Plot ab). In *Ruf der Tiefe* hatte ich für den Ausklang wenig Platz vorgesehen und bin dafür von Lesern und Rezensenten kritisiert worden, aber ich bin ja lernfähig. In *Winterdrachen*, dem dritten *Nachtlilien*-Band, habe ich mir mehrere Kapitel Zeit genommen, um alle Handlungsfäden zu einem harmonischen Abschluss zu bringen. Sie könnten auch in einem **Epilog** schildern, wie es den Figuren später noch ergangen ist.

Wenn meine Handlung feststeht und ich gewöhnlich ein Exposé geschrieben habe (was ich Ihnen auch empfehlen würde, siehe nächstes Unterkapitel), dann beginne ich mit der **Kapitelstrukturierung**. Das ist sehr einfach, wenn ich schon ein Exposé habe, ich kopiere mir den Inhalt in eine neue Datei »Handlung« und teile den Fließtext in verschiedene Abschnitte auf, die zukünftigen Kapitel. Dabei schätze ich ungefähr ab, wie viel Handlung in ein Kapitel passt, und ändere die Kapitelbeschreibung entsprechend. Mit etwas Erfahrung kann man das gut planen, aber manchmal liege ich auch daneben und ein Teil der Handlung, den ich eigentlich in einem Kapitel abhandeln wollte, dehnt sich auf zwei oder sogar mehr aus. Ich will ja nicht an der Oberfläche bleiben und wichtige Ereignisse im Schnelldurchlauf schildern. Je länger man schreibt, desto mehr geht man gewöhnlich in die Tiefe, manchmal leider auch in die Breite, deswegen werden die Romane mit zunehmendem Lebensalter gewöhnlich dicker und neigen dazu, auszuufern. Da hilft nur, nach dem Schreiben beherzt zu kürzen und auf die Lektorin zu hören, wenn sie sich traut, einem ins Gesicht zu sagen, dass man ans **Eindampfen** gehen sollte.

Bevor ich ein Kapitel schreibe, mache ich eine **Detailplanung** und überlege mir genau, worum es in den Dialogen geht, wer was macht und so weiter. Diese Planung umfasst die nächsten ein bis drei Kapitel, weiter so detailliert zu planen lohnt sich nicht, weil sich erfahrungsgemäß während des Schreibens noch ganz viel entwickelt und auch ändert.

TIPP: *Vor dem Schreibbeginn zu planen, was man an diesem Tag schreiben will und was in der Szene genau passieren soll, hilft einem, in einen guten Schreibflow zu kommen und verhindert, dass man steckenbleibt!*

Manche Kollegen sind noch genauere Planer. Thomas Endl zum Beispiel hat das in seinem Kinder-Fantasyroman *Königin der Nacht* Szene für Szene systematisch aufgeschlüsselt.

Nr.	Überschrift/ Seiten	Personen	Ort	Geschehen	Emotion	Tag
-	**Vorspiel im Theater** 11	»Ich«, Putzfrau, Skaia-Puppe, Nennung der Hauptfiguren / »Ein Mädchen«, Eingeweihte, KdN	Theater	Abgesang auf das Theater, Theaterzettel erzählt / Orakel als Ouvertüre	Geheimnis	
1.	**Die Meister der Zeit** 14	Skaia, Klirr, Meister der Zeit, Kygo, Ana	Solterra: Erziehungsanstalt, Haus der Zeit	Unterricht, Besuch der MDZ, Info über Solterra	Schmach, Neugier, Geheimnis	1
2.	**Ein dunkler Fleck** 12	Skaia, Aldoro, Lunetta	Solterra: Wohnung, Sonnenmasten, Mauer	Bohnen-Essen, Klirrs Briefe, Info über Burg und Urgroßmutter, Sturz der Katze	Wohlfühlen/Aufregung	
3	**Schöne Töne** 10	Skaia, Lunetta, Kapellmeister	Solterra: Totgesagter Park, Karrussell	Entdecken des Totgesagten Parks	Staunen, Spaß	
4.	**Geblendet** 13	Skaia, Simpel und Gimpel, Lunetta, Yaho, Eingeweihte	Solterras Burg: Zelle, Sonnensaal	Gefangenschaft, Chaos beim Verhör, Verschwinden von Yaho samt Sonnenkreis	Unsicherheit, Staunen, Bedrohung	1-2
5.	**Kannst du schweigen?** 16	Skaia, Simpel und Gimpel, Klirr, Aldoro	Solterras Burg: Zelle, Zimmer (Straßen)	Gefangenschaft, Info über Gute Herrscher, Aldoros Aufstieg	Schuldgefühle, Sinnsuche, Ärger, Freude	2-3

E. L. Greiff ging die Sache ähnlich systematisch an – und das musste sie auch, denn bei einer umfangreichen Trilogie wie *Zwölf Wasser* geht es nicht anders. »Ich rate dazu, bei großen Projekten die **Plotarbeit** nicht als lästige Vorarbeit zu begreifen (so wie das Abkleben vor dem Streichen), sondern als den wahren, echten Schöpfungsakt«, meint sie. »Im Planen der Handlung, im Nachdenken über die Figurenkonflikte und -entwicklungen wird die Geschichte geboren. Ich habe lange und viel nachgedacht und ich habe ebenso lange nach einer Methode gesucht, meine gedankliche Plotarbeit angemessen festzuhalten – ich habe am Rechner Flowcharts gemacht (und wieder gelöscht), habe Notizbücher vollgekritzelt (und nie wieder reingeschaut), habe große Papierbögen ausgebreitet (und wieder zusammengerollt). Es war furchtbar, ich hatte nie das Gefühl wirklich einen Überblick zu bekommen.« Die Lösung war schließlich eine Schultafel. Nachdem E. L. Greiff eine Wand in ihrer Wohnung freigeräumt hatte, konnte sie eine große Tafel anbringen – und spürte sofort, dass sie die richtige Methode für sich gefunden hatte. »Ich plotte mit Kreide und Schwamm, ich kann zurücktreten, habe einen erweiterten Blick – das hatte mir am Bildschirm immer gefehlt. Eine Tafel ist wunderbar, die Worte darauf genau zwischen fixiert und flüchtig. Es ist ja noch nichts fertig ausformuliert, sondern nur das Gerüst der Handlung. Ich mache ganz einfach Fotos von dem, was ich unbedingt festhalten muss. Ansonsten kommt das, was an der Tafel wirklich gut war, ohnehin zu mir zurück. Das vergesse ich nicht, denn das ist die Geschichte. Vielleicht noch wichtig als Tipp: Auch Nebenhandlungen plotten, damit sie nicht zu sehr wuchern. Das bedeutet konkret, dass ich auch während des Schreibens von *Zwölf Wasser* oft an die Tafel zurückgekehrt bin.«

Wenn Ihnen so viel Planung nicht liegt und Sie spüren, dass Ihr Inneres sich dagegen sträubt, dann lassen Sie es sein und schreiben nach dem Motto »**Go with the Flow**«! Das haben Sie mit nicht wenigen Kollegen gemeinsam. Robin Gates zum Beispiel gesteht: »Ich bin kein Planer, sondern gehöre zu der Fraktion, die während des Schreibens Stück für Stück den Weg zum Ende entdeckt. Mir ist das lieber, weil ich dann das Gefühl habe, dass ich selbst beim Schreiben immer wieder überrascht werde – und ich hoffe, dass diese Überraschungen die Geschichte auch für den Leser interessanter machen. Es war zum Beispiel nicht geplant, dass sich eine der Figuren der Runlandsaga, die erst gegen Ende des ersten Bandes auftaucht, im Laufe der Erzählung zu einem Schlüsselcharakter entwickeln würde. Ich habe zwar für gewöhnlich eine Idee, wie ein Roman, den ich schreibe, enden wird, aber es ist nicht unbedingt ein Ende, das bereits in Stein gemeißelt ist. Gerade zu Beginn gibt es zwischen Anfang und Ende noch eine Menge weißer Flecken auf der Landkarte, die erst nach und nach beim Schreiben verschwinden. Der Nachteil dieser Methode ist, dass ich manchmal Phasen habe, in denen ein paar Tage lang nichts vorangeht. Ich komme an einen Punkt, an dem ich innehalten muss, bis ich weiß, wie ich die Geschichte fortsetzen kann. Das auszuhalten, ist nicht immer leicht.«

Gekonnte Cliffhanger

Um den Leser von einem Kapitel zum nächsten zu ziehen und so zu bewirken, dass er das ganze Buch verschlingt, gibt es mehr oder weniger elegante Tricks, wie zum Beispiel den »Cliffhanger«. Die meisten Erstautoren neigen dazu, in sich abgeschlossene Szenen oder Handlungselemente zu einem Kapitel zu erklären. Geschickter ist aber, das Kapitel mitten in der Handlung enden zu lassen, damit Sie den Leser ins nächste Kapitel hineinziehen. Und dann wieder ins nächste, und so weiter, bis auf einmal die Nacht rum ist. Trotz des reißerischen Namens – die Hauptfigur hängt mit den Fingerspitzen an der Klippe, wird sie fallen oder nicht? – hat dieser dramaturgische Trick nichts mit Action zu tun, Cliffhanger funktionieren auch bei psychologischer Spannung. Man sollte diese Methode nicht überstrapazieren, sodass es platt wirkt, aber gezielt eingesetzt wirkt sie bestens.

»Elevator Pitch« und Exposé zur Planung nutzen

Wenn man schreibt und das nicht geheim hält, dann gibt es immer wieder Leute, die einen fragen: »Ich habe gehört, du schreibst gerade ein Buch. Worum geht es denn da?« Diese Frage ist Gold wert. Nicht nur, weil Sie jetzt die Gelegenheit haben, Ihre Idee an einem unschuldigen Opfer zu testen, sondern auch, weil Sie gezwungen sind, den roten Faden Ihrer Geschichte oder Ihres Romans zu finden. Weil Ihr Gesprächspartner vermutlich keine Stunde Zeit hat und genervt reagieren wird, wenn ihm ein nicht enden wollender Redeschwall entgegen schwappt, müssen Sie imstande sein, Ihre Geschichte in wenigen Sätzen und maximal ein oder zwei Minuten vorzustellen. In der Zeit einer Aufzugsfahrt eben, deshalb heißt es ja auch **»Elevator Pitch«.** Ich habe das mal mit Seminarteilnehmern in einem echten Aufzug geübt. Drei von uns in einem Aufzug, drei Stockwerke. Einer stellte die oben erwähnte Frage. Bis zum Erdgeschoss musste der Autor fertig beschrieben haben, worum es geht. Klappte beim ersten Mal meist nicht so gut, wichtige Informationen fehlten, die Beschreibung war verschwurbelt oder machte nicht neugierig. Also gab es im Erdgeschoss Manöverkritik. Wieder ab nach oben und nach der dritten Fahrt saß das Sprüchlein.

Probieren Sie es doch mal mit ein, zwei Freunden oder Familienmitgliedern. Ihre Kurzbeschreibung werden Sie nämlich noch zahllose Male brauchen – wenn Sie das Buch anbieten und wenn es erschienen ist, erst Recht. Der Spruch hat außerdem den Vorteil, dass Sie daraus eine als **Klappentext** brauchbare Kurzbeschreibung (maximal fünf bis sechs Zeilen) zimmern können. Es ist auch völlig okay, wenn Sie erst einen Klappentext formulieren und Ihren Spruch danach einüben. Wichtig ist bei beiden, dass es neugierig macht auf den Roman, seine Figuren und seine Handlung.

TIPP: *Stellen Sie sich Ihr Buch vor, wie es im Regal einer Buchhandlung steht. Wie sieht es aus? Wie wirkt das Cover, wie steht Ihr Name auf der Vorderseite? Was steht auf der Rückseite? Diese kleine Fantasiereise motiviert Sie … und danach fällt es Ihnen möglicherweise leichter, einen guten Titel für Ihre Geschichte zu finden und einen Klappentext zu formulieren. Beides ist wichtig, damit jemand Geld für Ihr Buch bezahlt und es aus der Buchhandlung hinausträgt (oder es im Internet bestellt oder es herunterlädt …).*

Manchmal behaupte ich, es ist beim Bücherschreiben die halbe Miete, wenn man schon früh das **Exposé** fertig hat (also eine Zusammenfassung der Handlung auf zwei bis fünf Seiten). Dies bedeutet, dass man einen gut durchdachten Plot hat und die Figuren und die Welt zumindest in Umrissen existieren. Natürlich ist es gemein, so etwas zu sagen. Einen Roman zu schreiben ist jedes Mal ein Abenteuer mit ungewissem Ausgang – Wird er gut? Wird er so, wie ich es wollte? Das mit der halben Miete stimmt nur beim Sachbuch, wo eine gute Gliederung so wichtig ist, dass das eigentliche Schreiben mit etwas Übung nur noch anstrengend, aber keine größere Herausforderung mehr ist.

Doch ganz verkehrt ist der Spruch auch in der Belletristik nicht. Vielleicht haben Sie keine Lust darauf, ein Exposé zu schreiben (ich weiß, es kann verdammt anstrengend sein, und manche Autoren hassen es wie die Pest), aber es wäre richtig gut für Ihren Roman. Eine Handlung von Anfang bis Ende zu formulieren zwingt einen, die Spannungsbögen und Figurenentwicklungen zu durchdenken und sich plausible und überraschende Wendungen zurechtzulegen, sich zu überlegen, wie die Geschichte überhaupt ausgehen soll. Sie sparen beim Schreiben Zeit, weil Sie nicht mehr über die Handlung nachgrübeln müssen, sondern einfach in den Flow eintauchen können.

Jetzt noch ein paar Tipps zum Exposéschreiben.

Drauflosfabulieren: Wenn Sie Ihre Geschichte erst planen, dann denken Sie nicht daran, dass Sie das Exposé irgendwann einreichen sollen oder wollen. Fabulieren Sie einfach ganz locker los, indem Sie die Grundsituation und die Hauptfigur(en) kurz vorstellen und dann weiterspinnen, was passieren könnte und was wahrscheinlich so interessant und spannend wäre. Sie müssen das nicht später genau so schreiben und können alles noch ändern. Stoßen Sie in dieser Phase auf Schwierigkeiten, diskutieren Sie den Plot und wie es weitergehen könnte am besten mit einem Freund oder einer Freundin bzw. einem Autorenkollegen. Achten Sie darauf, dass Sie nach fünf Seiten langsam zum Schluss kommen, Sie müssen nicht die kleinste Verästelung des Plots schildern, es geht hier nur um die große Linie.

Einem Freund erzählen: Wenn Sie den Roman oder die Geschichte schon weitgehend fertig haben, könnte es Ihnen schwer fallen, die ganze komplexe Handlung auf wenigen Seiten zu beschreiben. In diesem Fall laden Sie sich einen Freund ein, der netterweise so tut, als hätte er nur fünf bis zehn Minuten Zeit für Sie, und erzählen ihm die Geschichte. Natürlich zeichnen sie alles auf, damit Sie es später abtippen und bearbeiten können. Wenn Sie nicht so der mündliche Typ sind, können Sie sich auch einfach vorstellen, Sie hätten nur wenige Minuten Zeit, um all das zu erzählen. Falls Sie ein kurzes Exposé brauchen, stoppen Sie die Zeit bei drei bis fünf Minuten. Der Vorteil dieser Methode ist, dass Sie die Geschehnisse wahrscheinlich lebendig und gut verständlich erzählen werden.

Stichwortliste machen: Notieren Sie sich zuerst Stichworte, welche Wendungen des Plots besonders wichtig sind und unbedingt ins Exposé müssen. Am besten chronologisch entsprechend dem Gang der Geschichte oder Sie ordnen die Stichworte erst später (in einer Datei oder auf Karteikärtchen). Wenn Sie etwa zehn bis zwanzig Stichworte haben, die Anfang und Ende einschließen, reicht das und Sie brauchen sich beim Exposéschreiben nur noch an dieser Struktur entlangzuhangeln.

Eckdaten eines Exposés

- *Länge:* Am besten ist, Sie haben eine Version von 1 Seite Länge (die wollen manche Agenten) und eine längere Version (3 Normseiten ist der Klassiker, aber wenn es fünf oder sechs Normseiten (1 Normseite = 1800 Anschläge) sind, regt sich im Verlag auch keiner auf. Im Gegenteil, bei Hausautoren sind lange Exposés üblich.) Länger sollte es nicht sein, sonst wird es unübersichtlich und der rote Faden verliert an Deutlichkeit. Bei Kinderbüchern kann das Exposé gerne kürzer ausfallen, es wäre der helle Wahnsinn, für ein Bilderbuch mehr als eine Seite Exposé zu schreiben.
- *Wichtige Daten*: Am Anfang eines Exposés sollten Sie den geplanten oder tatsächlichen Umfang des Romans in Zeichen einschließlich Leerzeichen nennen. Wenn Sie noch nicht genau wissen, wie umfangreich er wird, einfach irgendwas anpeilen (zum Beispiel 350 Normseiten, wenn Sie eher knapp schreiben, oder 500 Normseiten, wenn Sie eher der epische Typ sind.) Wenn Sie das Subgenre kennen, schreiben Sie es ebenfalls hin (zum Beispiel Dark Fantasy), beim Kinder- und Jugendbuch auch noch die Zielgruppe (zum Beispiel ab 8, ab 10, ab 12).
- *Kontaktdaten*: Auf die erste Seite des Exposés gehören Ihre sämtlichen Kontaktdaten inklusive echter Name (Pseudonym gerne in Klammern dahinter), Adresse, Tel-Nr. und Mailadresse. Wenn Sie schon einen Agenten haben, gehören dessen Kontaktdaten ebenfalls auf die Seite.
- *Detailtiefe*: Werfen Sie nicht zu sehr mit Namen und Bezeichnungen um sich. Lassen Sie lieber ein paar Nebenfiguren anonym und bezeichnen Sie sie nur mit ihrer Funktion (»die Schwester des Magiers«). Es reicht auch völlig, wenn Sie nur die ganz wichtigen Ortsnamen erwähnen. Sonst fühlt man sich schnell erschlagen von all den Informationen, die im Exposé auf einen einprasseln, denn man kann sie sich hier viel schlechter merken als beim Lesen eines Romans.
- *Kurzbeschreibung*: Ich persönlich füge immer erst eine Kurzbeschreibung (5-6 Sätze) der Handlung ein, die man später als Vorlage für den Klappentext verwenden kann, und schildere dann erst die Handlung im Detail. Dann weiß der Agent beziehungsweise der Lektor gleich worum es geht.
- *Figurenliste und Überblick über die Welt*: »Bei Fantasytiteln füge ich in der Regel ein Zusatzdokument an, in dem ich das Setting skizziere«, berichtet der erfahrene Fantasyautor Robert Corvus. »Das kann durchaus länger sein als das eigentliche Exposé und auch eine Kartenzeichnung oder Ähnliches enthalten. Manchmal gibt es noch ein Beiblatt mit einer Kurzvorstellung der Hauptfiguren.« Solche Anhänge lohnen sich besonders bei komplexen Fantasyromanen.

Es folgen drei Beispiele, damit Sie sehen, wie Exposés konkret aussehen

- Ein in sich abgeschlossener Roman für Erwachsene (*Grauwacht* von Robert Corvus, ein Crossover zwischen Fantasy und SF, erschienen bei Piper),
- ein Reihenexposé (der erste Band von Robin Gates' *Runlandsaga*, erschienen beim mkrug Verlag) und
- ein Kurzexposé für ein Kinderbuch ab 10 (*Prinzessin der Nacht* von Thomas Endl, ursprünglich erschienen beim Baumhaus Verlag, jetzt neu erhältlich als Taschenbuch und E-Book).

Wenn Sie die fertigen Bücher mit den Exposés vergleichen, werden Sie oft merken, dass sich einiges geändert hat … denn manchmal entwickeln Plot und Figuren ein **Eigenleben**, das mit der Planung nicht mehr zusammenpasst oder Sie spüren, dass die Struktur so nicht funktioniert.

TIPP: *Bleiben Sie offen für spontane Einfälle, denn Exposés und Planungen sind immer nur vorläufig. Wenn man schon einen Vertrag für die Geschichte beziehungsweise das Buch hat, sollte man größere Abweichungen vom Exposé allerdings mit dem Verlag absprechen. Denn Vorschautext und Cover werden üblicherweise gemacht, noch bevor der Text fertig ist – beides sollte am Schluss zusammen passen.*

Grauwacht ((Kontaktdaten))

Ein Exposé von Robert Corvus

Ein Tag-Nacht-Zyklus auf *Bisola* dauert ein Menschenleben. Während die *Sasseks*, eine echsenartige Spezies, die Tagseite bevölkern, bewohnen die Menschen die Nachtseite. Nur in *Sombralor* am Nordpol leben beide Spezies gemeinsam. Die anderen zehn Metropolen werden abwechselnd bewohnt, je nachdem, ob sie im Licht oder im Dunkel liegen. Sie sind nicht nur Handelszentren, in bestimmten Gebäuden kann auch mit Geistern kommuniziert werden, die Fragen beantworten und Schutz bieten. Bei Nacht können leuchtende Schutzglocken aktiviert werden, die Stürme und Angreifer abblocken. Die Überwachung des ordnungsgemäßen Besitzwechsels obliegt der *Grauwacht*, durch das *Geflecht* erwählten Menschen. Dieses intelligente Myzel durchzieht den gesamten Planeten und schafft Zufluchten, in denen es Wasser und Wärme gibt.

Remon, ein *Guardista* der Grauwacht, hat seinen Tod vorgetäuscht, um mit seiner Liebe, der Gelehrtentochter Nata, zu leben. Wegen seiner besonderen Reflexe, seiner Fähigkeit, Wärme zu sehen und seiner Schnelligkeit ist Remon ein geachteter Jäger. Aus den gleichen Gründen und weil er auffällig langsam altert ist er den anderen Dorfbewohnern jedoch auch unheimlich.

Remon bereitet seine Tochter Enna auf die Prüfung vor, die alle Kinder ablegen, die eine bestimmte Größe erreichen. Sie werden in der Wildnis ausgesetzt und müssen allein zurückfinden, um zu beweisen, dass sie keine Belastung für die Gemeinschaft sind.

Als sie von ihrer Übung zurückkehren, spürt Remon über die *innere Stimme* die Anwesenheit einer anderen Guardista. Er findet seine frühere Kampfgefährtin Vorena bei Nata. Nata ist in letzter Zeit besorgt: Die Monde nehmen neuerdings hinter dem Scheitelpunkt ihrer Bahn eine grüne Färbung an, die beim Monduntergang ins Blaue wechselt. Vorena berichtet, dass zwar im Osten der Tag wie gewohnt naht und die Metropole *Oculor*, in der auch

Natas Vater lebt, fast erreicht hat, das Licht im Westen aber nur sehr zögerlich weicht – dort scheint stattdessen blaues Licht auf die Erde.

Vorena will nicht über Remons Desertion hinwegsehen, doch als die beiden unterwegs sind, rettet Remon ihr Leben. Als Guardista von Ehre tauscht sie ›ein Leben gegen ein Leben‹ und lässt Remon bei seiner Familie zurück.

Nach Ennas Prüfung verschwindet Nata. Das farbige Licht ängstigt sie so sehr, dass sie der Sache auf den Grund gehen muss und nach Oculor geht. Remon weiß, dass jeder Guardista, dem er zu nahe kommt, ihn durch die *innere Stimme* entdecken wird, folgt Nata aber dennoch. In Oculor wird er aufgegriffen. Die Menschen bereiten sich darauf vor, die Metropole zu verlassen, während im vorrückenden Tageslicht bereits verschiedene Fraktionen der Sasseks warten, um sie in Besitz zu nehmen. Nach einem Scharmützel erhält Remon durch Vorenas Fürsprache Gelegenheit, seine wiederentdeckte Loyalität zu beweisen. Er ist als Findelkind unter den Sasseks aufgewachsen und kann auch jetzt vermitteln, was größeres Blutvergießen vermeidet.

Nata hat Oculor Richtung Sombralor verlassen. Dort sollen auch die Anführer der Grauwacht über Remon urteilen.

Die Metropole am Pol ist dekadent. Hier gibt niemand seine Heimat auf, um durch die Nacht zu ziehen. Nata hat erfahren, dass es vor langer Zeit bereits blaues und grünes Licht gab. Einige Gelehrte erwarten, dass das Licht die Welt komplett bedecken und es keine Nacht mehr geben werde.

Nata fürchtet, dass die noch unklare Bedrohung auch ihrer Tochter die Zukunft rauben wird. In *Elysior* will sie mehr über das farbige Licht erfahren. Diese Metropole hat ein *Astrolabium* und wird bald in die Nacht fallen. Remon erreicht, dass Nata als Gelehrte für Elysior akkreditiert wird. Der Preis dafür ist seine reumütige Rückkehr in die Grauwacht. Nata wird er nur noch sehen, wenn seine Missionen ihn in ihre Nähe führen. Die Reise nach Elysior, wo die Grauwacht die Übergabe der Metropole kontrolliert, wird dadurch ein langer Abschied.

Tatsächlich fällt Elysior in die Nacht, nachdem eine kleine, blaue Sonne unter den Horizont sinkt. Die Menschen übernehmen die Metropole. Nata nimmt ihre Forschungen auf. Doch kaum hat die Grauwacht die Metropole verlassen, kehrt das blaue Licht zurück. Wie jedes Tageslicht lässt es die Schutzglocke zusammenfallen. Die überraschten Sasseks setzen sofort an, die Metropole wieder in Besitz zu nehmen.

Nata will ihre Forschungen bis zum letzten Augenblick vorantreiben. Im Astrolabium trifft sie auf den Sassek Ssarronn, der sich ebenfalls für das Lichtphänomen interessiert und eigentlich nicht hier im blauen Licht sein dürfte. Er ist ein Angehöriger der *Goraja*, einer Organisation mächtiger Tugendwächter, die traditionell die Farbe Blau ächtet und jeden Sassek bestraft, der etwas Blaues besitzt. Aber Ssarronn will herausfinden, was hinter diesem Tabu steht, statt es blind zu befolgen. Gemeinsam mit Nata beschwört er im blauen Licht bisher unbekannte Geister. Sie warnen vor *Krienos*, die im blauen Licht kommen, und raten, dass sich Sasseks und Menschen zusammentun, um die Gefahr zu überstehen.

Bald wird Elysior nicht nur von Sasseks, sondern auch von Krienos angegriffen: Heerscharen weißer Spinnen. Remon, Nata und Ssarronn entkommen mit knapper Not, Vorena stirbt.

In einer Zuflucht treffen sie auf eine Gruppe Gelehrter aus Sombralor. Sie erlauschen Hinweise auf eine Verschwörung der menschlichen Anführer mit der Goraja. Sie wollen den Sonderstatus der Polmetropole auch dann erhalten, wenn alles im Licht liegt. Die 400 Millionen nicht in Sombralor lebenden Menschen werden aufgegeben.

Da das Ausmaß der Verschwörung unter den Menschen unklar ist, begibt man sich unter Ssarronns Führung auf die Tagseite. Remon und Nata werden durch die mörderische Hitze der Reise dermaßen geschwächt, dass sie wehrlos sind, als die in der Metropole *Miralor* herrschenden Sasseks sie zu Sklaven machen. Während Nata in einem Haushalt dient und Remon den Reichtum seines Besitzers in Faustkämpfen mehrt, braucht Ssarronn Zeit, um mehr herauszufinden. Er entdeckt weitere Hinweise auf einen langen Zyklus, in dem das farbige Licht erscheint. Die Goraja führt brutalste Prozesse durch, weil man im Auftauchen der Krienos eine Strafe für Sittenverfall vermutet. Als die Krienos angreifen, tun sie das mit Unterstützung großer Tiere, deren Hirne sie befallen haben. Wenn sie die Hirne von Sasseks und Menschen besetzen, werden diese zu Zombies.

Im Chaos der Angriffe entkommt Nata und befreit Remon. Gemeinsam mit Ssarronn befragen sie die Geister. Sie erfahren von der Historie Bisolas: Einige menschliche Siedler mussten hier notlanden. Es handelte sich um Zivilisationsskeptiker, die glaubten, jede Technologie über dem Niveau des Mittelalters mache die Menschen unglücklich. Das Abkommen mit der Aufteilung von Tag- und Nachtseite dient dem Schutz der indigenen Sasseks. Die Metropolen auf dem Planeten wurden von den Raumfahrern errichtet, die ›magischen Effekte‹ erklären sich durch Schutzschirme, holografische Datenbankschnittstellen, etc. Nano-Roboter, die den menschlichen Körper optimieren, verleihen den Guardistas ihre Fähigkeiten. Das Wissen um diese Technologien ging ebenso verloren wie die Hoffnung der Raumfahrer, dass die beiden Spezies zu einer friedlichen Koexistenz fänden.

Bisola kreist um eine Doppelsonne. Die Planetenbahn führt zwischen beiden Sonnen hindurch. Bei Ankunft der Raumfahrer umrundete der Planet noch die blaue Sonne. Die Krienos, deren Lebenszyklus das blaue Licht braucht, hatten die Sasseks beinahe ausgelöscht. Die Menschen halfen den Sasseks, wollten aber die Krienos nicht vernichten, weil auch diese eine indigene Intelligenz sind. Als die gelbe Sonne die blaue Sonne verdeckte, legten die Krienos ihre Eier in Pflanzen, die sich tief in die Erde bohrten und dort auf die Rückkehr des blauen Lichts warteten. Die Planetenbahn führte Bisola aber zunächst weit hinaus ins All – eine 700 Jahre andauernde Reise. Dabei wurde das gelbe Licht sehr schwach. Die kaltblütigen Sasseks erlebten eine harte Zeit, in der ihnen von den Menschen geholfen wurde.

Bei der Flucht vor den Kämpfen muss Nata zurückgelassen werden, weil sie sich einen Fuß bricht. Sie bittet Remon, gemeinsam mit Ssarronn die ›Geister‹ zu überzeugen, dass sie ihnen mit welchen Waffen auch immer gegen die Krienos helfen, sonst werden die Spinnenartigen alles Leben auf dem Planeten auslöschen – auch ihre Tochter Enna.

Ssarronn kann seine Häutung nicht länger aufschieben. Bei diesem Ereignis ist ein Sassek so verletzlich wie eine menschliche Frau bei einer Geburt. Er kann Remon nicht länger begleiten, als die Goraja sie einholt. Er überzeugt die Goraja aber mit einer ergreifenden Rede, zumindest die Beweise zu sichten, bevor sie Remon töten.

So gelangt Remon in Begleitung eines feindseligen Sassek in einen Raum, in dem sie die Geister rufen. Getrennt voneinander werden sie befragt, ob sie Waffen wollen, mit denen sie die jeweils andere Spezies komplett vernichten könnten. Beide entschließen sich dagegen und dafür, gemeinsam in die Zukunft Bisolas zu gehen.

Nach diesem Bekenntnis öffnet das den Planeten durchziehende Geflecht Tunnel zwischen vielen Zufluchten. Wenn sie gemeinsam von einem Sassek und einem Menschen bedient werden, bieten nun zuvor nutzlose Artefakte Schutz vor den Krienos – bei Nacht und bei Tag.

Elysior ist nicht zu halten, es wird unter dem Ansturm der Spinnenartigen begraben. Die Goraja bringt möglichst viele Sasseks in die neu geöffneten Fluchttunnel. Remon rettet Nata aus höchster Gefahr.

Epilog: Nata und Remon erreichen mit knapper Not eine Zuflucht auf der jetzt vollständig blauen Planetenseite. Ein Schutzschirm schließt sich hinter ihnen und hält die anbrandenden Krienos zurück. Nata und Remon bringen eine dritte Person mit sich in die Sicherheit: ihre Tochter Enna.

›Grauwacht‹ ist Fantasy mit SF-Background analog McCaffreys ›Pern‹-Reihe. Das Rätsel um den Planeten liefert den roten Faden, der eine actionreiche Handlung zusammenhält.

Bernhard Stäber (Robin Gates)
((Kontaktdaten))
Exposé
Runlandsaga
Band 1: *Sturm der Serephin*

Genre: High Fantasy
Umfang: 507 Normseiten

Die Erzählung beginnt in Andostaan, einer Hafenstadt im Norden Runlands. Spielende Kinder finden am Strand einen bewusstlosen Fremden. Er wird zu der Heilerin Thaja und ihrem Mann, einem Magier namens Margon, gebracht. Die beiden sind vor einiger Zeit aus dem Süden in diese Gegend gekommen und leben nun mit Erlaubnis des Ältestenrates in der alten Festung Carn Taar nahe der Stadt.

Margon erkennt den Unbekannten wieder. Es ist Arcad aus dem Volk der Endarin, die von den Menschen »Elfen« genannt werden. Die Endarin lebten schon lange in Runland, bevor die Urahnen der Menschen aus ihrer eigenen, dem Untergang geweihten Welt durch ein magisches Portal hierher flohen. Seit ihrer Ankunft haben sich die Menschen stark vermehrt und die ursprünglich in Runland beheimateten Rassen wie die der Endarin oder der Zwerge in unzugängliche Waldgebiete und Gebirgsgegenden zurückgedrängt.

Als Arcad sein Bewusstsein wiedererlangt, erinnert auch er sich an den Magier. Vor vielen Jahren, als Margon noch ein durch die Lande ziehender Harfenspieler war, hatte der Endar ihm eine seiner berühmten magischen Harfen geschenkt. Er weigert sich aber, Margon und Thaja zu erzählen, wie es ihn an den Strand verschlug und was er in Andostaan will.

Am selben Abend wird Temeth, einer der Jungen, die den Elfen am Strand fanden, von mehreren Männern entführt. In einer verlassenen Lagerhalle wollen sie von dem Kind Einzelheiten über Arcad in Erfahrung bringen, vor allem seinen Aufenthaltsort. Ein junger Mann namens Enris beobachtet die Unbekannten heimlich. Es gelingt ihm, sie abzulenken und Temeth aus ihrer Gewalt zu befreien.

Enris ist erst vor einigen Monaten in Andostaan angekommen. Er ist der Sohn eines Fellhändlers. Im jugendlichen Überschwang hatte er vorgehabt, in der Fremde sein Glück zu machen, doch sein Geld war ihm schnell ausgegangen. Nun arbeitet er im Hafen der Stadt und fühlt sich dabei wie gestrandet. Erst vor kurzem hatte er Margon kennengelernt. Der alte Magier übt eine starke Faszination auf ihn aus. Nach Temeths Befreiung macht Enris sich auf den Weg in die Festung, um Margon und Thaja zu berichten, dass eine Gruppe von Fremden hinter ihrem Gast her sei.

Der Magier, die Heilerin und der junge Mann ertappen Arcad dabei, wie er in den Höhlen unterhalb der Festung ein geheimnisvolles Tor untersucht, das von tödlichen Fallen gesichert wird. Wohin es führt, wissen sie selbst nicht zu sagen. Sie fordern ihn auf, endlich mit offenen Karten zu spielen, doch bevor der Endar ihnen mehr erzählen kann, werden sie von einem Unbekannten unterbrochen, der sich mit Gewalt Zutritt zur Festung verschafft hat. Es ist ein Mann namens Ranár, der Auftraggeber der Männer, die auch Temeth entführt hatten. Ranár zwingt die Anwesenden dazu, ihn in die Höhlen zu führen. Das geheimnisvolle Tor ist, wie nun enthüllt wird, ein magisches Portal. Arcad, der wusste, dass er verfolgt wurde, hatte vor, mit dessen Hilfe die Welt der Dunkelelfen zu finden. Diese sind entfernte Verwandte der Endarin, die Runland schon vor langer Zeit verlassen hatten. Ranár lässt Arcad das Tor öffnen und tritt mit seinen Geiseln hindurch.

Im Inneren des magischen Portals erfahren Margon, Thaja und Enris endlich mehr über die Pläne ihres Entführers. Ranár ist ein Serephin im Körper eines Menschen. Die Serephin gehören zu einer uralten Rasse von mächtigen Wesen in Drachengestalt, die in der Dämmerung der Zeit noch von den Göttern des Chaos und der Ordnung selbst erschaffen wurden. Jene Götter bekämpften sich in einem gewaltigen Krieg, bei dem die Herren der Ordnung schließlich die Oberhand gewannen und die Götter des Chaos in die Leere zwischen den Welten verbannten. Seitdem kämpft unter den Serephin eine kleine Gruppe von Rebellen dafür, die verbannten Chaosgötter in die Welten der Schöpfung zurückzubringen, um das alte Gleichgewicht zwischen Chaos und Ordnung wiederherzustellen, das vor dem großen Krieg der Mächte gegeneinander bestand.

Ranárs Entführte erfahren zu ihrem Erstaunen, dass die Rasse der Menschen selbst ein Teil dieses Planes ist. Die Menschen wurden von den Serephin aus dem Blut des mächtigsten Kriegers in den Reihen des Chaos erschaffen. Eines fernen Tages, wenn sie dafür bereit wären, würden sie der Schlüssel für die Wiederkehr der verbannten Herren des Chaos sein. Seitdem wachen die Rebellen unter den Serephin über die Menschen, und die Endarin, die Elfen Runlands, sind ihre Nachkommen.

Doch Ranár gehört zu jenen Serephin, die treu den Herren der Ordnung ergeben sind. Nun, da er Arcad gezwungen hat, das magische Portal zu öffnen, ist er auch in der Lage, weitere Krieger aus seinem Volk nach Runland zu bringen. Die Serephin suchen schon lange nach den Menschen, um sie völlig zu vernichten und damit zu verhindern, dass diese jemals ein Schlüssel für die Wiederkehr der Chaosgötter sein können. Es gelingt Enris, Arcad und den beiden Kindern, aus Ranárs Gewalt zu entkommen, doch Margon und Thaja, die ihnen den Rücken decken, finden dabei den Tod.

Wieder zurück in Andostaan versucht Arcad die Einwohner der Stadt vor der drohenden Invasion der Serephin zu warnen, doch er wird von ihnen nicht ernst genommen. Die erste Reihe der Angreifer, die Ranár durch das Portal gebracht hat, umstellt die Halle des Rates, in der sich die meisten Bewohner Andostaans versammelt hatten, und setzt sie in Brand. Nur wenigen gelingt es, sich in dem Sturm auf die Stadt bis zum Hafen zu retten. Enris und Arcad fliehen zusammen mit den beiden Jungen und einigen anderen auf einem Schiff aus dem Hafen.

Viele Meilen von den Flüchtlingen entfernt hat sich währenddessen eine junge Frau namens Neria auf den Weg zu ihnen gemacht. Sie gehört zu einem Volk von Jägern und einfachen Bauern, die tief im Roten Wald leben und in der Lage sind, während des Vollmonds Wolfsgestalt anzunehmen. Der Tierwächter ihres Stammes, der Weiße Wolf, warnte sie in einer Vision vor der drohenden Zerstörung ihrer Welt, und trug ihr auf, ihr Dorf zu verlassen und »die anderen« zu suchen, jene, die ebenfalls um die Gefahr für Runland wüssten. Zusammen sollten sie sich gegen die Dunkelheit stellen, die bald über die Welt hereinbrechen würde.

Es fällt Neria nicht leicht, ihrem Zuhause den Rücken zu kehren. Seit sie zurückdenken kann, wurde ihr Volk von den gewöhnlichen Menschen als Ungeheuer betrachtet und verfolgt. Dennoch begibt sie sich auf die Reise ins Unbekannte.

Auf ihrem Weg zum westlichen Rand des Roten Waldes und der dahinterliegenden Küste, wo Neria diejenigen vermutet, von denen der Weiße Wolf gesprochen hat, gerät sie in die Gewalt eines Walddämons, der sie ins Innere eines Hügelgrabes verschleppt. Mit Hilfe einer fremden Frau gelingt es Neria, den Walddämon zu bekämpfen und zu töten. Diese Frau, die sich als Hexe herausstellt, nimmt die von dem Kampf geschwächte junge Frau mit in ihre Behausung.

Währenddessen sind weitere Serephin durch das Portal unterhalb der Meeresburg nach Runland gekommen. Zwei von ihnen gehören dem »Orden der Flamme« an, der in einer Serephinstadt ansässig ist. Sie heißen Alcarasán und Jahanila. Es ist ihr Auftrag, den Angriff der Serephin auf Runland, der von einem weiteren Serephinorden, dem »Kreis der Stürme«, ausgeführt wird, zu überwachen. Alcarasáns eigener Vater gehörte zu den Rebellen, die einst die Menschen erschufen und seitdem beschützen. Er floh schon vor langer Zeit aus der Welt der Serephin. Alcarasán weiß nicht, was aus seinem Vater geworden ist. Er macht ihn dafür verantwortlich, dass seine Familie seit dessen Flucht misstrauisch beäugt wird und dass seine Schwester von Zuhause fortlief, weil sie es nicht mehr aushielt, als Tochter eines Verräters bezeichnet zu werden. Umso stärker steht Alcarasán nun auf der Seite der Mächte der Ordnung. Von Ranár erfährt er, wie der Kreis der Stürme plant, die Menschen zu vernichten. Als die Menschen nach Runland kamen, erschufen die Endarin vier Wächterwesen in der Form von Drachen. Gemeinsam bildeten diese Geistwesen einen magischen Schutzwall, der es den Serephin bisher unmöglich machte, von außen nach Runland vorzudringen. Nur Ranár selbst, dessen Geist den Körper eines Menschen übernahm, war dies gelungen, indem er das Portal von Runland aus öffnete. Mit der Unterstützung jener Serephin, die durch das Portal unter der Meeresburg zu ihm kamen, spürte er das Erste der vier Wächterwesen auf, den Drachen der Luft. Nacheinander will er jedes dieser Wesen töten, um die dann schutzlose Welt von Runland mit dem Angriff eines Serephinheeres von außen in Trümmer zu stürzen.

Die Flüchtenden aus Andostaan geraten ungewollt in den Kampf der Serephin gegen den Luftdrachen hinein. Suvare, die Eignerin des Schiffes, mit dem Arcad und Enris aus Andostaan entkamen, geht eine Tagesreise von der zerstörten Stadt entfernt an den Weißen Klippen vor Anker. Dort werden Temeths Eltern bestattet, die bei der Flucht aus dem Hafen umkamen. Obwohl Enris Temeth das Leben gerettet hat, ist der Junge wütend auf ihn. Er macht ihn dafür verantwortlich, dass seine Eltern bei dem Versuch, den jungen Mann an Bord des Schiffes zu holen, sterben mussten. Noch bevor die beiden sich aussprechen können, werden die Flüchtlinge von Piraten angegriffen, die in einer benachbarten Bucht auf sie lauerten.

Plötzlich wird die Auseinandersetzung am Strand von einem gewaltigen Erdbeben unterbrochen. Die Weißen Klippen waren das Lager des Wächterdrachens der Luft, der von den Serephin angegriffen wird. Für die Flüchtlinge aus Andostaan erscheint dieser Kampf wie ein ungeheurer Wirbelsturm, der am Ufer entlang fegt und alles zerstört, was sich ihm in den Weg stellt. Panik bricht aus. Die Piraten wie auch die Flüchtlinge versuchen, sich in Sicherheit zu bringen. Im letzten Moment, bevor das Schiff von dem Wirbel erfasst wird, gelingt es Arcad, die Magie seiner schwarzen Harfe, die er einst Margon schenkte, zu erwecken. Ihr Zauber schützt das Schiff und die Flüchtlinge vor der zerstörerischen Gewalt der miteinander kämpfenden Geistwesen. Die Anstrengung jedoch, die für diesen magischen Schutz nötig war, geht über Arcads Kräfte.

Als Neria einige Tage später, geleitet vom Urahnen ihres Stammes, endlich auf Enris und die restlichen Flüchtlinge trifft, liegt Arcad im Sterben. Die Serephin haben den Ersten der vier Wächtergeister Runlands besiegt. Arcad sagt seinen Kameraden und der neu dazu gekommenen Neria, dass sie alle eine »Schicksalsgemeinschaft« seien, ein Ausdruck aus der Elfensprache namens *Dehajár*, der eine Gruppe bezeichnet, die zusammen geführt wurde, um eine bestimmte Aufgabe zu erfüllen. Ihre Aufgabe sei es, die Serephin aufzuhalten und zu verhindern, dass sie Runland zerstörten. Bevor ihn der Tod ereilt, rät er ihnen, seinem ursprünglichen Plan zu folgen und die Dunkelelfen zu suchen, um ihre Hilfe zu erbitten. Angeblich sei irgendwo auf den verlassenen Inseln vor der Nordostküste ein weiteres Portal verborgen, das sie vielleicht zu ihnen bringen könnte. Enris will fortführen, was Arcad begonnen hat, damit all das Leid, das er erleben musste, nicht umsonst war. Er beschließt, dem Rat des Elfen zu folgen. Suvare, die dem toten Endar dafür dankbar ist, dass er mit seinem Zauber ihr Schiff und ihre Mannschaft gerettet hat, schließt sich dem Plan des jungen Mannes an.

Mit dieser momentanen Atempause endet der erste Band der »Runlandsaga«. Die Protagonisten der Erzählung haben sich gefunden. Die »Schicksalsgemeinschaft«, von der Arcad sprach, ist scheinbar vollständig, doch noch warten viele Gefahren auf sie, und die Serephin in Carn Taar sammeln weiter ihre Kräfte, um die drei verbleibenden Wächterwesen dieser Welt zu töten und Runland zu vernichten.

KURZEXPOSÉ

für den Roman
Prinzessin der Nacht
(Kinderbuch ab 10) von Thomas Endl
((Kontaktdaten))

Mozart und Schikaneder haben in ihrer »Zauberflöte« die Königin der Nacht in ewige Finsternis gestürzt und die Weisheitslehre der Eingeweihten im Sonnenreich gepriesen. Aber sie haben nicht an die Folgen gedacht.

Viele Generationen nach der dramatischen Scheidung von Tag und Nacht durch Sarastro ist das Sonnenreich Solterra zu einem Land geworden, in dem nur der Geist zählt. Niemand wird schlecht behandelt in Solterra, da Gerechtigkeit zu einem reibungslosen Zusammenleben führt, aber Gefühle gelten nicht viel. Solterranische Kunstwerke drücken Vernunft und Harmonie aus, und Spielzeuge sind immer so konstruiert, dass man etwas damit lernen kann. Doch in diesem wohldurchdachten Reich sterben die Menschen in immer jüngeren Jahren und die Kräfte der Natur erlahmen. Nur die Sonne scheint unentwegt und verdörrt das Land.

Dabei ist die Nacht nicht völlig verschwunden. Sie existiert als eigenes Reich Moxó. Dort, wo allein Gefühle regieren und dementsprechend oft Chaos herrscht, harrt die Königin der Nacht seit Ewigkeiten auf Erlösung. Sie weiß, dass nur *ein* Mensch ihr Erbe antreten kann: die 12-jährige Skaia. Das »Wandeltier« Lunetta lockt das Mädchen auf gefährlichen Wegen durch Solterra und Moxó. Skaia trifft seltsame Gestalten wie den Theaterdirektor »Papa«, der clowneske Vogelmenschen ausbrütet, und den unverschämten, aber genialen »Kapellmeister«. Und sie gewinnt Freunde wie den tölpelhaften, aber lieben Jungen Mikolo.

Doch nach und nach bemerkt Skaia: nicht nur die Königin der Nacht ist hinter ihr her, sondern auch die Herrscher des Sonnenreichs und der bitterböse Spaßvogel Horrlekin. Um alles in der Welt wollen sie verhindern, dass Skaia ihre eigentliche Aufgabe erkennt und löst: die beiden Reiche von Sonne und Mond, von Erkenntnis und Gefühl, endlich wieder zu vereinigen. Doch sie scheitern, und Skaia vollbringt, was kaum jemand ihr zugetraut hat.

PRINZESSIN
DER NACHT
THOMAS
ENDL
ROMAN

HEYNE
DIE
CHRISTOPH
HARDEBUSCH
TROLLE
ROMAN

Welche Perspektive eignet sich am besten?

Die häufigsten Perspektiven in der Fantasy

Viele Fantasyromane sind in der **Dritten Person** geschrieben, es gibt also einen Erzähler, der aus seiner Sicht berichtet, was geschieht. So wie in *Die Trolle* von Christoph Hardebusch:

> Zäh verstrichen die Augenblicke, während Şten sich zwang, ruhig zu atmen, und wieder nach dem Stein griff. Zumindest würde er nicht kampflos untergehen, auch wenn ein Stein nicht gerade eine zuverlässige Waffe darstellte. Schließlich verschwand auch der letzte Lichtschein vom Eingang der Kaverne und Şten fand sich in völliger Dunkelheit wieder. Unbewusst spannte er die Muskeln an, da er mit einem Angriff rechnete. Stattdessen hörte er einen lauten und langen Fluch aus der Richtung der tot daliegenden Trolle: »Verfluchte Zwergenscheiße! Ich habe euch gesagt, dass wir zu nah am Eingang sind!«
>
> Verwirrt spähte Şten zu den Trollen hinüber, deren Stöhnen und Fluchen ihm sagte, dass er zu früh von ihrem plötzlichen Ableben ausgegangen war.

In mehreren weiteren Perspektiven (Parallelhandlungen) erfahren wir, was anderen Figuren in dieser Welt wiederfährt, bis die Handlungsfäden allmählich verschmelzen. Das ist auch der Grund, warum sich die Dritte Person so gut für Fantasy eignet – damit ist es gar kein Problem, verschiedene Figuren zu Wort kommen zu lassen und Szenen aus ihrer Sicht zu schildern. So bekommt man ein komplexes Panorama der Welt und kann die Handlung sehr vielschichtig anlegen.

Meist schreibt man in der Dritten Person so, dass der Haupterzähler nur das weiß, was in seinem eigenen Kopf vorgeht. Gedanken, die ihm durch den Kopf gehen, kann man entweder berichten (wie hier im größten Teil des Textes) oder sozusagen »live« wiedergeben:

Im Imperium vielleicht, aber bei uns sind es mehr als zwei Dutzend, dachte Şten, doch er schwieg, denn er sah, wie die Trolle die Stirnen in Falten gelegt hatten.

Solche Live-Gedanken wirken in Ich-Form und in Gegenwart am glaubwürdigsten. Sie sind für die Leser leicht zu erkennen, wenn man sie kursiv setzt.

TIPP: *Gehen Sie ganz nah an Ihre Hauptfiguren heran, nennen Sie sie beim Namen! In dem Moment, wo Sie »das junge Mädchen«, »der Krieger« oder »die 20-jährige« schreiben, betrachten Sie Ihre Figur von außen (denn niemand würde sich ja selbst ›der Krieger‹ nennen ...).*

Sie können in einer einzigen Szene auch mehrere verschiedene Sichtweisen einbringen. In seinem berühmten Roman *Dune – Der Wüstenplanet* schildert Frank Herbert beispielsweise ein formelles Dinner und begibt sich dabei auf einen Streifzug durch die Köpfe der Teilnehmer. Man erfährt bei einem nach dem anderen, was er/sie denkt, wie er/sie Gesagtes interpretiert und dabei ist, Intrigen zu spinnen. Natürlich hätte er dieses Dinner auch aus der Perspektive seiner Hauptfigur Paul Atreides schildern können, aber so ist es noch faszinierender, weil der Leser mehr weiß als Paul und um ihn und seine Familie fürchten muss.

TIPP: *Ganz kurze **Perspektivwechsel** verwirren und irritieren den Leser eher. Besser, Sie erzählen mindestens eine halbe Seite lang aus einer Perspektive, bevor Sie wieder wechseln.*

Eine solche übergeordnete Sichtweise nennt man den **»allwissenden oder auktorialen Erzähler«**. Er hat den großen Überblick, wenn er auch unsichtbar bleibt. Er kann wie eine Art Gott jedermanns Gedanken lesen, in alle Köpfe hineinblicken. Was inzwischen nicht mehr so üblich ist – der Erzähler kann dem Leser auch zwischendurch Kommentare zukommenlassen, die von keiner Person in der Geschichte stammen. Diese Form hat Oliver Plaschka in seinem Fantasyepos *Das Licht hinter den Wolken* gewählt.

> Keine Geschichte beginnt ohne das, was zuvor passiert ist. Länder haben ihre Legenden, Völker ihre Mythen und Männer und Frauen ihre Erinnerung, die sie erst zu dem macht, was sie sind – und manchmal daran hindert, die zu werden, die sie sein wollen.
>
> Für April beginnt die Geschichte an einem Wintertag. Schneeflocken treiben durch die kristallklare Luft, wie Kirschblüten im Frühjahr. April, fast sieben und wie immer allein, rennt in ihrem Wollmantel über die alte Weide am Dorfrand, spürt Eichhörnchen nach oder malt Figuren in den Schnee. Sie hat nur wenige Freunde, und ihren Vater meidet sie, so gut sie kann. Der plötzliche und unerwartete Wintereinbruch ist eine willkommene Abwechslung.

Es ist klar, hier erzählt nicht April selbst, jemand erzählt etwas *über* sie. Und Plaschkas Erzähler gibt auch später immer wieder seine Kommentare ab: »Aus all diesen Gründen hätte sich April dem Fremden auf der anderen Seite des Zauns vielleicht besser nicht genähert.« Oder »Sie ist ein blasses Kind mit strohblondem Haar und Augen, so hell wie die Steine im Fluss (später werden sie einen warmen Bernsteinton annehmen und ihr Haar die Farbe von Sommerweizen).« Gerade, weil diese Art des Erzählens selten geworden ist, fand ich sie hier reizvoll.

Früher eine Ausnahme in der Fantasy, inzwischen aber gängig, ist die **Ich-Erzählung, auch Erste Person** genannt. Man kommt sich so vor, als säße man im Kopf eines anderen Menschen, man sieht alles durch seine Augen, man weiß nur, was er oder sie weiß. Ein Beispiel aus dem Gestaltwandlerroman *Stadt der Finsternis – Tödliches Bündnis* von Ilona Andrews:

> Ich drehte mich um und sah Hugh an. Er saß auf seinem Thron, den linken Arm angewinkelt, den Ellenbogen auf die Armlehne gestützt, den Kopf auf die Finger seiner Hand gelehnt. Völlig entspannt, na klar.

> Ich hatte diesen Augenblick mein ganzes Leben lang vorhergesehen. Jetzt war er gekommen und ich hatte keine Ahnung, was ich damit anfangen sollte. Wie ein eisiger Fluss breitete sich Beklemmung in mir aus. In meinem Kopf hatte ich mir immer wieder vorgestellt, dass diese Begegnung mit blutigen Schwertern und Hauen und Stechen verbunden war. Das Fehlen des Hauens und Stechens war zutiefst irritierend.

Durch die Ich-Form kann man als Leser ungeheuer schnell in eine Figur hineinschlüpfen, man identifiziert sich mit ihr, man fühlt mit ihr. Wenn man diese Perspektive als Autorin oder Autor zum ersten Mal verwendet, ist es vielleicht zunächst das eigene Ich, das erzählt … doch mit etwas Übung kann man sich in die unterschiedlichsten Figuren und Wesen hineinversetzen. Man kommt seinem Erzähler oder seiner Erzählerin sehr nah auf diese Art. Den *Sucher* zu schreiben (meinen ersten Fantasyroman in Ich-Erzählung) war unheimlich intensiv, ich wurde mit Haut und Haaren in diese Geschichte, in diese Figur – Tjeri ke Vanamee aus der Wasser-Gilde – hineingezogen. Und als ich den letzten Satz geschrieben hatte, dauerte es noch Monate, bis ich wirklich »draußen« war aus dem Roman, bis ich die nächste Hauptfigur in meinen Kopf und mein Herz lassen konnte. Nicht bei allen meinen Romanen in Ich-Erzählung (zum Beispiel *Gepardensommer* oder *Schatten des Dschungels*) ging es mir so, aber manche Figuren haben eine solche Kraft, ein solches Charisma, dass ich mich komplett in sie verliebt habe.

Natürlich hatte ich Lust, eine Fortsetzung des *Suchers* zu schreiben, doch der Plot funktionierte nicht und der Roman kam in etwa so gut vom Boden hoch wie ein Granitblock. Neulich habe ich mal wieder reingeschaut in dieses immerhin 120 Seiten lange Fragment. Mit demselben Resultat – nein, daraus wird leider kein Buch. Manche Zauber wirken nur einmal.

Natürlich hat die Erste Person auch Grenzen. Es ist zwar möglich, andere Perspektiven einzubauen – *Nach dem Sommer* von Maggie Stiefvater zum Beispiel wird von zwei Ich-Erzählern erzählt, Sam und

Grace. Der Kontrast ist reizvoll, weil man beide Seiten der Liebesgeschichte erfährt, die des Jungen und die des Mädchens. Auch drei Ich-Erzähler sind möglich, wenn man jeweils den Namen des Erzählers an den Anfang der Passage setzt. Doch das lässt sich nicht beliebig multiplizieren – irgendwann kann der Leser die Ich-Sichtweisen nicht mehr auseinanderhalten, ganz abgesehen davon, dass man sich vielleicht nicht mit beliebig vielen Erzählern identifizieren mag.

Die Erste Person eignet sich also eher für einen klaren, geradlinigen Plot, der eng mit den Gefühlen und Gedanken Ihrer Hauptfigur verbunden ist. Wenn man einen solchen Plot hat, kann man mit Hilfe dieser Perspektive eine sehr intensive Geschichte erzählen, weil der Leser nicht ständig in neue Situationen und Figuren springen muss, sondern mit der Hauptfigur mitfiebern kann bis zur letzten Seite.

Im Lauf der Zeit hat sich die **Beliebtheit mancher Perspektiven** verschoben und die Rolle von Gut und Böse gleich mit. Fanta-

Kann ich dem trauen? Unzuverlässige Erzähler

Im Krimi und Thriller ist sie gar nicht so selten, in der Fantasy kommt sie bisher nur in Einzelfällen vor – eine erzählende Figur, die uns aufs Glatteis führt. Weil ihre Sicht der Dinge eben nur ihre verzerrte Sicht ist oder sie bewusst verschweigt, was wirklich geschieht oder sie getan hat. Wir als Leser sind normalerweise nicht darauf vorbereitet, wenn uns eine Figur – nicht nur das, sondern eine erzählende Hauptfigur! – anlügt oder womöglich geistesgestört ist. Aber es geht, und Figuren mit Geheimnissen geben immer viel her. Eine zusätzliche Täuschung, ob der Erzähler sich selbst täuscht oder den Leser beziehungsweise Zuschauer, ist da eine gute und überraschende Wendung. In *Der Herr der Tränen* hat mich Hauptfigur und Erzähler Rostigan zum Beispiel komplett aufs Glatteis geführt – als herauskommt, wer er wirklich ist, war ich baff. Dass man erst so spät von seiner Vergangenheit erfährt, liegt daran, dass er sich komplett neu erfunden hat und von sich selbst schon sehr lange als »Rostigan« denkt, er hat sein altes Ich ganz bewusst zurückgelassen.

Es kommt auch vor, dass die Figur selbst nicht über sich Bescheid weiß – ich sag nur *The Sixth Sense*, den Film mit Bruce Willis! Man hätte anhand der kleinen Hinweise kapieren können, was eigentlich vorgeht, aber ich kenne niemanden, der es beim ersten Schauen begriffen hat.

sy-Rezensentin Maren Bonacker erklärt: »Tolkien etwa schreibt noch sehr stark aus der auktorialen Perspektive, als onkelhafter, für den Leser fast (be)greifbarer Erzähler, doch inzwischen geht der Trend meines Erachtens immer mehr zur personalen Erzählweise, die eine starke Innensicht zulässt, die man vorher in der Form nicht gehabt hat. ›Game of Thrones‹ kann als gutes Beispiel dienen – der Text setzt sich aus vielen unterschiedlichen Innensichten zusammen. Das hat auch Folgen für unsere Wahrnehmung: Wir neigen dazu, dem Helden, dessen Weltsicht wir miterleben und nachvollziehen können, positive Attribute zuzuordnen – wir »kennen« ihn eben irgendwie, erleben ihn eher als Freund, denn als Feind. Es fällt uns somit schwerer, düstere Absichten zu erkennen, die er vielleicht hat – wir wollen ihn nicht als böse sehen.«

Komplexe Perspektiven im Griff behalten

Sie haben sich also für verschiedene Perspektiven in der Dritten Person entschieden. Planen könnten Sie zum Beispiel folgende Sichtweisen/Erzähler:

- Die **Hauptfigur** eines Erzählstrangs.
- Eine Begleiterin oder ein **Begleiter der Hauptfigur**, um die Hauptfigur von außen betrachten zu können.
- Die **Hauptfigur** eines **anderen** Erzählstrangs.
- Ein **Feind**, den man bei der Planung seiner finsteren Taten erlebt.
- Eine **Nebenfigur,** die eine **wichtige Mission** zu erfüllen hat.
- Eine **Nebenfigur**, die nur kurz auftritt und ein wichtiges Ereignis oder etwas, das die Hauptfiguren durchführen, miterlebt.
- Ein **Wesen**, dessen Leben von den Taten der Helden beeinflusst wird …

Moment mal, stopp, das sind schon sieben Perspektiven, ist das nicht zu viel? Kommt drauf an. Eine zu hohe Anzahl an erzählenden Figuren kann tatsächlich den Effekt haben, dass der Plot zwischen all diesen Erzählern und Ereignissen zerfasert. Die Handlung ist dann so breit angelegt, dass sie sich zäh und behäbig voranwälzt. Weniger Erzähler können den Plot deutlich schneller voranbringen, weil buchstäblich nicht so viele Leute auf die Bühne drängen und dort ihr Ding machen wollen. Doch im Beispiel oben ist die Anzahl der Perspektiven völlig in Ordnung. Erzähler 4, 5, 6 und 7 werden sicher nur ganz sporadisch zu Wort kommen, Nummer 6 und 7 vielleicht nur ein einziges Mal in einer Funktion als Zeuge. Die vier übrigen Erzähler zu koordinieren ist mit etwas Übung kein Problem. Trotzdem – überlegen Sie sich genau, wie viele Perspektiven, also Parallelhandlungen Sinn machen. Gustav Gaisbauer vom EDFC kennt das Paradox: »Erstautoren legen häufig zu viele Parallelhandlungen an, die den Handlungsfluss beeinträchtigen. Andererseits gibt es viele Leser, die genau eine solche Struktur lieben.«

Die Profi-Kollegen, die ich befragt habe, gehen das Problem unterschiedlich an. »Meiner Meinung nach gibt es für die **Anzahl der Perspektiven** nur eine Regel: Sie muss zur Geschichte passen«, meint Autorin Daniela Knor. »Es gibt Romane, deren Handlung sehr spannend aus einer einzigen Perspektive erzählt werden können, und der Leser ist auf diese Weise sehr nah an dieser einen Figur dran. Andere Geschichten sind dagegen so komplex, dass dem Leser viel entginge, wenn er alles nur aus einer Perspektive erfahren würde. Wenn sich zum Beispiel ein Unheil an verschiedenen Orten zusammenbraut, steigert es die Spannung, wenn man als Leser durch Perspektivenwechsel die Teile wie ein Puzzle zusammensetzen kann. Der Autor muss dann auch nicht von Nebenfiguren berichten lassen, was an den anderen Orten geschieht, sondern der Leser ist selbst ›live‹ dabei. Das sorgt ebenfalls für Spannung und auch für Abwechslung, wenn der Roman viele hundert Seiten lang ist.« Um die Perspektiven im Griff zu behalten, arbeitet Daniela Knor gern mit einer Magnettafel, an der sie Zettel für jede Szene anbringt, sodass sie sie im Überblick sieht und bei Bedarf neu sortieren kann. Außerdem markiert sie farblich, ob es sich um eine Actionszene oder eine eher ruhige handelt, damit sie erkennen kann, ob die Handlung abwechslungsreich genug ist. »Wer mit vielen Perspektiven jongliert, sollte also Spaß am Planen haben«, meint sie.

Achten Sie bei mehreren Perspektiven auf Folgendes:

- Machen Sie deutlich, wer die **Hauptfiguren** des Romans sind.
- Unterbrechen Sie beim Perspektivwechsel keine **Kampfszenen** in der Mitte – das funktioniert nicht, die Spannung trägt nicht über den Wechsel hinweg. Wenn Sie die Kampfszene fortsetzen, hat man sie längst vergessen und muss sich erst mühsam orientieren und wieder »reinkommen«. Dadurch geht die Dynamik verloren.
- Geben Sie jeder einzelnen Parallelhandlung und Sichtweise einen eigenen **Spannungsbogen**, der sich auch gerne direkt vor dem Wechsel zuspitzen kann (Beispiel: die Hauptfigur entdeckt, dass sie in eine Falle gelockt wurde). Ein Meister dieser Konstruktionen ist Tad Williams, der es in seinem monumentalen *Otherland*-Epos geschafft hat, sehr viele Stränge so zu verweben, dass jeder einzelne gut ist. Steht wieder ein Wechsel an, denkt man erst »Mist! Ich hätte zu gerne gewusst, wie das mit denen weitergeht!« Aber man ist innerhalb von Sekunden getröstet, weil nun endlich der andere Strang weitergeht, bei dem man vor ein paar Stunden oder Tagen das gleiche gedacht hat. Und so weiter. Durch die vielen Perspektiven dauert es allerdings lange, bis man wieder zu einer Figur »zurückkehrt«, und man braucht als Autor Erfahrung, einen solchen Romanplot zu managen.
- Die einzelnen Perspektiven sollten sich vom **Ton** her etwas unterscheiden, je nachdem wer erzählt, denn die Menschen und Wesen sind nun mal nicht gleich. In meinem Roman *Floaters – Im Sog des Meeres* hat zum Beispiel Arif eine zwar sehr direkte Sprache, die aber hin und wieder mit einem poetischen Vergleich, oft aus der Natur, gewürzt ist. Man merkt ihm den ehemaligen Fischerjungen an, spürt aber auch seine Fantasie und Intelligenz.

Achtung: Bei vielen Perspektiven müssen Sie besonders gut darauf achten, den **roten Faden** Ihres Romans im Blick zu behalten! Die vielen Perspektiven sind kein Selbstzweck. Jede Szene muss entweder die Handlung voranbringen oder wichtig sein, um die Figur zu charakterisieren (aber das wird hauptsächlich im ersten Drittel der Fall sein). Streichen Sie bei Bedarf, wenn Sie zum Beispiel merken, dass das Erzähltempo zu langsam geraten ist, einen nicht so wichtigen Handlungsstrang oder eine überflüssige Perspektive ganz.

Trudi Canavan kommt in *Die Novizin* übrigens mit vier Perspektiven aus: Neben Sonea, der Hauptfigur, kommen ihr erster Mentor Lord Rothen sowie Dannyl, ein Freund von Lord Rothen hinzu, der im ganzen Land unterwegs ist, um herauszufinden, was der umstrittene Magier Akkarin sich auf seinen Reisen für Wissen angeeignet hat. Die vierte Perspektive ist Administrator Lorlen, der sich Sorgen macht, dass sich sein Freund Akkarin – später der neue Mentor von Sonea – zu einem Schwarzmagier entwickelt hat.

Der Einstieg ... und danach

Es ist soweit. Sie haben eine Idee, kennen Ihre Figuren und Ihre Welt, wissen zumindest ungefähr, was in Ihrem Buch passieren soll ... und können sich endlich kopfüber in den Text stürzen. Wenn nur diese fiesen Gedanken nicht wären. *Der Anfang muss gut werden! Lektoren lesen nur den Anfang! Leser in der Buchhandlung auch! Der Anfang muss einen ins Buch reinziehen! Jetzt bloß keinen Mist bauen!*

Schon völlig verkrampft? Verständlich. Ich weiß, dass viele Autoren und Autorinnen – auch Profis – mit solchen Erwartungen kämpfen, die zu lähmenden Zweifeln werden können. Das beste Rezept ist, einfach drauflos zu schreiben, aus dem Bauch heraus. Ich selbst schreibe das erste Kapitel ganz spontan hin und sage mir dabei: Kannst du später immer noch überarbeiten. Mache ich dann auch. Wenn das Manuskript fertig ist, werfe ich den Anfang oft weg und schreibe ihn neu. Weil ich inzwischen längst warmgeschrieben bin, die Figuren viel besser kenne und mich der Roman seit Monaten begleitet, sodass sich wie von selbst neue Ideen dazu angesammelt haben. Jetzt fallen mir die ersten Seiten leicht. Es kann sein, dass ich sie nochmal wegwerfe, nämlich dann, wenn sie bei den Testlesern durchfallen. Dann heißt es Zähne zusammenbeißen und noch eine Variante schreiben.

Ihr Auftrag für den Anfang lautet nur, den richtigen Ton für Ihren Roman zu finden und so weit einzutauchen, dass Sie sich in Ihrer Welt und mit Ihren Figuren wohl fühlen. Schließlich begegnen Sie beiden zum ersten Mal. Zerbrechen Sie sich nicht den Kopf, ob das alles gut ist oder wird. Dafür ist später noch genug Zeit.

So sieht es auch Jenny-Mai Nuyen. »Ich schreibe oft mehrere Anfänge, setze immer noch einen Prolog davor und dann noch einen und noch einen, bis ich alle wieder verwerfe oder andernorts einbaue«, erzählt sie. »Der Anfang ist für mich etwas sehr Widersprüchliches: Ich versuche dabei eine Geschichte zu erspüren, die es noch gar nicht gibt. Das ist vergleichbar mit Verliebtheit, die sich auf einen Menschen bezieht, den man noch nicht intim kennt. Die Hoffnungen müssen sich erst noch bewahrheiten. Mein Ratschlag wäre, dass man zu Beginn die richtigen Fragen an seine Geschichte stellt (und beantwortet) und sich dabei vor allem nicht zu sehr von seinen Hoffnungen unter Druck setzen lässt.«

Eine gründliche Planung scheint im ersten Moment ein Hindernis zu sein, wenn man mit dem Schreiben beginnt. Ich hatte die Weltenerschaffung für *Nachtlilien* sehr ernst genommen, meine Planungsdatei zum Stichwort »Kulturen« bestand aus 43 eng beschriebenen Seiten. Da steckte richtig viel Fantasieschmalz drin. Als ich all diese Details vor Beginn des Schreibens durchscrollte, dachte ich eingeschüchtert: »Das kann ich mir nie im Leben alles merken, wie soll das denn funktionieren?« Doch dann passierte etwas Wunderbares. Ich fing an zu schreiben und innerhalb von wenigen Seiten war diese Welt lebendig. All diese trockenen Fakten kamen zusammen und wurden zu einem stimmigen Ganzen, einer Umgebung, in der ich mich ganz selbstverständlich bewegte ohne sozusagen ständig in den Reiseführer blicken zu müssen. Hin und wieder schaute ich irgendein Detail nach, deshalb hatte ich sowohl die Planungs- als auch die Figurendatei ständig als Fenster geöffnet, aber ich fühlte mich wohl. Neue Ideen, tausend Kleinigkeiten für meine Welt, flogen mir zu und wurden sofort eingebaut. Ich kann Ihnen nur wünschen, dass es Ihnen genauso geht.

Gelungene und weniger gelungene Romananfänge

»Mit einem Erdbeben anfangen und dann langsam steigern, hat Henri Nannen – lange Chefredakteur des *Stern* – mal gesagt. Und was für Journalismus gilt, funktioniert auch für Romane«, meint Holger Kappel, Teamleiter Fantasy bei Blanvalet. »Nicht langsam aufbauen, sondern ranklotzen. Auf den ersten zehn Seiten ist es nicht nötig, Charaktere oder die Welt vorzustellen. Da ist es nötig, den Leser dafür zu begeistern, weiterlesen zu wollen. Das muss wohlgemerkt nicht bedeuten: Action! Aber Handlung. Ich glaube ein Einstieg, in dem man fünfzig Seiten über Hobbits erzählt, verhindert den Erfolg eines Buches (offensichtlich) nicht. Aber er fördert ihn auch nicht.«

Wenn man in Fantasyromanen stöbert, findet man die verschiedensten Anfänge – und ja, auch das eine oder andere literarische Erdbeben – , aber eins haben sie oft gemeinsam: Häufig wird an ihrem Anfang eine **Prophezeiung** zitiert, alternativ ein Auszug aus einem alten Pakt oder etwas Ähnliches. Ein origineller Dreh ist so etwas natürlich nicht, doch ist die Prophezeiung für den Roman wichtig, dann macht es Sinn, sie am Anfang einmal ganz zu bringen. Aber bitte nicht über mehrere Seiten, denn viele Leser überfliegen solche Texte ohnehin nur, weil sie mit ihnen (noch) nicht viel anfangen können. Einen ganz anderen Einstieg hat Walter Moers für seine *Stadt der Träumenden Bücher* gewählt.

> Hier fängt die Geschichte an. Sie erzählt, wie ich in den Besitz des Blutigen Buches kam und das Orm erwarb. Es ist keine Geschichte für Leute mit dünner Haut und schwachen Nerven – welchen ich auch gleich empfehlen möchte, dieses Buch wieder zurück auf den Stapel zu legen und sich in die Kinderbuch-Abteilung zu verkrümeln. Husch, husch, verschwindet, ihr Kamillenteetrinker und Heulsusen, ihr Waschlappen und Schmiegehäschen, hier handelt es sich um eine Geschichte über einen Ort, an dem das Lesen noch ein echtes Abenteuer ist! (…) Ja, ich rede von einem Ort, wo einen das Lesen in den Wahnsinn treiben kann. Wo Bücher verletzen, vergiften, ja sogar töten können. Nur wer wirklich bereit ist, für die

Lektüre dieses Buches derartige Risiken in Kauf zu nehmen, wer bereit ist, sein Leben aufs Spiel zu setzen, um an meiner Geschichte teilzuhaben, der sollte mir zum nächsten Absatz folgen.

Jetzt ist es natürlich Ehrensache, weiterzulesen …

Es ist besonders in der High und Dark Fantasy beliebt, **fiktive Zitate**, Textauszüge etc. an die Anfänge von Kapiteln zu stellen. Das ist manchmal informativ und erzeugt das Gefühl, es mit einer echten Kultur mit einer langen Geschichte und eigenen Literatur zu tun zu haben. Manchmal sind diese Zitate aber auch so dröge, dass sie einem absolut nichts bringen (in Markus Heitz' *Legenden der Albae* zum Beispiel habe ich sie fast immer übersprungen). Wenn Sie also Zitate einbauen wollen, dann nutzen Sie sie bitte, um wirklich interessantes, lesenswertes Hintergrundwissen zu vermitteln, gerne auch mit einem Augenzwinkern.

Eine originelle Legende hat Bernhard Hennen in *Die Elfen* eingearbeitet, aber nicht etwa am Anfang, sondern auf Seite 187. Nachdem wir aus Elfensicht erfahren haben, was wirklich passiert ist, ist nun abgedruckt, was einheimische Märchenerzähler aus dem ganzen Vorfall gemacht haben (»Die Saga von Mandred Torgridson«). Kleiner Auszug:

> Da fragte Svanlaib den mächtigen Mandred, was geschehen sei. Und Mandred brachte dem Befreier Kunde von dem Tod des Mannes, der ein Eber war. Und er dankte ihm, dass er durch Luths Kraft das Eis des Ebers gebrochen habe. Von den Elfen sagte er, dass sie ihm geholfen hätten. Ihre Namen waren Faredred und Nuredred. Sie waren Brüder und Elfenfürsten, die Mandred zu Diensten waren.

In Wirklichkeit war es natürlich ein klitzekleines bisschen anders, und nicht nur, weil die beiden Elfen Farodin und Nuramon hießen und keineswegs jemandem zu Diensten waren. Kurz, die Legende ist witzig, weil man weiß, was wirklich passiert ist. An den Anfang gestellt wäre die Legende dagegen völlig uninteressant gewesen.

Ehrensache sind natürlich bei solchen Zitaten die genauen Quellennachweise, in diesem Fall lautet er: *Nach der Erzählung des Skalden Hrolaug, Band 2 der Tempelbibliothek zu Firnstayn, S. 16 bis 18.* Sehen Sie auch den dicken, leicht vergilbten Wälzer mit Ledereinband vor sich?

Zurück zum Anfang. Viele Autoren greifen zu einem **Prolog**, um etwas zu schildern, was aus ihrer Sicht wichtig ist, aber als Szene nicht in die eigentliche Geschichte passt. Zum Beispiel, was für bedeutsame Dinge in alter Zeit passiert sind oder was an einem anderen Ort geschieht und Bedeutung für die Hauptfiguren hat, ohne dass sie etwas davon ahnen. Das funktioniert oft nicht besonders gut, weil man solche isolierten Szenen sehr schnell vergisst. Wichtige Informationen und geheimnisvolle Andeutungen sind in einem Prolog fast immer verschwendet (und nur ganz selten blättert jemand am Schluss zurück, um den Prolog noch einmal zu lesen und ihn diesmal zu begreifen). Aber es gibt auch Fälle, in denen der Prolog tatsächlich funktioniert. Patrick Rothfuss nutzt ihn in *Der Name des Windes*, um uns neugierig auf seine Hauptfigur zu machen und ganz nebenbei den Ort der Rahmenhandlung einzuführen.

> Es war wieder Abend geworden. Das Wirtshaus zum Wegstein lag in Stille und es war eine dreistimmige Stille.
>
> Der vernehmlichste Teil dieser Stille war dumpf und lastend und verdankte sich dem, was fehlte. Hätte ein Wind geweht, so hätte er in den Bäumen geseufzt, hätte das Wirtshausschild quietschend zum Schaukeln gebracht und die Stille wie trudelndes Herbstlaub die Straße hinabgeweht. (…)
>
> Die dritte Stille war weit weniger vernehmlich. Hätte man eine Stunde lang gelauscht, so hätte man vielleicht begonnen, sie im Dielenboden des Raumes oder in den Holzfässern hinterm Tresen zu erahnen. Sie lag in der steinernen Masse des schwarzen Kamins, der noch die Wärme eines erloschenen Feuers barg. (…) Und sie lag in den Händen des Mannes, der dort stand und eine Mahagonifläche polierte, die bereits im Lampenschein glänzte. Der Mann

> hatte leuchtend-, ja flammend rotes Haar. Seine Augen blickten dunkel und abwesend, und er bewegte sich mit einer Sicherheit, die sich aus vielfältigem Wissen speiste.
>
> Das Wirtshaus gehörte ihm, wie ihm auch die dritte Stille gehörte. Und das war nur recht und billig so, denn sie war die größte der dreifachen Stille und schloss die anderen ein. Sie war so tief und so weit wie der Spätherbst. Sie wog so schwer wie ein großer, vom Fluss glatt geschliffener Stein. Es war der geduldige, blumensichelnde Laut eines Mannes, der darauf wartet zu sterben.[9]

Die eigentliche Handlung wird in der Ersten Person erzählt, in Form von langen Rückblenden. Beide Stränge haben ihre eigene Faszination, denn in der Rahmenhandlung erleben wir den Ich-Erzähler von außen. Wir kennen und mögen ihn aus seinem eigenen Bericht und erleben, wie er auf andere wirkt.

Einen dramaturgisch gelungenen Prolog hat Danielas Knors *Nachtreiter*. Die Zeit- und Ortsangabe lautet »Sarmyn, vor Beginn der Zeitrechnung«. Ein entscheidendes Treffen zwischen zwei Herrschern steht an, wir erleben es aus der Sicht der ziemlich angespannten Leibwächterin Haduri mit. Wir sind ganz klar auf der Seite des Herrschers, dem sie dient, denn Daniela Knor schafft es, ihn in wenigen Zeilen sympathisch zu machen:

> Ihr Blick fiel auf ihren Herrn, der – umgeben von einer Handvoll Ratgebern – auf einem schlichten Schemel im Schatten saß. Seine grün-weiße Robe verschmolz beinahe mit dem Spiel des Sonnenlichts im Laub. Selbst im Sitzen kam Diuramans schlanke, hochgewachsene Gestalt noch zur Geltung. Etwas Zerbrechliches haftete ihm an, das die sternförmigen weißen Blüten der Lirien noch unterstrichen, die zu seinen Füßen blühten. Haduri fragte sich, wann er alt geworden war, ohne dass sie es bemerkt hatte. Das volle

9 Über die Übersetzung des letzten Satzes könnte man streiten, im Original lautet er: »It was the patient, cut-flower sound of a man who is waiting to die.«

blonde Haar reichte ihm noch immer bis zu den Schultern, das bartlose Gesicht wies kaum Falten auf, und doch hätte sie ihn nicht mehr mit einem jungen Mann verwechselt, wie es ihr bei ihrer ersten Begegnung vor einigen Jahren passiert war.

Er spürte ihren Blick und lächelte. In seiner Miene zeigten sich weder Sorge noch Angst. Vielleicht hatte das viele Leid, das die Menschen erdulden mussten, seit die Heerwölfe in Sarmyn eingefallen waren, seine Kraft gemindert, aber er strahlte noch immer Zuversicht aus. Wenn er keine Hoffnung mehr hätte, wären wir nicht hier, dachte Haduri und zwang sich, sein Lächeln zu erwidern.

Doch das Treffen ist eine Falle des Feindes, wenige Minuten später wird Diuraman ermordet und Haduri muss fliehen. Ich war beim Lesen ehrlich schockiert über diesen Mord, und diesen Prolog habe ich nicht vergessen.

TIPP: *Ein eigener kleiner Spannungsbogen, bei dem Sie die Emotionen des Lesers ansprechen, macht Ihren Prolog zu einer sinnvollen Ergänzung des Romans.*

Weiter zum eigentlichen Anfang, dem ersten Kapitel. Wie sieht denn nun ein guter Anfang aus? »Manche Autoren setzen auf einen actionreichen Einstieg, andere eher auf eine interessante Figur, die einem in den ersten zwei, drei Sätzen nahe gebracht wird. Oder einfach nur auf eine gute Idee«, meint Kai Meyer dazu. »Ich habe in über fünfzig Büchern alle Variationen ausprobiert, neige aber mittlerweile sehr zum Charakter-Einstieg. Und selbst wenn ich über Action in eine Geschichte hineingehe, muss sehr schnell klar werden, wer in sie verwickelt ist – ich benutze dafür seit langem immer nur die Hauptfiguren. Ich mag Einstiege nicht, bei denen mir seitenlang Nebenfiguren vorgestellt werden, die dann am Ende des ersten Kapitels sterben – das wird gern in Thrillern gemacht (das austauschbare Opfer des Serienmörders), aber ich empfinde das meist eher als Zeitverschwendung.

Ganz selten steige ich auch mal mit einem ungewöhnlichen Bild ein (etwa in *Asche und Phönix*), aber dann darf die Szene nicht länger als ein, zwei Seiten sein. Danach geht es sofort zur Hauptfigur.«

Also: ran an die Hauptfigur! Denn spannend wird es erst, wenn man eine Figur mag oder sich mit ihr identifiziert hat – dann erst hofft man, dass ihr nichts passiert, wenn es gefährlich wird.

Meyer selbst hat dem ersten Band seiner *Arkadien*-Trilogie einen sehr originellen Anfang gegeben. Wer das Buch aufschlägt, liest verblüfft die Überschrift »Das letzte Kapitel«. Dieses Kapitel ist sehr kurz.

> »Eines Tages«, sagte sie, »fange ich Träume ein wie Schmetterlinge.«
>
> »Und dann?«, fragte er.
>
> »Lege ich sie zwischen die Seiten dicker Bücher und presse sie zu Worten.«
>
> »Was, wenn jemand immer nur von dir träumt?«
>
> »Dann sind wir beide vielleicht schon Worte in einem Buch. Zwei Namen zwischen all den anderen.«

Nach dieser poetischen Einstimmung werden wir – schöner Kontrast – in die in unserer Welt spielende Haupthandlung hineingeworfen und lernen Rosa kennen, die ebenfalls ein schöner Kontrast ist zu ihrem harmlos-niedlichen Namen. Sie ist ziemlich hart drauf mit ihren Metallkappenschuhen, ihrer schroffen Art und ihrer Angewohnheit, alles Mögliche mitgehen zu lassen. Ihre Geschichte ist die eines Neubeginns in einem ihr fremden Land, dem Heimatland ihrer ungewöhnlichen Familie, zu der sie zurückkehrt.

Eine Falle, die Kai Meyer immer geschickt umschifft, in die unerfahrene Fantasyautoren jedoch häufig tappen, ist der **»Infodump«** am Anfang. Der Autor denkt, er muss all das, was er sich über seine Welt ausgedacht hat, dem Leser vermitteln, und zwar möglichst am Anfang. Entweder in Form von Erklärungen (die fast immer langatmig geraten) oder in Dialogen, die nur dem einen Zweck dienen, nämlich, Informationen zu vermitteln (und gewöhnlich grauenhaft sind).

Solche überfrachteten Anfänge bringen auch den wohlmeinendsten Leser dazu, das Manuskript – ein Buch wird selten daraus – zur Seite zu legen. Vielleicht fragen Sie jetzt: »Aber wie soll man sonst vermitteln, in was für einer Welt man sich befindet, welche wichtigen Dinge in der Vergangenheit dort geschehen sind, wie die politische Situation ist und so weiter?« Die Antwort ist: Sie brauchen das in der ersten Fassung *gar nicht* bewusst zu tun. Erzählen Sie einfach Ihre Geschichte. Während die Leser Ihre Figuren bei ihren Erlebnissen begleiten, erfahren sie nebenbei alles Wissenswerte, um sich in Ihrer Welt zu orientieren. Sie bekommen zwar weniger Informationen, doch dafür erfahren sie, wie es sich *anfühlt*, in dieser Welt zu leben. Und das ist viel mehr wert! Als Beispiel hier noch einmal Kai Meyer, diesmal schreibt er für Jugendliche. So beginnt *Die Fließende Königin:*

> Die Gondel mit den beiden Mädchen kam aus einem der Seitenkanäle. Sie mussten warten, bis die Rennboote auf dem Canal Grande vorüber waren, und selbst Minuten danach herrschte noch immer ein solches Durcheinander von Kähnen und Dampfbooten, dass der Gondoliere es vorzog, sich zu gedulden.
>
> »Es geht gleich weiter«, rief er den Mädchen zu und umklammerte mit beiden Händen sein Ruder. »Ihr habt es nicht eilig, oder?«
>
> »Nein«, gab Merle, die Ältere der beiden, zurück. Tatsächlich aber war sie aufgeregt wie noch nie in ihrem Leben.
>
> Seit Tagen sprach man in Venedig von nichts anderem als der Bootsregatta auf dem Canal Grande. Die Veranstalter hatten angekündigt, nie zuvor seien die Boote von so vielen Meerjungfrauen auf einmal gezogen worden. »Fischweiber« nannten manche die Meerjungfrauen abfällig. Das war nur eins von unzähligen Schimpfwörtern, mit denen man sie bedachte, vor allem seit behauptet wurde, sie paktierten mit den Ägyptern. Nicht, dass jemand ernsthaft solch einen Unsinn glaubte: schließlich hatten die Armeen des Pharaos zahllosen Meerjungfrauen im Mittelmeer den Garaus gemacht.

In wenigen Sätzen hat Meyer deutlich gemacht, in was für eine Welt er seine Leser mitnimmt – es handelt sich um eine fantastische Variante Venedigs (Canal Grande, Meerjungfrauen), er hat politische Feindschaften angedeutet (Pharaos!) und die Hauptfigur vorgestellt. Auf den nächsten zwei Seiten erfährt man, dass Merle nicht wegen der Regatta aufgeregt ist, sondern weil sie endlich aus dem Waisenhaus entlassen worden ist und in einer Zauberspiegelwerkstatt arbeiten soll.

TIPP: *Bauen Sie wichtige Informationen so knapp und beiläufig ein, dass sie in der Geschichte mit fließen. Nie dürfen Ihre Leser das Gefühl haben, belehrt zu werden!*

Figuren gekonnt einführen

Für Figuren gilt das gleiche wie für die Welt: Zeigen Sie sie in Aktion, lassen Sie die Leser erleben, wie Ihre Figuren reden und agieren, dann bekommen sie (wie bei neuen Bekanntschaften in unserer Wirklichkeit) schnell ein Gefühl dafür, mit wem sie es zu tun haben. Hier der Anfang von Patricia Briggs' *Ruf des Mondes*, der gleichzeitig in die Geschichte hineinzieht und etwas über die Hauptfigur Mercy Thompson – eine Walkerin, die sich in einen Kojoten verwandeln kann – verrät:

> Mir war nicht sofort klar, dass ich einen Werwolf vor mir hatte. Mein Geruchssinn war durch Schmierfett und verbranntes Öl ein wenig eingeschränkt, und es passiert schließlich auch nicht jeden Tag, dass ein streunender Werwolf vorbeikommt. Als sich also jemand in der Nähe meiner Füße höflich räusperte, hielt ich ihn für einen ganz normalen Kunden.
>
> Ich lag gerade unter einem Jetta und brachte ein neu zusammengesetztes Getriebe an. Einer der Nachteile einer Ein-Frau-Werkstatt besteht darin, dass ich jedes Mal aufhören und später wieder anfangen muss, wenn das Telefon klingelt oder jemand vorbeikommt. Dann bekomme ich schlechte Laune und das ist nicht gut, wenn man mit Kunden zu tun hat.

Geschickt eingebaut, das mit dem Geruchssinn, oder? Erfahrene Fantasyleser können daraus ableiten, dass sie unnatürlich scharfe Sinne hat und vermutlich ein Gestaltwandler ist. Müssen sie aber gar nicht, weil das sowieso schon im Klappentext des Romans steht.

Man kann vermuten, dass Mercy in Gefahr schwebt, weil besagter Werwolf vermutlich Ärger machen wird, aber es klingt auch ein heiterer Ton durch.

Wenn Sie den Leser noch stärker fordern wollen, dann erhöhen Sie den Druck auf Ihre Hauptfigur von Anfang an, wie zum Beispiel Trudi Canavan in der *Gilde der Schwarzen Magier*, Band 1 *Die Rebellin*. »Die Säuberung« heißt das erste Kapitel und der zweite Satz beginnt mit »Am Tag der Säuberung …«. Ein solcher Satz lässt Böses ahnen, wenn die Hauptfigur, wie ebenfalls in den ersten Sätzen klar wird, ein zerlumptes Straßenmädchen ist. Und tatsächlich, kurz danach tauchen Wachen auf. Ihr Pech, dass Sonea eine starke magische Begabung hat, mit der sie noch nicht richtig umgehen kann.

Machen Sie möglichst auf den ersten Seiten klar, ob Ihre Figur männlich oder weiblich ist, wie sie heißt, was für ein Wesen sie ist und (im Kinder- und Jugendbuch) wie alt sie ist. Leser wünschen sich solche Informationen möglichst früh, um sich zu orientieren. Natürlich sollten Sie Ihren Lesern auch ermöglichen, sich ein **Bild Ihrer Figur** zu machen. Haarfarbe, Augenfarbe und Statur zu beschreiben reicht nicht, es ist entscheidender, wie jemand *wirkt* und welche Ausstrahlung er hat. Ihre Aufgabe ist es, einen Eindruck davon zu vermitteln, wen man da vor sich hat. Eigentlich bin ich nicht gut in Beschreibungen und ich muss immer ewig daran feilen, bis sie so sind, wie ich sie haben möchte (oder meine Lektorin schickt sie mir mit dem Kommentar »Das ist noch nicht so toll!« zurück). Aber manchmal fallen sie mir auch überraschend leicht. Hier meine Lieblingsbeschreibung von Kiéran, der männlichen Hauptfigur meiner *Nachtlilien*-Trilogie:

> Heimlich betrachtete sie ihn, während er arbeitete. Das Spiel der Muskeln unter seinem Hemd, das er am Kragen offen trug. Seine schmalen, kräftigen Hände, die präzise und geschickt das Gemüse

> schnitten. Wie er sich durch die dunklen Haare fuhr, wenn er nachdachte. Manchmal konnte sie noch den schlaksigen, eingeschüchterten Jungen in ihm sehen, der er früher gewesen war. Doch inzwischen bewegte er sich so sicher und instinktiv wie ein Tier, und hätte ihn jemand in diesem Moment über die Kante der Treppe gestoßen, wäre er vermutlich auf den Füßen gelandet wie eine Katze.

Oft genügen wenige Sätze, um die Figur deutlich vor dem inneren Auge erscheinen zu lassen. Hier ein Beispiel aus *Nijura* von Jenny-Mai Nuyen:

> Es war auch eine Elfe unter den Tänzerinnen. Sie stach unter den anderen Frauen hervor wie ein dunkler Opal unter Kieseln: Sie war wesentlich größer als die Menschenfrauen, gertenschlank und hatte grauschimmernde Haut. Ihr glattes, dunkles Haar – wie schwarzes Wasser schimmerte es im Fackelschein – war nach Elfenart frisiert.

Nuyen lässt hier offen, wie eine Frisur nach Elfenart aussieht – aber das macht nichts, das kann sich jeder nach Belieben vorstellen.

Ich-Erzähler im Roman zu beschreiben ist nicht immer einfach, die meisten Kollegen wählen dafür den klassischen Blick in den Spiegel. Ihre Figur kann auch über ihr Äußeres nachdenken oder darüber, wie andere sie wahrnehmen, das erfüllt den gleichen Zweck.

Den Leser mit allen Sinnen eintauchen lassen

Fantasyromane brauchen mehr Beschreibung als andere Romane, da sie zu einem großen Teil an fiktiven Orten spielen und Wesen vorkommen, die sich Ihre Leser erst einmal vorstellen müssen. Doch sparen Sie sich ausufernde, seitenlange Landschaftsschilderungen und seien Sie stattdessen genau und anschaulich in den Details. Oft genügen wenige, treffende Sätze, um ein Bild entstehen zu lassen. E. L. Greiff ist eine Meisterin in dieser Disziplin, sie schreibt in ihrer *Zwölf Wasser*-Trilogie so bildhaft, dass die Romane bestes »Kopfkino« sind. Hier ein kurzer Auszug – eine der Hauptfiguren, Babu, hat gerade zum ersten Mal mit einer Szasla zu tun, einem ganz besonderen Raubvogel.

> Mit nur zwei lässigen Flügelschlägen erhob sich ein Falke, der mit dem Kragen, ein dritter Flügelschlag, und er war auf Babus Arm gelandet. Und er war schwer wie ein neugeborenes Kalb. Nach nur wenigen Augenblicken verkrampften sich Babus Rückenmuskeln, einige weitere Augenblicke und er musste den Arm mit der anderen Hand abstützten.

Geschickt verwendet Greiff hier wenige, aber dafür sehr gut **passende Adjektive** und nutzt Vergleiche aus unserer Welt. Jeder weiß ungefähr, wie groß ein neugeborenes Kalb ist, das hilft dabei, einen Eindruck von diesem Raubvogel zu bekommen. Auch die Ausrüstung, die Babu bekommt, schildert Greiff mit der gleichen Genauigkeit:

> Babu drehte die mit ausgeblichenen Bändern verzierte kleine Haube zwischen den Fingern. Das Leder war speckig und steif, eine Ausbuchtung ließ den Schnabel frei, zwei halbkugelförmige Schalen dienten als Schutz für die empfindlichen Augen. Jetzt, da er das Häubchen in Händen hielt, konnte er sich zum ersten Mal vorstellen, einen kleinen Falken zu haben.

Gute Bilder und Vergleiche sind also wichtige Werkzeuge, um Atmosphäre zu schaffen. Hinzu kommen Sinneseindrücke, so wie auch Greiff sie verwendet – wir fühlen mit Babu seine verkrampften Muskeln, fühlen das speckige Leder in den Händen.

Hier ein kurzer Auszug aus *Queen of Clouds* von Susanne Gerdom. Melania, eine Sklavin des Panarchen und heimliche Spionin, steigt zu einem konspirativen Treffen hinab in die Tiefen des Wolkenturmes. Mit verbundenen Augen muss sie weiter …

> Sie marschierten eine lange Zeit, und Melania hatte das Gefühl, dass es stetig tiefer und tiefer ging. Es wurde immer stiller. Wasser

tropfte. Die Luft war gleichzeitig kalt und modrig. Die Dunkelheit und die Ungewissheit zerrten an ihren Nerven, aber sie atmete ruhig und konzentrierte sich darauf, ihre Füße mit Bedacht zu setzen und all ihre übrigen Sinne zu nutzen. Sie roch die abgestandene Luft, den Rauch von Feuern, Schweiß und Kochdünste, Moder, Abfall und stehendes Wasser. Sie hörte Tröpfeln und Gluckern, Schritte und ferne Stimmen. Sie fühlte die kühle, feuchte Luft auf ihrer Haut, den unebenen Boden unter ihren Füßen, immer wieder Stufen und Schwellen, gelegentlich streifte ihr Arm eine raue Wand oder es blieben Spinnweben in ihrem Haar hängen und flüsterten über ihre Wange.

Sehr geschickt arbeitet Gerdom hier Sinneseindrücke ein, zum Beispiel Tastempfindungen oder Gerüche. Je mehr **Sinneseindrücke** Ihr Text beschreibt, desto besser wird es Ihnen gelingen, die Leser an den Ort des Geschehens zu transportieren. Fragen Sie sich also beim Schreiben immer wieder:

- Was sieht man?
- Was hört man?
- Wonach riecht es?
- Was meldet das Tastgefühl?
- Was nimmt der Rest der Haut wahr, zum Beispiel die Wärme der Sonne?
- Was sagt der Geschmackssinn?

Um solche Sinneseindrücke schildern zu können, müssen Sie selbst wissen, wie sich Ihre Handlungsorte anfühlen. Sie müssen sich in Gedanken dorthin versetzen können und dafür müssen Sie genau wissen, wie es dort aussieht. Gute Planung hilft dabei, und noch praktischer ist es, die Sinneseindrücke selbst einzusaugen. Als Vorbereitung auf meine *Feuerblüte*-Romane, in denen die junge Schwertkämpferin und Waffenschmiedin Alena ke Tassos im Mittelpunkt steht, habe ich ein Wochenende lang unter Anleitung eines Messerschmiedes mein eigenes Messer geschmiedet. Danach wusste ich, wie heißes Metall riecht, welche Farbe die glühende Klinge haben sollte, damit man sie gut bearbeiten kann und dass man sie nach dem Schmieden besser in Öl als in Wasser abkühlt. Ich hatte herausgefunden, wie man Scharten aus einer Klinge entfernt und dass der Stahl spröde wird, wenn man ihn zu hoch erhitzt. Den Beschreibungen im Roman hat das sicher gut getan – und falls Einbrecher mich in meinem Arbeitszimmer besuchen, können sie gleich mal ausprobieren, wie scharf ich die Klinge hinbekommen habe.

TIPP: *Um besser beschreiben zu können, sollten Sie wenn möglich das, was Ihre Hauptfiguren im Roman erleben, selbst ausprobieren.*

Manche Autoren sehen das Geschehen wie einen inneren Film vor sich ablaufen und müssen nur noch schildern, was sie sehen und hören. Das ist praktisch, denn dieser innere Film wird, wenn Sie gut genug beschreiben, auch in den Lesern ablaufen – und verfilmen könnte man den Roman auch problemlos.

Wenn Sie Spielleiter einer Rollenspiel-Runde sind, dann wissen Sie schon sehr genau, wie man **Atmosphäre** schafft. Wenn nicht, dann

1. versuchen Sie, den Ort vor sich zu sehen,
2. denken Sie sich aus, was man dort hört und riecht und
3. greifen Sie anschließend auf eigene Erfahrungen zurück, um die Empfindungen Ihrer Figur zu beschreiben.

Schon mal richtig gefroren? Ja? Gut! Dann können Sie es vermutlich schildern. Hier ein kurzer Auszug aus *Die Rebellin* von Trudi Canavan:

> In Imardin, so heißt es, habe der Wind eine Seele und pfeife heulend durch die schmalen Straßen der Stadt, weil das, was er dort finde, ihn mit Trauer erfülle. Am Tag der Säuberung heulte der Wind durch die schwankenden Masten der Schiffe im Hafen, peitschte durch das Westtor und schrie die Gassen hinunter. Dann verstummte er plötzlich, bis nur noch ein Wimmern zu hören war, als seien ihm die zerfetzten Seelen, die ihm entlang des Weges begegneten, eine unerträgliche Qual.

> So zumindest empfand es Sonea. Als sie abermals von einem eisigen Windstoß erfasst wurde, schlang sie die Arme um sich und hüllte sich fester in ihren abgetragenen Mantel. Mit ärgerlich gerunzelter Stirn sah sie zu Boden. Schmutziger Schneematsch schwappte ihr bei jedem Schritt über die Füße. Die Lappen, die sie in ihre viel zu großen Stiefel gestopft hatte, hatten sich bereits mit Wasser vollgesogen, und ihre Zehen schmerzten vor Kälte.

Achtung, Beschreibungen können lächerlich wirken, wenn Sie zu dick auftragen oder eine Orgie größtenteils überflüssiger Adjektive (kursiv dargestellt) inszenieren. Hier ein Beispiel:

> *Majestätisch* leuchtete das *herrliche, schneeweiße* Bergmassiv in der *prallen* Sonne, und der Atem *wohlwollender* Riesen schien ihre Spitzen anzuhauchen, bis sie glühten wie *weißleuchtender* Stahl in einer *fauchenden* Esse.

Die passende Sprache finden

Der eigene Schreibstil ist so individuell wie die eigene Handschrift und entwickelt sich (so wie diese) nach und nach. Doch diesen Stil kann man auch etwas anpassen, je nachdem, was das Manuskript oder Genre fordert. Ich zum Beispiel suche (und finde) für jede Geschichte einen eigenen Erzählton, je nachdem, um was es geht und wer erzählt.

Nicht wenige Fantasyautorinnen und -autoren entscheiden sich für eine poetische oder mythisch angehauchte Sprache, die einen beim Lesen verzaubert. Aus dem Prolog von Victoria Schwab, *Das Mädchen, das Geschichten fängt:*

> Du legst mir etwas Schweres, Glattes in die Hand und sagst, ich soll genau hinhören, um den Erinnerungsfaden zu finden, um danach zu greifen und dir zu sagen, was ich sehe, aber ich sehe nichts. Du sagst, ich soll mich mehr anstrengen, mich konzentrieren, nach innen schauen, aber ich kann es nicht.

> Den Sommer darauf wird es anders sein, da werde ich das Summen hören und beim Blick nach innen etwas sehen. Du wirst stolz und traurig und müde zugleich sein, und den Sommer darauf wirst du mir einen Ring schenken, genau wie deiner, nur neuer. Und im nächsten Sommer wirst du tot sein, und ich werde neben deinem Schlüssel auch deine Geheimnisse besitzen.

Die meisten Autoren – auch Schwab – bevorzugen für die Haupthandlung eine heutige, gut lesbare Sprache. Ist die Geschichte in unserer Welt verankert, passt eine moderne Sprache sehr gut. In der High Fantasy dagegen sollte man sich allzu moderne Ausdrücke und Flüche verkneifen, die einen herausreißen aus der Illusion, sich in einer weit entfernten Welt zu befinden.

Manche Autoren bevorzugen einen leicht **altertümlich klingenden Ton**, der passend erscheint für eine fantastisch-mittelalterliche Welt. In der Fantasy finden fast ausgestorbene Worte wie *frugales Mahl*, *verzagt* und *Gemach* eine gemütliche Nische, aus dem Gesicht wird hin und wieder mal ein *Antlitz* und aus dem Kopf ein *Haupt*. Aber Achtung, übertreiben Sie es nicht, sonst riskieren Sie, dass Ihr Text steif klingt und schwer lesbar wird. »Dient die altertümliche Sprache der Weltgestaltung und geht harmonisch mit der übrigen Beschreibung der Welt einher, finde ich sie gut und angebracht«, meint Maren Bonacker von der Phantastischen Bibliothek Wetzlar. »Ungeübte Autoren jedoch neigen dazu, die Sprache altertümlich zu machen, weil sie glauben, das müsste so sein. Wenn sie das nicht in Einklang mit der Weltgestaltung insgesamt bringen, wirkt es einfach nur gekünstelt.«

TIPP: *In welchem Ton sind die Romane geschrieben, die Ihnen gefallen haben? Wenn einer davon genau so geschrieben ist, wie Sie schreiben möchten, lesen Sie ihn direkt vor Schreibbeginn Ihres Romans. Dann fällt es Ihnen durch den* ***»Echo-Effekt«*** *leichter, den Ton zu erreichen, den Sie möchten.*

Sprachebenen können Sie auch mischen, wie Oliver Plaschka in *Das Licht hinter den Wolken.* Manchmal poetisch entrückt, manchmal direkt und zupackend, manchmal in einem märchenhaften Legendenton. Je nachdem, wer erzählt oder worum es gerade geht. Hier ein Auszug aus einer der dialogreichen Passagen, in der die junge April und der Faun Janner im Mittelpunkt stehen. Sie haben gerade beschlossen, sich fortan als Gesetzlose durchzuschlagen.

»Was hast du?«, fragte sie vorsichtig. »Was ist das Problem?«

»Unsere Geschichte«, lallte er. »Unsere Namen. Du hast ihm unsere Namen genannt.«

»Unsere Namen? Ich habe doch …«

Er tippte auf sein Schwert, das neben ihm auf dem Fels lag.

»Weißt du noch? In der Alten Zeit, da pflegten sich die Krieger nach ihren Waffen zu benennen. Ich bin Banneisen und Banneisen ich. Genau wie du jetzt Schneeklinge bist.«

April dachte an das Blut, das die Klinge getrunken hatte, als sie das Schwert das erste Mal in die Hand nahm – den kleinen Tropfen ihres Blutes, der jetzt tief in dem milchweißen Stahl verborgen war.

»Und Banneisen und Schneeklinge haben heute einen alten Mann ausgeraubt.« Er trank. »Von Janner, dem Faun, hat man so was vielleicht schon gehört. Aber nicht von Banneisen, der einst sein Vater Tausenddorn war, und weiß der Kuckuck wer alles zuvor.«

»Oh«, sagte April, nicht weil ihr nichts anderes einfiel, sondern weil sie erkannte, wie recht er hatte. »Es tut mir leid! Daran hatte ich nicht gedacht.«

»Es war ein schlechter Start für unsere Geschichte«, sagte er und leerte die Flasche. Betrübt drehte er sie um und warf sie hinter sich. »Ein schlechtes Ende für den Tag.«

Plaschka hat einen guten Kompromiss gefunden – seine Sprache klingt natürlich und nicht gewollt altertümlich, doch durch Worte wie *pflegten sich* und *betrübt* sowie poetische Formulierungen wie *das Blut, das die Klinge getrunken hatte* gibt er klare Signale in Richtung Fantasy. In einer Binnenerzählung (»Die Geschichte von der Prinzessin, die töten sollte«) verwendet er dagegen einen für Legenden und Märchen typischen Ton:

> Der König des Sommerlands kämpfte tapfer und mit der Liebe zu seinen Untertanen im Herzen. Doch Derior besiegte ihn so mühelos, wie ein Junge einen Wurm auf einen Angelhaken spießt. Das Blut des Königs troff von seiner Klinge und tränkte den Boden, sein Blick brach und er war tot.
>
> Da erhob sich ein großes Wehklagen im Land, das seinen König und vornehmsten Dichter verloren hatte, und man trauerte – nicht um den Verlust der eigenen Hoffnung, sondern um das Leben, das genommen, und das Gedicht, das nie vollendet worden war.

Das mit dem Jungen und dem Angelhaken ist ein fieser, aber sehr guter Vergleich, und noch längst nicht der einzige in diesem Roman. Einer meiner anderen Favoriten ist »Der Nieselregen aber dauerte an, ohne auch nur einen Deut zu- oder abzunehmen, und er laugte ihn aus wie ein sturer Musiker, der immer nur denselben Ton übt«.

Die Fantasy ist das Reich der **Metaphern und Vergleiche**, weil sie bei Beschreibungen helfen und weil sie im Roman einen bilderprallen Ton prägen. Zur Erinnerung: Eine Metapher ist, wenn man bei einer blonden Frau von »ihrer Löwenmähne« spricht. Vergleiche erkennt man dagegen am Wörtchen *wie* (»Der Ton des Instruments klang *wie* zerspringendes Glas«). Ein Beispiel aus *Nijura* von Jenny-Mai Nuyen:

> Wie ein Tal voll Glühwürmchen *(Vergleich!)* eröffnete sich ein Wirrwarr von Lichtern vor ihnen – sie strahlten ihnen entgegen und versilberten den Regen über sich, sodass ein glänzender Schweif *(Metapher!)* über der ganzen Stadt hing.

Noch ein paar gelungene Fundstücke:

- »Donner und Blitze kamen jetzt in schneller Abfolge und ließen die Welt flackern wie eine erlöschende Kerze.« (Susanne Gerdom, *Queen of Clouds*)
- »Der Jäger betrachtete das Schnellboot beifällig. (…) Mit seinem polierten Lackanstrich glitt es so leicht durchs Wasser wie Schlittschuhkuven übers Eis.« (Angie Sage, *Septimus Heap – Magyk*)
- »Es war glänzendschwarz wie der Panzer eines Käfers (…). Die Augen sahen aus wie Blutgerinnsel, die von innerhalb des Klumpens, der der Kopf sein musste, illuminiert wurden.« (Tad Williams, *Die dunklen Gassen des Himmels*)
- »Nicht einmal jetzt gelang es ihr, ihre literarische Bildung auszublenden. Ihr übervoller Kopf machte einfach weiter, als hausten Hamster darin, die auf ihrem Endlosrad vor sich hin liefen, immer bereit, sie mit passenden Sprüchen zu versorgen.« (Ju Honisch, *Schwingen aus Stein*)
- »Seine zuvor auffallend vorspringende Nase war immer noch wie ein umgestülpter Handschuhfinger tief in seinen Schädel gedrückt.« (Jonathan Stroud, *Bartimäus – Das Amulett von Samarkand*)

Wenn es Ihnen gelingt, originelle Bilder zu schaffen, dann werden Ihre Leser das zu schätzen wissen. Doch oft kommt es auch vor, dass ein Vergleich abgenutzt ist (*das Blut gefror ihr in den Adern, er blieb stehen wie angewurzelt*), dass er hinkt, überzogen oder kitschig ist.

»Gelungene Vergleiche und Metaphern können ein irre gutes Lesefeeling schaffen. Aber wenn sie beim Lesen aufdringlich auffallen, dann stimmt etwas nicht«, meint Fantasy-Rezensentin Damaris Metzger vom Blog *Damaris liest.* »Ich finde alle Metaphern/Vergleiche misslungen, die zu bemüht klingen und auch noch sehr verschachtelt sind. Wenn man ihnen anmerkt, dass der Autor hier etwas noch nie Gelesenes, Besonderes schreiben wollte, an das man bei diesem Vergleich nie denken würde. Etwa *Meine Knie schlotterten und fühlten sich so weich an, wie eine überreife Banane, die durch die vielen braunen Stellen ihre Konsistenz verloren hat.*«

Und Autorin Diana Kinne erzählt: »Ein Lektor hat mir mal vorgeschlagen: *Sein Herz klopfte wie prasselnder Regen.* Das habe ich nicht übernommen, sondern überlegt, diesen Protagonisten zum Arzt zu schicken.«

Es ist schwer, selbst festzustellen, ob ein Vergleich gut ist oder nicht. Wenn Sie selbst unsicher sind, ob er etwas taugt, dann sollten Sie auf Ihr Bauchgefühl hören und ihn rauswerfen. Oder Sie wenden sich an die Testleser Ihres Vertrauens (siehe Seite 212).

TIPP: *Auch wenn Ihre Vergleiche wirklich gekonnt sind, sollten Sie sie nicht geballt, sondern gezielt einsetzen. Viele verschiedene Metaphern und Vergleiche in wenigen Sätzen überfordern den Leser und werden in seinem Kopf zu einem Bilderbrei!*

Was die **Zeitform** angeht, in der man schreibt, so probieren Sie einfach verschiedene aus. Die gleiche Passage mal in Gegenwart schreiben, dann in Vergangenheit. Was klingt besser, was liegt Ihnen mehr? Oliver Plaschka nutzt die Zeitform, um die Erzählebenen seines Romans zu trennen: »*Das Licht hinter den Wolken* ist auch ein Roman über das Geschichtenerzählen. Alles, was Teil der Geschichte ist, also zu eigentlichen Handlung gehört, wird erzählt und ist im Präteritum geschrieben. Alles andere, das heißt Rückblenden und Traumbilder, die nur als Idee oder Erinnerung im Geist der Figuren präsent sind, stehen im zeitloseren Präsens.«

Wenn der sprachliche Bereich nicht Ihr Schwerpunkt ist und Sie eher ein leidenschaftlicher Geschichten- und Weltenerfinder sind, keine Panik. Dazu Gustav Gaisbauer vom Ersten Deutschen Fantasy Club (EDFC): »Literatur, auch solche, die zuerst der Unterhaltung dient, sollte sprachlich so gut sein wie nur möglich. Vielleicht sind die Fantasykonsumenten etwas anspruchsvoller als der durchschnittliche Leser, aber die Erfahrung zeigt, dass sich auch schlichtere Werke gut verkaufen, wenn nur die Handlung stimmt.«

Gute Dialoge

Es gibt wunderbare erzählende Romanpassagen ohne wörtliche Rede. Doch sobald sich Menschen oder Wesen unterhalten, wird die Geschichte sofort lebendiger. Außer natürlich, Sie benutzen eine Unterhaltung zwischen zwei Figuren nur um Informationen zu vermitteln, was zu ganz miesen Dialogen führt.

Besonders im fantastischen Kinder- und Jugendbuch ist viel Dialog wichtig – die Konzentrationsspanne von jungen Lesern ist sowieso recht kurz, da hilft es, wenn die Geschichte möglichst lebendig erzählt wird.

Gute Dialoge zu schreiben ist für alle Autoren eine Herausforderung, selbst für erfahrene. Ob witzig, schwungvoll oder nachdenklich – am wichtigsten ist bei Dialogen, dass sie echt klingen. In vielen Manuskripten habe ich schon wörtliche Rede gelesen, die geschliffen formuliert war. Das mag zwar schön sein, aber in Wirklichkeit sprechen die Leute nicht so, außer natürlich Politiker, die gewohnt sind, druckreife Statements von sich zu geben. Oft klingen Dialogsätze auch umständlich und gestelzt. *Schriftsprache!* schreibe ich dann an den Rand des Manuskripts. Echte Menschen reden ganz anders: Oft in unvollständigen Sätzen, mit »Ähs« und »Ähms« dazwischen, gelegentlich am Thema vorbei und was wir eigentlich sagen wollen, schwingt manchmal nur mit, aber wir sprechen es nicht aus. Natürlich sollten Sie Ihre Sätze nicht mit »Ähs« spicken, das wäre für den Leser eine Zumutung, aber bleiben Sie so nah dran an gesprochener Sprache wie möglich. »Jeder, der Dialoge verfasst, sollte beim Schreiben laut sprechen, schreien, flüstern«, rät Autor Jürgen Banscherus. »Das mag Nachbarn und Familie merkwürdig vorkommen. Aber nur so verhindert man, dass die Dialoge hölzern und papieren klingen.«

Auch für Lektor Sebastian Pirling führt an »guten Dialogen kein Weg vorbei, denn sie sind es, die die Romanfiguren menschlich werden lassen (und hier zählen alle sprachbegabten Fantasyspezies dazu, denn vor den Augen der Dramaturgie sind alle Menschen)«. Doch er hat auch schon viele Manuskripte auf den Tisch bekommen, in denen das nicht funktionierte. »Manche Erstautoren haben

Schwierigkeiten damit, weil ihnen möglicherweise die Welt oder der Plot ihrer Geschichte wichtiger sind – oder weil sie sich damit schwertun, Fantasiefiguren ›echt‹ klingen zu lassen«, meint er. »Da hilft ein simpler Trick: sich ins Café, in die U-Bahn oder den Bus setzen, den Leuten zuhören und heimlich mitschreiben. Nur Menschen sprechen wie Menschen und wer das Schreiben lernt und übt, bekommt auch gute Dialoge hin.«

TIPP: *Lesen Sie sich Ihre Dialoge laut vor und fragen Sie sich dabei: Würde man das wirklich so sagen? Lassen Sie steife, gestelzte und umständliche Formulierungen nicht mit dem Argument durchgehen, dass man in Ihrer Welt eben so redet.*

Auch wichtig bei Dialogen: Lassen Sie Ihre Figuren nicht das sagen, was Ihnen als Erstes in den Kopf kommt. Das ergibt sonst abgedroschene, langweilige Gespräche. Denken Sie lieber zweimal nach und versuchen Sie, durch den Dialog die Handlung voranzutreiben oder Ihre Figuren zu charakterisieren. Wenn ein Gespräch keine Funktion hat und es nicht mal besonderen Spaß macht es zu lesen, dann weg damit. Rausfliegen würde zum Beispiel dieses hier:

> »Einer von uns sollte Holz fürs Feuer suchen gehen«, sagte Airea.
> Goban nickte. »Ja, gute Idee. Mein Vorschlag wäre, dass du das übernehmen könntest, wenn es dir recht wäre.«
> »Aber was ist, wenn das Holz durch den Regen zu feucht ist und sich nicht entzünden lässt? Dann müssen wir all den Proviant, der in unseren Satteltaschen noch übrig ist, kalt essen.«
> »Ich fürchte, das lässt sich nicht ändern, denn das nächste Gasthaus ist sicher noch fern und nicht bis Einbruch der Nacht zu erreichen«, sagte Goban, und Airea ging los, um Holz zu sammeln.

Der Dialog klingt durch die ausformulierten Sätze gestelzt. Außerdem ist er an Langweiligkeit nicht zu überbieten. Zum Glück ist er überflüssig und lässt sich durch ein knappes »Sie suchten Holz und brachten ein Feuer in Gang« ersetzen. Aber Sie können solche nichtssagenden Dialoge auch retten, indem Sie sie mit Konflikten anreichern. Das klingt dann zum Beispiel so:

> »Was, ich soll schon wieder Feuerholz suchen?« Airea funkelte Goban an. »Und wann bist du dran, wenn ich fragen darf? Wenn es schon fast vor deinen Füßen liegt, schön trocken und auf die richtige Länge gestutzt?«
>
> Goban warf einen missmutigen Blick auf den feuchten Wald. »Sei nicht albern, Airea. Du bist einfach besser darin, etwas zu finden, was nicht völlig durchweicht ist und …«
>
> »Ach, beim großen Horus!« Airea gab ihm einen Schubs. »Jetzt mach schon. Dafür koche ich auch. Der Fraß, den du immer zusammenrührst … ich mag nicht mal dran denken.«

Die unvollständigen Sätze klingen viel »mündlicher« und der Konflikt zwischen Airea und Goban macht den Austausch interessanter. Außerdem werden beide Figuren und ihre Beziehung zueinander charakterisiert.

TIPP: *Vermeiden Sie nichtssagende Dialoge und möglichst alle Monologe (wörtliche Rede, in der eine Figur endlos erzählt, ohne dass jemand anderes zu Wort kommt)!*

»Bei der Überarbeitung kürze ich viel, mindestens zehn Prozent, oft mehr – ich straffe Szenen, schmeiße viele innere Monologe raus (oder Teile davon), ziehe das Tempo an, poliere die Dialoge«, berichtet Kai Meyer. »Vor allem bei Dialogen, die ein bisschen pfiffiger oder witziger sein sollen, hilft es fast immer, sich auf das Wesentliche zu konzentrieren. **Humor als Schlagabtausch** muss schnell gehen. Und nur ja dem Leser nicht erklären, warum etwas gerade spaßig sein soll. Entweder er begreift es auch so oder er liest eh darüber hinweg.«

Es spricht nichts dagegen, bei Dialogen »sagte« zu verwenden, das ist schön schlicht. Natürlich sollten Sie es hin und wieder variieren, wahrscheinlich fallen Ihnen auf Anhieb tausend andere Verben des Sagens oder Meinens ein. Achten Sie nur darauf, dass Sie dadurch keine Dopplungen in den Text bekommen. Aus einem Erstautoren-Manuskript habe ich folgende Formulierungen rausgefischt:

»Nie!«, fauchte sie aggressiv. »Warum sollte ich?!«

Fauchen ist immer aggressiv, habe ich an den Rand geschrieben. Das »aggressiv« kann also raus. Ein anderer Satz, den ich angestrichen habe, war:

»Der kommt schon zurück!«, lachte X schallend.

Beim Reden kann man nicht lachen, habe ich dazu notiert, außerdem wirkt das nachgeschobene »schallend« holprig. Daraus könnte werden:

»Der kommt schon zurück!«, sagte X und lachte schallend.

Ebenso sollte man sich verkneifen, die Worte seiner Figur zu interpretieren und zum Beispiel zu schreiben: »... versuchte X an das Argument von Z anzuknüpfen«. Völlig unnötig und klingt nicht gut. Vertrauen Sie darauf, dass der Leser mitdenkt und selbst in der Lage ist, ein Gespräch zu interpretieren.

Denken Sie daran, dass lange **Monologe** sich nicht sehr angenehm lesen. Unterbrechen Sie also Passagen in wörtlicher Rede immer wieder durch Eindrücke, was die redende Person macht, wie sie wirkt und was sie durch ihre Körpersprache ausdrückt. Ebenso sollten Sie hin und wieder beschreiben, wie der Zuhörer oder die Zuhörerin auf das Gehörte reagiert. Sonst bekommen Sie Szenen, bei denen man als Leser zwar etwas hört, aber vor dem inneren Auge kein Bild entsteht. In solchen Fällen schreibe ich meist mit leichtem Vorwurf *Hörspiel!* an den Rand.

Witzig schreiben, kann man das lernen?

Manche Gags zünden, manche nicht – aber wie findet man heraus, welche gut sind und welche nicht? »Es ist nicht so, dass ich meine Gags unter Laborbedingungen vor einem ausgewählten Testpublikum zum Besten gebe und dann den Lachkoeffizienten messe«, sagt Jan Oldenburg, der mit seinen humorvollen Romanen eine Heimat bei Piper Fantasy gefunden hat. »In erster Linie muss man selbst von dem überzeugt sein, was man schreibt und das gilt meiner Meinung nach auch für Humor. Natürlich birgt das immer ein bisschen die Gefahr, dass man dadurch der schrullige Eigenbrötler wird, der sich bis zur Atemnot über seine eigenen geistvollen Pointen amüsiert und dabei das eisige Schweigen um sich herum gar nicht mehr wahrnimmt. Die weniger subjektive Komponente ist Originalität, und in dieser Hinsicht kann man durchaus mit Selbstkritik an sich und seinen Scherzen arbeiten. Hat es den Scherz so oder ähnlich nicht schon tausendmal gegeben? Wie könnte ich dem Ganzen vielleicht noch den einen oder anderen innovativen Twist geben?«

Sie können Passagen bei Lesungen testen. Nicht jedes Publikum lacht an witzigen Stellen. Aber Sie werden spüren, ob Ihr Text funktioniert.

Kein Problem ist das sicher für Ben Aaronovitch, der seine Mischung aus Fantasy und Krimi (*Die Flüsse von London* und die anderen Romane rund um den übersinnlich begabten Polizisten Peter Grant) mit einer ordentlichen Portion trockenen britischen Humors gewürzt hat. Seine Leser lieben diese Romane. Aber wie die meisten anderen Autoren kommt auch Aaronovitch nicht aus dem Nichts, er hat zum Beispiel schon Drehbücher für die Kultserie *Doctor Who* verfasst. Meine Theorie ist: Humor hat man oder man hat ihn nicht, aber sein humoristisches Talent kann man schulen und ausbauen. Stand-up-Comedians üben auch ein paar Jahre, testen ihre Gags, verbessern ihr Timing und sammeln bei kleineren Auftritten Erfahrung mit Publikum, bevor sie es vielleicht auf die große Bühne oder ins Fernsehen schaffen.

Kämpfe, Duelle und Schlachten beschreiben

In Fantasyromanen wird weitaus mehr gekämpft als in anderen Genres – weil es in solchen oft archaischen Gesellschaften derber zugeht und sehr viel häufiger zu Gefechten kommt als in unserer zivilisierten Welt. Viele Figuren, nicht nur die männlichen, haben ein breites Sortiment an Eisenwaren am Gürtel oder zumindest einen brauchbaren Bogen. Sonst besteht die Gefahr, dass sie vom erstbesten Strauchdieb ausgeraubt, von gruseligen Wesen überfallen oder von Häschern des Gegners gefangengenommen werden.

Doch auch in Fantasyromanen, die in der heutigen Welt verankert sind, spielt Action inzwischen eine immer größere Rolle. Deshalb wird selbst in Büchern gekämpft, in denen man das nicht unbedingt erwarten würde – zum Beispiel in *Das Mädchen, das Bücher fängt* von Victoria Schwab. Wenn ein Mensch stirbt, wird seine Lebensgeschichte in einer Art Bibliothek abgelegt. Manchmal jedoch erwachen die Geschichten und versuchen in die Welt der Lebenden zurückzukehren. Dann kommt Mac ins Spiel, denn sie ist eine Hüterin und ihre Aufgabe ist es, die entlaufenen Geschichten zurückzubringen. Dabei muss sie auch handgreiflich werden; die Kämpfe sind oft hart und gefährlich, weil die Geschichten so verzweifelt sind.

Mir sind Kampfszenen lange schwer gefallen, weil ich keinen Bezug dazu hatte und außerdem kein Fan von Blutvergießen bin. Ich habe einige Zeit gebraucht, bis sie mir leichter von der Hand gingen und ich mit ihnen zufrieden war (von den Lesern ganz zu schweigen). Bei *Feuerblüte* wurde es dann ernst, denn meine Hauptfigur – die mich sehr faszinierte – war eine junge Schwertkämpferin und Schmiedin. Ich hatte mich zuvor entschieden, dass es in Daresh zwei Schwertkampf-Stile geben sollte, die in verschiedenen Gegenden praktiziert werden – der Stil des Nordens sollte eher dem Schwertkampf im europäischen Ritterzeitalter gleichen, wo mit kiloschweren Waffen auf einander eingedroschen wird. Doch das passte nicht zu Alena, so sah ich sie nicht. Aber ich wollte auch keine Degen in meinem Roman, die erinnerten mich zu sehr an die Musketiere. Also erfand ich noch einen Stil des Südens, in dem Alena kämpft. Er erinnert an die Kunst der Samurai, sehr schnell und elegant mit leichten Schwertern. Zur Vorbereitung ging es für mich erst einmal vor den Fernseher. Ich schaute Kampfszenen in asiatischen Schwertkampf-Filmen – zum Beispiel *Hero* – immer und immer wieder, um mich mit den Bewegungen vertraut zu machen. Um die Atmosphäre in mich aufzusaugen, um Bilder in den Kopf zu bekommen und Worte zu finden, um solche Kämpfe überhaupt beschreiben zu können. Bei *Nachtlilien* halfen mir manche Szenen der Dokumentation *Drachenmädchen*, um mir die Schwerttänze des Eliteregiments besser vorstellen zu können (sowie später mein eigenes Taekwondo-Training). Inzwischen bin ich Schwertkampf-Fan und plane, es in nächster Zeit selbst mal auszuprobieren, ein Experiment, das zum Beispiel Bernhard Hennen schon hinter sich hat. Er war mehrere Jahre lang Mitglied einer Schwertkampfgruppe und trat auf Mittelaltermärkten auf.

Robert Corvus hatte es da noch einfacher, weil er auf reichlich eigene Erfahrungen zurückblicken kann. »Zwar schätze ich mich glücklich, mich niemals in meinem Leben in einem physischen Kampf auf Leben und Tod befunden zu haben, aber ich war einmal Karatelehrer«, erzählt er. »In meiner besten Zeit trainierte ich zwischen zwei und acht Stunden täglich, wobei ich gern über den Tellerrand blickte, sodass ich auch Grundkenntnisse in Ninjutsu, Taekwondo oder Aikido erwarb. Das ist lange her, aber die elementare Logik eines Handgemenges ist mir noch immer klar, denke ich. Und was Gefechte im großen Stil anbelangt – nun, für irgendetwas muss mein Jahr bei der norddeutschen Infanterie schließlich gut gewesen sein.«

Andere Autoren setzen noch eins drauf, so zum Beispiel Sebastien de Castell, der seinem Autorenfoto nach nicht nur unerträglich gut aussieht, sondern auch Kampf-Choreograph ist. Kein Wunder, dass seine Kampfszenen sowohl anschaulich als auch fantasievoll sind (einmal bringen sich Falcio und seine Gefährten durch Kampf mit Gesang aus einer eigentlich tödlichen Klemme heraus). In einem Fechtkurs könnte man seine Bücher als Kursmaterial lesen lassen, ob einem das als Leser zu viel wird, ist Geschmackssache. Kleiner Auszug aus *Blutrecht,* dem ersten Band seiner *Greatcoats*-Trilogie.

»Lauf!« rief ich und Aline hielt sich dicht hinter mir, als wir direkt auf die beiden Männer neben dem Ausgang zur Gasse zurannten. Die beiden hielten ebenfalls schwere Keulen – eine alberne Waffe gegen ein Rapier, aber die meisten Schläger haben weder das Geld für ein gutes Schwert noch das nötige Interesse daran, ganz zu schweigen von der nötigen Unterweisung in seinem Gebrauch. Aber ich wollte auf keinen Fall einen Schlag auf den Hinterkopf davontragen, also konnte ich es nicht einfach dabei bewenden lassen, den Männern einen Schrecken einzujagen und an ihnen vorbeizulaufen. Bei dem Rechten fintierte ich niedrig. Bei einem Gegner mit einer schweren Waffe sollte man immer niedrig fintieren – fällt er auf die Finte herein, kostet es ihn viel mehr Kraft, die Waffe wieder nach oben zu bekommen, als für einen Schlag nötig ist.

Die Finte funktionierte, aber der Mann auf meiner linken Seite zögerte nicht; er zielte mit der Keule auf meine Schulter. Ich duckte mich unter dem Schlag weg und stach dabei dem Mann rechts von mir in den Unterleib, bevor er Zeit hatte, die Waffe wieder zu heben. Wir standen alle so nah beieinander, dass ich meine Klinge nicht zurück in Linie bringen konnte, also stieß ich einfach gegen den Ellbogen des linken Mannes und brachte ihn aus dem Gleichgewicht, dann versetzte ich dem Verletzten einen Tritt, damit er aus dem Weg war.

Auch Falcio lässt im Roman eine breite Blutspur hinter sich, er kann oft nicht anders. »In der Fantasy geht es, wie eigentlich immer in der Literatur, um Konflikte. Meist sogar um die größten Konflikte«, stellt Christoph Hardebusch fest. »Gewalt ist ein Teil des menschlichen Daseins, der menschlichen Natur. Mir ist jedoch wichtig, dass Gewalt im Roman nicht zum Selbstzweck oder gar glorifiziert wird. Die Konsequenzen der Gewalt müssen sichtbar sein, sie darf nicht als simple Problemlösung ohne Auswirkungen erscheinen. Es ist oft ein schmaler Grat, der da beschritten wird.«

Es kommt leider selten vor, dass Leser und Autoren darüber nachdenken, was das Töten oder Tötenmüssen für eine Figur bedeutet.

Anders bei Horus W. Odenthal, in dessen *Ninragon*-Romanen es in Sachen Gewalt heftig zugeht. In Auric dem Schwarzen sitzt der tödliche Zorn auf seinen Vater tief und manchmal erschrickt er über sich selbst und seine Reaktionen. Zum Beispiel, als Kneipenbekanntschaften ihn überfallen und der Abend in einem Massaker endet, das er nicht gewollt hat.

> Er fand sich im Dreck der Gasse sitzend wieder, die Beine von sich gestreckt, während sich sein Kopf sonderbar leicht und leer anfühlte, wie ein toter, kalter Bienenstock. Er schaute ringsum und sah die Leichen seiner fünf Angreifer verstreut in der Gasse liegen, reglos und leblos, blutig, verstümmelt. Er fühlte etwas in seiner Hand, schaute hin und sah, dass er den Axtschaft noch immer umklammert hielt. Was machte dieses verdammte Holzhackerwerkzeug in seiner Hand? Er stieß es von sich, stemmte sich auf die Hände und rappelte sich hoch.
>
> Von oben sah es nicht besser aus.
>
> So ein Holzhackerwerkzeug richtete eine üble, dreckige Schweinerei an. Viele von den Kerlen zu Hause zogen eine Axt vor und hatten sie entsprechend auch ihren Kindern in die Hand gedrückt. Er hatte die Ergebnisse solcher Schlächtereien auf den Raubzügen mit seinem Trupp gesehen. Der Anblick hier war nicht neu für ihn. Skrimaren machten so etwas.

… und trotzdem kotzt Auric gleich darauf in die Gasse.

Hier zusammengefasst ein paar Tipps für Ihre Kampfszenen:

- Bereiten Sie sich darauf vor, entweder indem Sie Kampfszenen in Filmen analysieren oder indem Sie selbst einmal zur Waffe greifen.
- Versuchen Sie sich filmisch vorzustellen, wie der Kampf verläuft und wer von den Kämpfern was macht.
- Beziehen Sie dabei die Umgebung mit ein: wie ist der Untergrund, welche Leute, Gebäude und Gegenstände sind in der Nähe, welche Umstände könnten Ihren Figuren helfen oder schaden?

- Blutvergießen sollte kein Selbstzweck sein, sondern immer einen guten Grund haben. Gewalt und Tod sollten für Ihre Figuren nicht zu selbstverständlich sein.
- Kampfszenen sollten nicht zu kurz sein. Ist der Kampf schon nach einer Seite vorbei, kann keine Spannung aufkommen.
- Lassen Sie Ihre Hauptfiguren unter widrigen Umständen oder gegen viel stärkere Gegner antreten, das steigert die Spannung und man fragt sich als Leser »Wie zum Teufel sollen sie aus dieser Klemme wieder hinauskommen?« Nicht spannend dagegen ist, wenn ein Monster nach dem anderen abgeschlachtet wird.
- Unfehlbare Kämpfer sind langweilig. Muten Sie Ihren Hauptfiguren ruhig Niederlagen und Verletzungen zu (und geben Sie ihnen bloß keinen Zaubertrank mit, der alles in Minutenschnelle heilt, das reduziert die Gefahr auf null und damit auch die Spannung!).

Und der Schluss?

Der Anfang entscheidet darüber, wie ein Leser oder eine Leserin in Ihre Geschichte hineinfindet … aber ein guter Schluss ist entscheidend dafür, wie er oder sie das Werk insgesamt empfindet. »Als Leserin lässt mich ein gelungener Schluss das Buch befriedigt zuschlagen«, meint Gesa Schwartz dazu. »Als Schriftstellerin achte ich darauf, dass alle grundlegenden Konflikte, mit denen sich die Figuren innerhalb der Geschichte herumschlagen mussten, gelöst beziehungsweise zu einem Ende geführt worden sind. Das bedeutet allerdings nicht, dass tatsächlich alle Fragen definitiv beantwortet werden müssen. Oft sind es ja gerade die Geschichten, in denen noch Raum für Spekulationen bleibt, die im Leser nachhallen.«

Ob Ihr Roman ein glückliches Ende hat oder nicht, bleibt Ihnen überlassen – Tolkien jedenfalls war ein Fan von Happy Ends. »Die tröstende Funktion von fantastischen Geschichten hat noch andere Aspekte als die fantasievolle Befriedigung uralter Bedürfnisse. Viel wichtiger ist der Trost durch ein glückliches Ende. Ich würde fast sagen, dass jede fantastische Geschichte es haben sollte«, schreibt er in seinem Essay ›On Fairy Stories‹. Das heißt nicht, dass er platte Happy

Ends für jeden Fantasyroman propagierte. Stattdessen führte er den Begriff der »Eukatastrophe« ein, die plötzliche Wendung zum Guten, die vielleicht sogar aus dem Schlechten kommt. Bestes Beispiel dafür ist der Showdown im *Herr der Ringe* – alles scheint verloren, denn in Mordor will Frodo den Ring nicht mehr aufgeben und seine Aufgabe vollenden. Doch dadurch, dass Gollum mit ihm kämpft, ihm den Finger mitsamt Ring abbeißt und aus dem Gleichgewicht gerät, wird der Ring im brodelnden Inferno vernichtet. Alles gut!

DAS LEERE BLATT IST NICHT IHR FEIND!

Der Spaß am Schreiben ist für mich sehr wichtig – wenn mir der verloren ginge, dann müsste ich dringend etwas ändern. Ich wünsche Ihnen, dass Ihnen das Schreiben ebenfalls Spaß macht, jetzt und weiterhin. Darum geht es in diesem Kapitel.

Mit der eigenen Kreativität umgehen

Wenn ich schreibe, höre ich immer Musik. Zu Beginn eines Projekts probiere ich herum und suche CDs aus meinem Regal oder Songs im Internet heraus, von denen ich glaube, dass sie von der Stimmung her zu meinem neuen Buch passen könnten. Nach und nach finde ich auf diese Weise den richtigen »Soundtrack« – und der ist für mich Gold wert. Dadurch, dass ich diese Songs während des Schreibens immer wieder höre, verbinden sie sich in mir mit dem Roman. Wenn ich morgens in mein Arbeitszimmer gehe, den Computer hochfahre und die ersten Songs meiner Playlist spiele, katapultieren sie mich förmlich in mein Buch hinein. Ich bin fast sofort »drin« in der Stimmung des Romans und kann loslegen.

Es hilft mir auch, mich mit Objekten zu umgeben, die zum jeweiligen Projekt passen. Als ich *Ruf der Tiefe* geschrieben habe, dekorierten eine große Meeresschnecke, eine Kamm-Muschel und eine lebensechte Krake aus rotem Gummi meinen Arbeitsplatz, an der Pinnwand hing eine große Meeresboden-Karte der Hawaii-Inseln und meine Konstruktionszeichnungen der Tiefseestation. Und mein Bildschirmschoner? Der zeigte natürlich eine Unterwasserlandschaft.

Ich brauche es, beim Schreiben allein zu sein, mich zurückziehen zu können. Meine Nummer haben nur wenige Menschen, damit während meiner besten Schreibzeit am Vormittag nicht ständig das Telefon klingelt – das würde mich jedes Mal aus meiner Romanwelt rausreißen.

Andere Autoren mögen Trubel um sich herum sogar. Gar nicht so wenige lieben es, im Café zu schreiben wie es Natalie Goldberg in ihrem Buch *Schreiben in Cafés* schildert. Auch Abgabetermine können sehr »inspirierend« sein – ich kenne Kolleginnen, die nur unter Druck richtig auf Touren kommen. Andere lähmt der Gedanke an einen Termin, zu dem sie fertig sein müssen, sie möchten sich lieber frei und ohne Zeitdruck entfalten.

Und Sie? Was inspiriert Sie, was hemmt sie? Stellen Sie zwei Listen auf. Die erste versammelt alle positiven Punkte:

Was fördert meine Kreativität und hilft mir beim Schreiben?	Wie könnte ich mir das holen oder mehr davon in mein Leben bringen?

Die zweite die weniger schönen Dinge:

Was hemmt meine Kreativität und hindert mich am Schreiben?	Was könnte ich daran ändern, wie könnte ich Störfaktoren loswerden?

Lesen Sie sich diese Liste nach ein bis zwei Monaten wieder durch – was haben Sie gut umgesetzt, was weniger gut, was gar nicht?

Manches kann man natürlich nicht ändern – wenn Ihr Partner/ Ihre Partnerin blöde Bemerkungen über Ihre Texte macht, werden Sie sich kaum deswegen scheiden lassen. Aber Sie könnten aufhören, mit ihm/ihr über das Thema zu reden und sich Gleichgesinnte suchen, die Sie positiv und mit konstruktiver Kritik begleiten.

Manchmal mangelt es schon am eigenen Arbeitsplatz – auf dem Küchentisch kann man nichts liegen lassen. Vielleicht lässt sich doch noch in einem Eckchen ein Schreibtisch unterbringen? Sie haben auch Rechte in der Familie! Wenn das wirklich gar nicht geht, könnten Sie ab und zu zum Schreiben ins Café oder im Sommer in einen Garten oder Park gehen.

Wenn Sie ein Kommunikations-Junkie sind, könnten Sie sich E-Mail- und Facebook-freie Zeiten verordnen, damit Sie sich besser aufs Schreiben konzentrieren können. Für viele Probleme gibt es Lösungen, manchmal ganz einfache.

Schreibblockaden überwinden

Vor dem weißen Blatt sitzt kaum noch jemand, aber ein leerer Bildschirm ist auch nicht besser. Und eine Geschichte, mit der man nicht vorankommt, kann sich anfühlen wie ein Splitter im Finger. Jeder Autor und jede Autorin kennt das Gefühl. Ein kurzer Überblick über die vier häufigsten Ursachen von Schreibblockaden und die besten Gegenmaßnahmen:

1. Mit der Geschichte stimmt etwas nicht

Sie merken nur, dass es nicht mehr weitergeht, wissen aber nicht genau, warum? Dann spürt Ihr Autoren-Bauchgefühl vielleicht, dass an Ihrer Geschichte etwas nicht stimmt. Es ruft: *Stopp!* Vielleicht, weil die Handlung so nicht funktioniert oder weil die Figuren Sie nicht genug interessieren. Zurück ans Reißbrett! Finden Sie heraus, wie Sie der Geschichte neues Leben einhauchen können.

- **Basteln Sie** so lange an Idee, Plot, Figuren und Welt herum bis Sie (wieder) darauf brennen, weiterzuschreiben. Wenn Ihre Geschichte Sie stark interessiert oder Sie sich schon darauf freuen, eine bestimmte Szene zu schreiben, ist das ein gutes Zeichen und wahrscheinlich werden Leser sich ebenfalls dafür erwärmen. Umgekehrt trifft das aber auch zu: Wenn Sie merken, dass Sie auf manche Szenen keine Lust haben, dann lassen Sie sie weg, wenn das irgendwie möglich ist oder schreiben Sie stattdessen einen kurzen Übergang.
- Wenn Sie selbst nicht herausfinden, was an Ihrem Projekt nicht stimmt, dann **diskutieren Sie** es mit Freunden, einem Schreibcoach oder einer freiberuflichen Lektorin.
- Im schlimmsten Fall **brechen Sie die Geschichte ab** und fangen eine andere an. Eigentlich kein Problem, ein wirkliches Problem wird nur daraus, wenn Ihnen das ständig passiert und Sie nur angefangene Geschichten herumliegen haben. Bei Jugendlichen ist das normal, erwachsene Autoren jedoch sollten zumindest hin und wieder eine Story fertig bekommen. »Ich glaube, man muss sich zwingen, regelmäßig an einem Text zu arbeiten«, sagt Cornelia

Funke. »Sonst passiert es ganz schnell, dass man sich sagt: ›Oh, mir fällt nichts ein.‹ Es ist auch eine große Versuchung, von einer Idee zur nächsten zu springen – wenn das Eine nicht läuft fängt man das Nächste an.«

2. Zu hohe Erwartungen an sich selbst

Sind Sie selten mit einem Text zufrieden, den Sie geschrieben haben? Oder setzen Ihnen während des Schreibens ständig Zweifel zu? Dann sind Sie in bester Gesellschaft, dieses Problem haben viele, selbst Bestsellerautorinnen. »Ich zweifle ständig, jedes Mal, wenn ich mich hinsetze«, berichtet zum Beispiel Jenny-Mai Nuyen. »Meine Ideale flattern mir immer gerade so vor den Fingerspitzen her, dass ich sie spüren kann ohne sie jemals zu fassen zu kriegen. Das als Motivation zu sehen und nicht als Enttäuschung, ist eine dauernde Herausforderung.«

Zweifel und Unsicherheit können also ein wichtiger Antrieb sein – solange sie nicht zu stark werden und einen hemmen. Besonders Perfektionisten leiden oft an sich selbst, weil sie ihre hohen Ansprüche kaum erfüllen können. Leider ist diese Blockade-Ursache eine, die man nicht im Handumdrehen loswird, weil es oft an Erfahrungen in der Kindheit und an der Erziehung liegt, wenn man als Erwachsener mit einem schwachen Selbstbewusstsein oder zu hohen Ansprüchen an sich selbst kämpft. Trotzdem hier ein paar Tipps:

- **Haben Sie Geduld mit sich**. Schreiben lernt man nicht über Nacht, sondern durch jahrelange Übung. Mit jedem Text werden Sie ein bisschen besser. Wenn Sie hartnäckige Zweifel haben, ob Ihre Geschichte etwas taugt, fragen Sie Freunde, die viel lesen oder sogar selbst schreiben, nach ihrer Meinung. Oder suchen Sie sich einen Schreibcoach. Auch einen Schreibworkshop zu besuchen kann Ihnen viele neue Anregungen bringen. Manche Einsteiger bekommen dort zum allerersten Mal Feedback zu ihren Texten.
- **Vergleichen Sie sich nicht mit anderen Autoren und Autorinnen**. Ganz besonders nicht mit den Stars und Genies, niemand erwartet, dass Sie mit denen mithalten. Lesen Sie wie schon erwähnt nicht nur hervorragende Bücher, sondern auch mal ganz

bewusst mittelmäßige oder schlechte. Das Gefühl *Das hätte ich auch gekonnt* oder *Das kann ich aber besser! ist* Balsam für Ihre Seele und gibt Ihnen die Kraft, an Ihren eigenen Projekten weiterzuarbeiten. Das half sogar Cornelia Funke am Anfang: »Ich hatte als Illustratorin schon Texte gesehen von einer Qualität, bei der ich dachte, so etwas schaffe ich auch. Diese leichte Prise Arroganz ist ganz hilfreich manchmal.«

- **Erwarten Sie nicht, dass Sie jede Szene in jeder Stimmung schreiben können.** Witzige Szenen schreibe ich nur, wenn ich gut drauf bin, sonst werden die nichts. Traurige Szenen in übermütiger Stimmung zu schreiben ist ebenso aussichtlos. In solchen Fällen füge ich ins Manuskript in Doppelklammern den Kommentar ein: ((Hier kommt diese oder jene witzige Szene hin)) und schreibe sie später.
- **Überarbeiten Sie die Geschichte nicht endlos**. Lassen Sie sie irgendwann los, zumindest so weit, dass Sie sie Testlesern geben können, denen Sie vertrauen. Danach wissen Sie zumindest genauer, was Sie umkrempeln sollten und sind irgendwann damit FERTIG. Sagen Sie sich, dass es nur eine Rohfassung ist. Wenn Sie es brauchen, können Sie auch den Testlesern dazusagen, dass es eine erste Version ist und Sie eigentlich noch ganz viel ändern wollten. Dann wird Ihr Testleser weise mit dem Kopf nicken, »Ja, ja« sagen und loslesen. Perfekt ist Ihr Manuskript nicht, wird es vielleicht nie sein – na und?
- **Stärken Sie Ihr Selbstbewusstsein**, zum Beispiel durch kleinere Veröffentlichungen in Literaturzeitschriften oder durch selbst gestellte Aufgaben, die Sie meistern. Umgeben Sie sich mit Menschen, die Ihnen Mut machen und meiden Sie solche, die nur negatives Feedback geben.
- **Unterstützung holen**. Wenn Sie merken, dass Sie es selbst nicht schaffen, Ihre inneren Blockaden zu lösen, dann lassen Sie sich helfen. Manchmal bringt ein psychologisches Coaching oder das Mitmachen in einer Therapiegruppe den Durchbruch.

3. Der Faden reißt zu oft

Machen wir einen kurzen Ausflug in eine ideale Welt: Sie bleiben Tag und Nacht in Ihrem Buchprojekt »eingetaucht«. Selbst wenn Sie gerade nicht schreiben, gärt die Geschichte in Ihnen weiter und entwickelt sich, fast ohne dass Sie es merken. Sie müssen einen Block neben Ihr Bett legen, um die vielen spontanen Ideen zu notieren, die Sie beim Einschlafen oder Aufwachen haben. Und Sie fiebern schon dem Moment entgegen, an dem Sie weiter planen, recherchieren, schreiben können. Es geht voran und das fühlt sich gut an.

Doch leider ist es in Wirklichkeit meist anders. Gestresst und genervt von unserem Brotberuf schleppen wir uns daheim an den Schreibtisch, mühsam haben wir uns die Zeit dafür erkämpft. Es klappt zwar, sich einzuschreiben, ein paar Stunden lang sind Sie voll »drin« und werden mitgerissen, aber dann müssen Sie Ihr Projekt wieder eine Woche, zwei Wochen, drei Wochen lang liegen lassen. Das kreative Gebrodel in Ihnen kommt aber schon nach wenigen Tagen zum Stillstand und Sie müssen es bei Ihrer nächsten Schreibsession mühsam wieder zum Leben erwecken. Dann ist die Zeit wieder mal um und der Faden reißt erneut. Kein Wunder, dass es nicht recht vorangeht mit Ihrer Geschichte und Sie immer seltener daran weiterarbeiten. Denn nach einer Weile verpufft die Energie der Idee, Ihre ursprüngliche Begeisterung für die Geschichte ist abgekühlt – leider ein völlig normaler Vorgang.

Als hauptberufliche Autorin lebe ich zwar in der oben beschriebenen idealen Welt, kenne das Problem aber auch. Oft muss ich Ideen, die ich am liebsten sofort anpacken würde, monate- oder jahrelang »auf Eis« legen, weil ich ja nicht mehrere Romane gleichzeitig schreiben kann. Das bezahle ich mit oft wochenlangen Mühen, wenn ich versuche, den Zugang zu meiner Story wieder zu finden, wenn sie in meinem Zeitplan endlich »dran« ist. Aber weil ich nicht aufgebe, klappt es dann doch.

Ein paar Tipps (im Kapitel »Zeit zum Schreiben finden« gibt es weitere):

- Wenn Sie von einer Idee begeistert sind, versuchen Sie sie möglichst bald anzupacken! Dann trägt Ihre **Begeisterung** Sie im besten Fall durch die ganze Geschichte und erlahmt nicht nach und nach, weil andere Dinge Sie zu viel Zeit und Kraft kosten.

- **Wärmen Sie sich auf**. Um sich wieder in »Schreibstimmung« zu bringen, könnten Sie zum Beispiel ältere Passagen noch einmal lesen und gleich ein bisschen schleifen. Dann sind Sie aufgewärmt und können mit neuen Szenen anfangen. So macht es zum Beispiel Robin Gates. »Bevor ich mit der täglichen Arbeit an einem Manuskript loslege, lese ich gerne die letzten Seiten laut. Auch zwischendurch halte ich öfters mal inne und lese mir das, was ich gerade geschrieben habe, vor. Die Geschichte zu hören motiviert mich stark, ich komme in einen kreativen Fluss und habe Lust, sie weiter fortzuführen.«
- **Schreiben Sie regelmäßig**, damit der Faden möglichst selten reißt! Einen Abend in der Woche können Sie sicher entbehren. Noch besser funktioniert es, wenn Sie sich vornehmen (und das auch eisern einhalten), jeden Tag eine Seite zu schreiben. In einem Jahr haben Sie 365 Seiten geschafft – und schon ist der Roman fertig!
- Manchmal bringt es etwas, wenn Sie das **»Schreib-Medium« wechseln**. Vielleicht liegt es Ihnen gar nicht, vor Bildschirm und Tastatur zu hocken? Otfried Preußler beispielsweise sprach seine Texte bei Spaziergängen ins Diktiergerät. Vielleicht haben Sie ja ebenfalls Spaß daran, Ihre Geschichten aufzusprechen. Oder Sie schreiben mit der Hand, das hat den Vorteil, dass Sie den Text beim anschließenden Eintippen gleich überarbeiten können.
- Vielleicht motiviert es Sie, an **»Schreib-Challenges«** teilzunehmen, bei denen man zum Beispiel einen Monat lang eine bestimmte Anzahl von Wörtern täglich schreiben soll. »Wenn ich meine 400 Wörter nicht geschrieben hatte, machte ich auch um 23.30 noch den Computer an«, erzählt Autorin Lisa Echcharif über ihre Teilnahme an der NaNoWriMo (National Novel Writing Month). Dass viele andere Gleichgesinnte daran teilnehmen, motiviert, und wenn Sie den Monat durchgehalten haben, können Sie a) stolz auf sich sein und b) Sie sind mit Ihrem Projekt enorm weitergekommen.

Manche meiner Workshop-Teilnehmer nehmen zum Beispiel an der »100 Day Writing Challenge« (www.writingchallenge.net) teil, ohne sich anzumelden. Auf diese inoffizielle Art kann man auch mit weniger Wörtern/Seiten mitmachen, wenn die vorgegebene Menge abschreckend wirkt.

Jetzt sind Sie dran:

Ich nehme mir vor. . . .	Umsetzung bis wann?

Kleben Sie an dieser Stelle einen bunten Zettel ins Buch und schauen Sie sich diese Liste regelmäßig an, um Ihre Umsetzungsfristen nicht zu verpassen.

4. Frust pur!

Eine Absage nach der anderen, das zehrt an der Substanz. Manuskripte gibt es jede Menge, Ihres ist in dieser Masse untergegangen und völlig fertig bei Ihnen wieder angeschwemmt worden. Kein Erfolg weit und breit. Allmählich stellen Sie sich die Frage, warum Sie eigentlich schreiben, wenn es mit der Veröffentlichung doch nichts wird und anscheinend niemand etwas von Ihnen lesen will!

Wie ich im Vorwort schon erzählt habe, war ich auch schon in dieser Situation, als mein erster später veröffentlichter Roman nach einer Heimat suchte. Als es doch noch klappte mit dem Verlag, gab mir das einen derartigen Energieschub, dass ich jahrelang schrieb wie wild (und das ganze Zeug wurde sogar gedruckt!).

➤ **Geben Sie sich die nötige Zeit** bis Sie wirklich veröffentlichungsreif schreiben. Alle anderen Berufe haben mindestens drei Jahre Ausbildungszeit und in dieser Zeit bekommt man Anleitung durch

Ausbilder und Berufsschule. Warum sollte man über Nacht und weitgehend ohne Hilfe Autor werden und ein Buch schreiben können? Überarbeiten Sie Ihre Texte immer wieder, holen Sie sich Feedback dazu, lassen Sie sie liegen, schauen Sie sie kritisch wieder an. Mein Romanmanuskript, das schließlich gedruckt wurde, war übrigens eines von 19. Die anderen, die ich im Alter von 13 bis 25 Jahren geschrieben habe, sind noch in der Schublade und werden sie vermutlich nie verlassen. Was ich nicht schlimm finde.

- **Motivieren Sie sich** während der langwierigen Verlagssuche mit kleinen Erfolgen, zum Beispiel selbst organisierten Lesungen, Veröffentlichungen in Zeitschriften o. ä.. Und denken Sie daran: Manchmal ist, wie Michael Ende mal gesagt hat, »Erfolg eine Portofrage«! Viele später berühmte Autoren mussten zahlreiche Absagen einstecken (Michael Ende übrigens 12 für *Jim Knopf*).
- **Für wen schreiben Sie?** Im Grunde doch für sich selbst, oder? Weil es Ihnen Spaß macht, weil Sie »Ihre« Geschichten, Figuren und Welten lieben. Erinnern Sie sich hin und wieder daran.
- **Selbst aktiv werden!** Wenn Sie und Ihre Testleser von der Qualität Ihres Manuskripts überzeugt sind, Sie es aber keinem Publikumsverlag verkaufen konnten, dann sollten Sie vielleicht den Weg des Selfpublishing gehen. Wenn es Ihr Werk als E-Book oder schön gestaltetes Taschenbuch gibt, dann können Sie dieses Projekt innerlich abschließen, das Buch ins Regal stellen, an Freunde verschenken … und vielleicht verkauft es sich ja sogar gut. Das ist nicht wirklich häufig, aber es kommt vor. Gut laufende selbst veröffentlichte Romane werden manchmal sogar von regulären Verlagen übernommen. Der Ruf dieser Bücher hat sich in den letzten Jahren gebessert, die »Indie-Szene« ist stärker geworden.

Haben Sie hier die Ursache Ihres Problems gefunden? Oder fällt Ihnen einfach nur nichts ein? In diesem Fall empfehle ich, nicht auf den Kuss der Muse zu warten, sondern sie beherzt zu umarmen und ihr selbst einen dicken Schmatzer ins Gesicht zu drücken. Im Klartext: Schreiben Sie drauflos, auch wenn Sie sich mal nicht inspiriert fühlen. Je länger man untätig wartet, desto weniger fällt einem ein, weil dann das bereits erwähnte »kreative Gebrodel« im Autorenhirn nicht in Gang kommt.

Auch ein **Brainstorming** mit Freunden oder Gleichgesinnten kann Ihre Fantasie wiederbeleben und die Einfälle zum Sprudeln bringen. Oder bringt es Ihnen neuen Schwung, ein Projekt mit einem anderen Autor gemeinsam anzupacken? Einfach mal ausprobieren!

Zeit fürs Schreiben finden

»Ich wollte schreiben, wollte erzählen, bin aber nicht so recht dazu gekommen«, erzählt Autor Mario Giordano (*Apocalypsis, Das Experiment*) über die Entstehung seines ersten Buches. »Doch eines Tages ging mir durch den Kopf: Wenn du das wirklich willst, musst du das einfach tun. Sonst sagst du dir eines Tages: ›Ich hätte ein guter Autor werden können und habe es nicht versucht.‹ Also habe ich angefangen eine Geschichte zu schreiben, die mir mal eingefallen ist.« Nur hatte er immer noch das gleiche Problem wie vorher – wenig Zeit! Das ganze zog sich hin. »Aber dann war die Geschichte wirklich so weit, dass ich dachte, jetzt kannst du nicht wochenlang aufhören und dann wieder anfangen zu schreiben, jetzt musst du dich einmal hinsetzen, zwei, drei Monate und wirklich nicht arbeiten, sondern diese Geschichte zu Ende schreiben. Das war in den Sommersemesterferien während meines Studiums, und in der Zeit hat meine Freundin für mich mitgearbeitet, was toll war, deswegen ist das Buch ihr auch gewidmet.«

Diese Probleme kennen wir alle – wir sind eingespannt in Job, Studium, Familienleben. Zeit zum Schreiben? Findet sich kaum. Hier ein paar Tipps, was Sie dagegen unternehmen können:

- **Klären Sie Ihre Prioritäten** und entscheiden Sie, wie wichtig Ihnen das Schreiben wirklich ist. Ja, es kostet Überwindung, sich nach einem harten Arbeitstag noch hinzusetzen und seine Freizeit in etwas zu stecken, das im Grunde selbst ganz schön viel Arbeit ist. Aber wollen Sie wirklich zum zweiten Mal *Die Truman Show* oder *Stirb Langsam* im Fernsehen ansehen oder an Ihrer neuen Geschichte weiterarbeiten, die Ihnen ganz allein gehört, in der so viel von Ihnen steckt?

- **Finden Sie heraus, was Ihre beste Schreibzeit ist.** Ich bin am frühen Morgen und Vormittag am kreativsten, da bin ich ausgeruht und motiviert. Andere Autoren stehen lieber spät auf, dafür arbeiten sie gerne die halbe Nacht durch. Was für ein Typ sind Sie?
- **Reservieren Sie sich eine bestimmte Zeit**, zum Beispiel einen Abend, Vormittag oder Nachmittag pro Woche fürs Schreiben (je nachdem, wann Ihre optimale Schreibzeit ist). Dieses Zeitfenster müssen Sie mit Zähnen und Klauen verteidigen, sonst ist es ruckzuck anderweitig verplant. Verbissen schütze ich zum Beispiel meine Vormittage, meine beste Schreibzeit. Arzt-, Friseur- oder Schultermine können genauso gut am Nachmittag stattfinden, am Vormittag habe ich keine Zeit und basta. Ihre Familie wird, wenn Sie nachdrücklich genug darauf bestehen, diese Schreibzeit respektieren und sich daran gewöhnen.
- **Längere Schreibphasen organisieren**: Wie wäre es mit einem Schreibworkshop, der Sie mal wieder richtig in Gang bringt und Ihnen neue Motivation gibt? Vielleicht auch mal eine Woche Schreiben plus Urlaub mit Gleichgesinnten an einem idyllischen Ort? Sowas kann man entweder mit zwei, drei schreibenden Freunden selbst organisierten oder bei einem regulären Workshop mitmachen, Angebote gibt es reichlich, schauen Sie ins Internet oder mein *Autoren-Handbuch*.
- **Setzen Sie sich Ziele!** Eine Seite pro Tag. Eine neue Kurzgeschichte pro Monat. Ein Kapitel pro Monat. Gut ist auch, wenn die Autorengruppe beim nächsten Treffen etwas Neues hören will. Überfordern Sie sich nicht mit zu hohen Zielen, sondern setzen Sie sich erreichbare Etappenziele. Dann haben Sie eine Chance, sie zu erreichen und können stolz auf sich sein. Vielleicht finden Sie ja auch einen Coach, der Ihnen Ziele setzt, mit Ihnen Abgabetermine vereinbart und Sie in den Hintern tritt, wenn Sie das brauchen.

Manchmal kann man sich Freiräume fürs Schreiben schaffen: Ju Honisch beispielsweise hat ihr Leben so organisiert, dass sie vier Tage fest angestellt arbeitet und den fünften Tag Zeit für ihre Bücher hat. Für jeden Roman braucht sie etwa ein Jahr. Nur bei ihrem Erstling *Obsidianherz* ging es schneller. »Geschichte und Figuren wollten unbedingt raus«, erzählt sie. »In dieser Zeit war ich völlig manisch. Ich bin heimgekommen, hab etwas gegessen und dann sofort losgeschrieben.«

Es gibt Leute, die schaffen es trotz Vollzeitjob Bücher zu schreiben. Der erfolgreiche Fantasyautor Christoph Marzi hat mir mal erzählt, dass er tagsüber an einem Gymnasium unterrichtet, sich an den Nachmittagen gemeinsam mit seiner Frau um seine drei Töchter kümmert und in der Nacht schreibt. Wahnsinn! Ich würde das nie schaffen, obwohl ich nur mit einem Kind gesegnet bin – nach einem vollgepackten Tag falle ich meist todmüde ins Bett, irgendeinen brauchbaren Text kann ich meinem Hirn abends nicht mehr abwringen. Und schon gar keine dicken Wälzer, wie sie Christoph Marzis Leser lieben.

Auch Wieland Freund, der unter anderem Fantasy für Kinder und Jugendliche schreibt, schafft es, seine Bücher quasi nebenher zu schreiben. »Zeit ist eines der ganz großen Probleme – das zweitgrößte wahrscheinlich, gleich nach dem Finanzamt, das mich behandelt, als ob ich ein Profitcenter wär«, berichtet er. »Ich habe neben der Arbeit immer Kinderbücher geschrieben. Irgendwann hat es sich dann so eingependelt, dass ich am frühen Morgen schreibe. Das braucht leider Gottes Disziplin und einen halbwegs ordentlichen Plan für das Buch. Weil manchmal Tage vergehen, an denen ich mich nicht an das Manuskript setzen kann, muss ich immer wissen, wo ich gerade bin. Das ist aber nicht unbedingt ein Nachteil. Und wenn ich manchmal viel Zeit habe, über den nächsten Satz oder die nächsten Szenen nachzudenken – in der Bahn oder beim Einkaufen oder sonst wo – ist das eher ein Vorteil.«

Der Text ist fertig – was nun?

Die erste Fassung Ihres Textes ist fertig – herzlichen Glückwunsch! Genießen Sie das Gefühl, Ihre Geschichte, Ihr Sachbuch oder Ihren kompletten Roman fertiggestellt zu haben. Das ist schwierig genug und eine Leistung, auf die Sie stolz sein können.

Doch die erste Fassung ist nie die letzte. Kein Text ist auf Anhieb perfekt, auch Profis schreiben nicht druckreif. Mit jeder Überarbeitung wird Ihr Text besser (außer, Sie haben ihn schon zwanzig Mal überarbeitet, dann sollten Sie ihn langsam loslassen, um nicht alles Leben aus ihm heraus zu ändern). Bei der realistischen Einschätzung, was man noch ändern sollte, ist Feedback von anderen sehr wichtig, deshalb geht es in diesem Kapitel auch um Testleser und den Umgang mit ihnen.

In den nächsten Abschnitten erfahren Sie mehr darüber, wie man ohne allzu viele ausgeraufte Haare und Zweifel von der ersten Fassung zur Abgabefassung kommt.

Richtig überarbeiten

»Von meinen bisherigen drei Romanen hat *Fantastik AG* beim Schreiben die größte Wandlung durchgemacht, da ich immer wieder ganze Passagen umgeschrieben, gestrichen oder durch neue ersetzt habe«, erzählt Jan Oldenburg. »Die grundlegenden Elemente waren ziemlich gleichzeitig da – die altehrwürdige Phantastik, der Student und der Professor, die Fernen Länder und die Fantastik AG – während die Geschichte dann über die Jahre immer konkretere Gestalt angenommen hat. Durch diesen gemächlichen, organischen Entwicklungsprozess bin ich eigentlich nie in die Verlegenheit gekommen, mir allzu sehr den Kopf zerbrechen zu müssen.« Das ist der Vorteil des ersten Romans – bei dem hat man noch keinen Druck. Bei Oldenburgs zweiten Roman lief es schon etwas anders: »Bei *Totentrickser* hatte ich mich mit der Zeitvorgabe ziemlich vertan und dann einigermaßen für Chaos gesorgt, indem ich den eigentlich schon fertig lektorierten Text weit über den Abgabetermin hinaus noch mehrmals hektisch durchgepflügt habe.«

Bei mir selbst laufen Überarbeitungen immer nach dem gleichen Schema ab: Wenn ich die letzte Seite eines Manuskripts geschrieben habe, atme ich kurz durch, dann beginne ich die Überarbeitung mit **Schritt 1**, einen Durchgang, bei dem ich alles ändere, was mich schon während des Schreibens gestört hat – zum Beispiel, dass eine Figur noch zu flach ist, ich eine bestimmte Beschreibung noch ausarbeiten wollte, dass ich mit den Dialogen in einem Kapitel noch nicht zufrieden bin oder dass ich bei bestimmten Fakten unsicher bin und sie nachprüfen sollte. All das habe ich nicht sofort angepackt, um meinen Schreibfluss nicht zu stoppen, sondern erstmal »vertagt« und in einer Liste notiert.

Wenn ich alles geändert habe, was auf meiner Liste stand, drucke ich mir – **Schritt 2** – das ganze Werk aus, lese es genau durch und korrigiere auch kleinere Dinge wie Tippfehler, Rechtschreibung, grenzwertige Metaphern, einzelne zu lange Sätze, misslungene Übergänge etc. Nach diesem Korrekturdurchgang ist meine erste Fassung fertig, vor mir liegt ein ordentlicher Papierstapel mit hübschem Titelblatt und mein Mann und ich machen einen Sekt auf, um auf den neuen Roman anzustoßen.

Doch fertig ist das Manuskript noch lange nicht. Bis es druckreif ist, folgen – **Schritt 3** – noch mindestens zwei große Überarbeitungen nach Testleser- und Lektoren-Feedback, manchmal auch deutlich mehr. *Fuego,* einen meiner frühen Romane, gibt es in den Fassungen A, B, C, D, E, F und G, ich habe das Manuskript also siebenmal durch die Mangel gedreht, weil ich mit dem Verlauf der Handlung, dem Stil, der Entwicklung der Figuren und so weiter nicht mehr zufrieden war. Gedruckt wurde es trotzdem nicht, weil das Thema nicht mehr in die heutige Zeit passte. Gelohnt hat sich die Sache aber doch, ich habe bei jeder Überarbeitung etwas über die Kunst des Schreibens gelernt.

Viele Autoren hassen das anstrengende Überarbeiten (auch ich). Nur von Isabel Abedi, von der zum Beispiel der wunderbare Engelsroman *Lucian* stammt, weiß ich, dass sie gerne überarbeitet: »Das ist wie Christbaumschmücken«, findet sie. Denn man weiß ja in dieser Situation, dass es grundsätzlich geklappt hat mit dem Manuskript. Eine tolle Einstellung und eine, an die ich mich manchmal bewusst erinnere, wenn ich mal wieder in Versuchung bin, die Überarbeitung eines neuen Romans ganz, ganz weit hinauszuschieben.

TIPP: *Bei Wettbewerben gibt es meist eine Seitenbegrenzung bei den Texten – dabei kann man wunderbar Kürzen üben! Welche Literaturwettbewerbe gerade laufen, erfahren Sie zum Beispiel auf www.autorenwelt.de -> »Literaturbetrieb«.*

Wie können Sie erkennen, was Sie an Ihrem Text noch machen sollten? Erfahrungsgemäß ist man als Autor in dieser Phase absolut betriebsblind gegenüber dem eigenen Manuskript. Aber es gibt drei Methoden dagegen, die Sie möglichst alle anwenden sollten:

- Meine **Checkliste** literarischer Kriterien durchgehen (siehe folgende Seiten). Dadurch fallen Ihnen vielleicht noch Punkte ein, bei denen Sie sagen »Ups, das sollte ich noch machen …«
- **Abstand bekommen** und das Manuskript ein paar Wochen liegen lassen. Sie werden staunen, wie anders man seinen Text danach sieht. Aber keine Sorge, es ist nicht alles Mist, und wenn Sie Ihr Werk das nächste Mal lesen, kommt es Ihnen vielleicht wieder genial vor. Solche Meinungsschwankungen sind völlig normal.
- **Testleser** bitten, das Manuskript zu lesen. So bekommen Sie wertvolle Lesermeinungen und können anschließend überlegen, welche Änderungsvorschläge Sie übernehmen. Mehr darüber im nächsten Unterkapitel.

Es kann auch sein, dass Sie zu dem Schluss kommen, dass dieses Projekt noch nicht reif für die Öffentlichkeit ist. Selbst erfolgreiche Autoren und Autorinnen haben gewöhnlich Exposés und Manuskripte in der Schublade, aus denen nie ein richtiges Buch geworden ist. »Vor meinem ersten veröffentlichten Roman habe ich fast sieben Romane geschrieben«, erzählt Jenny-Mai Nuyen. »Aber die möchte ich nicht publizieren, ich hatte ja meinen Spaß damit. Nach meiner Erstveröffentlichung habe ich noch zwei Romane geschrieben, dazu zwei unvollendete, die ebenfalls für die Schublade sind. Aber die spätere Verwertung eines Textes ist nicht der primäre Grund, warum ich ihn schreibe. Vielmehr geht es darum, Gedanken und Vorstellungen in Schrift festzuhalten, einfach damit sie in der Welt sind, damit man sie erlebt. Ich bin nicht so anmaßend zu fordern, dass jeder meiner Texte auch im Bewusstsein anderer Menschen realisiert werden soll. Zugleich halte ich mein Schreiben für wichtig genug, dass es keinen weiteren Zweck – wie etwa Geld oder Ruhm – als Rechtfertigung braucht.«

Wenn Sie entschlossen sind, Ihr Manuskript zu veröffentlichen, sollten Sie es erst an Agenturen und Verlage schicken, wenn es ausgereift und »getestet« ist. »Bevor man es überhaupt versucht, sollte ein Manuskript schon ziemlich perfekt sein«, rät Jan Oldenburg. »Man muss nämlich bedenken, dass das innig geliebte, hoffentlich mit viel Herzblut geschriebene eigene Buch da draußen in der kalten und grausamen Welt der Verlage und Agenturen mit hunderten, wenn nicht tausenden anderen Büchern in erbitterter Konkurrenz steht.« Und Verlage können durch die Arbeitsüberlastung in den Lektoraten nicht mehr viel Entwicklungsarbeit mit einem angehenden Autor leisten und kaufen nur Projekte ein, bei denen es nicht mehr viel zu überarbeiten gibt. »Wenn die Idee gut, aber das Manuskript schlecht geschrieben ist, lohnt es sich für uns nicht. Das ist zu viel Arbeit und man hat eventuell noch Zirkus, weil der Autor keine Änderungen will«, sagt Lektorin Michelle Gyo. »Aber wenn jemand eine tolle Schreibe hat, schlägt man ihm eventuell vor, sich mit einem anderen Projekt nochmal zu melden. Das kommt ab und zu vor.«

Bevor Sie Ihren Text einschicken, können Sie ihn zum Beispiel anhand dieser Checkliste prüfen:

- Gibt es einen möglichst starken (inneren oder äußeren) **Konflikt**, der den Leser dazu bringt, weiterzulesen?
- Hat die Handlung **Höhepunkte**?
- Ist die **Idee** originell genug, um Interesse zu wecken, oder sollten Sie besser noch die eine oder andere ungewöhnliche oder überraschende Wendung einbauen?

- Haben Sie bei der Handlung und den Personen **Klischees** und Stereotype vermieden?
- Haben Ihre **Figuren** genug Tiefe und innere Konflikte? Sind sie durch ihre Taten und das, was sie sagen, ausreichend charakterisiert? Entwickeln sie sich im Verlauf des Textes?
- Sind Ihre **Antagonisten** ausreichend charakterisiert und motiviert?
- Haben auch die **Helden** schlechte Seiten, Schwächen, Ängste?
- Sind die **Dialoge** interessant und lebendig? Sprechen Menschen wirklich so wie in Ihren Dialogen?
- Ist es Ihnen gelungen, **Sinneseindrücke** und Atmosphäre zu vermitteln?
- Vermeiden Sie abgedroschene **Ausdrücke und Vergleiche** (wie zum Beispiel »ihm gefror das Blut in den Adern«) sowie umständliche oder zu lange Sätze?
- Bei High Fantasy: Haben Sie zu **moderne Ausdrücke** gestrichen?
- Ist Ihre **Welt** in sich logisch und hat sie genügend Detailreichtum, damit sie »echt« erscheint? Stimmen die Reisewege der Figuren mit der Karte überein?
- Sind Ihre Sprache, die Handlung und der Umfang des Romans der **Zielgruppe** angemessen? Ein 150-seitiger Fantasyroman für Erwachsene wird kaum Leser finden, umgekehrt sollte ein Kinderroman ab 8 keine 400 Seiten haben und vor Blut triefen …

Testleser und Autorengruppen

Sie haben getan, was Sie konnten. Jetzt brauchen Sie einen anderen, fremden Blick auf Ihr Werk, um weiterzukommen – und oft ist es spannend und überraschend, wie Leser Ihre Geschichte sehen.

Ich bin immer sehr froh, wenn ich ehrliches Feedback bekomme, und bedanke mich dafür mit einem signierten Exemplar des Buches und einer Nennung in der Danksagung, manchmal, bei wirklich rührendem Einsatz, auch mit einer Einladung zum Essen, denn tolle Testleser muss man sich unbedingt warmhalten!

Gute Testleser zu finden ist allerdings nicht einfach, denn was Sie brauchen, ist jemand, der sich für Ihre Texte interessiert, der nicht nur einen Satz im PS einer Postkarte dazu sagt und der nicht nur lobt, sondern auch offen benennt, was ihm nicht so gut gefallen hat. Umgekehrt sind Leute, die nur negative Dinge anmerken, auch nicht besonders nützlich und schlecht für die eigene Motivation. Kurz: Es darf ruhig ein bisschen weh tun, aber nicht zu sehr. Und manche Autoren kommen mit Testlesern gar nicht klar: »Im Moment habe ich keine«, erzählt Romantasy-Autorin Marah Woolf. »Zwischendurch habe ich es ausprobiert, aber ich habe festgestellt, dass mir das zu viel Input von zu vielen verschiedenen Seiten war. Inzwischen mache ich es nur noch so, dass ein paar Blogger das Buch aus Marketinggründen vorab lesen dürfen, aber das ist dann schon die fertige Version.«

Um Testleser zu rekrutierten, könnten Sie sich zum Beispiel in Ihrem Freundes- und Bekanntenkreis umhören. Am besten eignen sich Menschen, die viel lesen, da sie meist ein gutes Urteilsvermögen haben, was Stil und Sprache angeht. Man darf es nicht überbewerten, wenn Partner oder enge Verwandte begeistert sind – bei denen haben Sie unabhängig von Ihrem Text schon einen großen Sympathie-Bonus.

Wichtig ist der richtige Zeitpunkt, seinen Text nach außen zu geben. Manche Autoren mailen ihr erstes Kapitel sofort an Vertraute, um sich versichern zu lassen, dass sie mit dem Roman auf dem richtigen Weg sind. Ich selbst stelle immer erst eine Fassung fertig, mit der ich zufrieden bin, dann schicke ich sie an Testleser. Ähnlich macht es Oliver Plaschka: »Als Testleser rekrutiere ich theoretisch jeden, den ich gut genug kenne und der gerade Zeit und Lust dazu hat – aber ich gebe meine Texte wirklich erst aus der Hand, wenn ich mich halbwegs sicher damit fühle. Zu frühe Kritik an einem Text kann einen Wochen oder Monate zurückwerfen. Kritik ist wichtig, aber man muss lernen, wie viel und zu welchem Zeitpunkt man sie braucht.«

Sinnvoll ist es auch, **Schreibworkshops** zu besuchen. Nutzen Sie die Chance, sich mit anderen Erstautoren zu treffen, sich Texte vorzulesen und auf Gegenseitigkeit auszutauschen. Manchmal entstehen daraus auch Autorengruppen, die regelmäßige Arbeitstreffen veranstalten. Solche Gruppen gibt es übrigens in jeder größeren Stadt – und wenn nicht, dann gründen Sie eben eine (zum Beispiel per Kleinanzeige oder Aushang). Wichtig ist hierbei, dass in der Gruppe konstruktiv Kritik geübt wird und Sie das Gefühl haben, dass Sie und Ihre Texte gut hineinpassen.

Wenn das noch keinen Erfolg gebracht hat, könnten Sie versuchen, über **Schreibgruppen im Internet** Kontakte zu anderen Autoren aufzubauen und Texte in Foren einzustellen – es gibt sogar ein Forum speziell für Fantasy, den Tintenzirkel (www.tintenzirkel), der ursprünglich als eine Art Selbsthilfegruppe von Fantasyautoren gegründet wurde.

Meist bekommt man in Internetforen zu Kurzgeschichten sehr schnell sehr viele Kommentare. Manche Hobbyautoren stellen sogar ganze Romane ein, aber als angehender Profi sollten Sie mit langen Texten und guten Ideen behutsam umgehen und sie nicht wahllos unters Volk bringen. Für Texte im Internet gilt das normale Urheberrecht, **Plagiat** und unberechtigte Verwendung sind genauso verboten wie bei einer gedruckten Geschichte. Wenn Sie also entdecken, dass jemand von Ihnen »geklaut« hat, können Sie demjenigen richtig die Hölle heißmachen. **Achtung:** Ideen sind rechtlich nicht genauso geschützt wie Texte; Sie können niemanden daran hindern, Ihren Einfall aufzugreifen! Wenn Sie eine wirklich gute Romanidee haben, aber noch nicht dazu gekommen sind, ein Manuskript daraus zu machen, behalten Sie die Idee besser für sich.

Autorengruppen & Schreibforen im Internet

Fiction Writing www.fiction-writing.de	Kostenlose Schreibwerkstatt, in der jeden Monat eine Aufgabe gestellt wird. Bevor man selbst einen Text einreichen kann, muss man eine Reihe Kommentare zu Beiträgen anderer geschrieben haben. Die Schreibwerkstatt wird monatlich abwechselnd von erfahrenen Mitgliedern betreut.
Hobby-Autoren.net www.hobby-autoren.net	Vorgestellte Prosatexte werden in der Gruppe von allen Interessierten kommentiert, außerdem allgemeiner Erfahrungsaustausch über schriftstellerische Fragen. Eine regelmäßige Mitarbeit ist Bedingung. Mindestalter 16 Jahre.
Schreib-Lust www.schreib-lust.de	Austausch von Autoren über ein Forum; veranstaltet wird das vom kleinen Schreiblust-Verlag. Jeden Monat wird eine Aufgabe gestellt und die Texte zum Thema können ab dem 1. des jeweiligen Monats in die Liste gestellt und besprochen werden. Die besten Texte werden in einem Jahrbuch veröffentlicht.
Tintenzirkel www.tintenzirkel.de	Fantasyautorenkreis mit ca. 90 Mitgliedern. Kern des Tintenzirkel ist eine Mailingliste, in der die Mitglieder sich über ihre Texte und über handwerkliche Fragen des Fantasyschreibens austauschen. Gelegentlich auch persönliche Treffen zur Textdiskussion. Mitglied werden kann jeder, der Fantasy schreibt, unabhängig davon, ob er schon veröffentlicht hat.
Deutsches Schriftsteller-Forum www.dsfo.de	Bietet im Forum Austausch über Schriftstellerthemen, Infos über das Handwerk des Schreibens, Schreibübungen zu verschiedenen Themen (Lyrik und Prosa) und die Möglichkeit, eigene Texte vorzustellen und Rückmeldung dazu zu erhalten.
Schreibpodium www.schreibpodium.de	Eine Möglichkeit, eigene Gedichte und Geschichten zu präsentieren und Rückmeldung zu erhalten. Besonders gut ausgebaut bei den Lyrik-Themen, die in verschiedenen Stilrichtungen und Themen gegliedert sind.
Schreibfreunde-Forum www.schreibfreunde-forum.de	Forum rund ums Kreative Schreiben. Regelmäßige Schreibaufgaben, Austausch über Themen wie Aus- und Fortbildung, Recherche oder Veröffentlichung. Eigene Sektion zum Thema Weltenbau.

Schreibwerkstatt.de www.schreibwerkstatt.de	Plattform, auf der man Kurzgeschichten, Gedichte etc. veröffentlichen kann, die dann von den Mitgliedern besprochen werden. Die einzelnen Rubriken sind stark unterteilt, in der Kurzgeschichten-Abteilung muss man sich z. B. entscheiden, ob man seine Story in »Liebesgeschichten«, »traurige Geschichten«, »witzige Geschichten, »experimentelle Geschichten, »Krimi-Kurzgeschichten« etc. einordnen möchte.
Wortkrieger www.wortkrieger.de	»Seit 1999 bieten wir Autoren eine Plattform, auf der sie ehrlich und deutlich kritisiert werden.« Zur Diskussion stellen kann man Kurzgeschichten und Romane in vielen verschiedenen Kategorien (Alltag, Erotik, Fantasy, Horror, Jugend, Krimi, Mundart ...). Außerdem eine »Wörterbörse«, in der man an Schreibspielen teilnehmen kann, eine »Kreativwerkstatt«, in der Schreibaufgaben und Übungen gesammelt sind, und ein Forum für gemeinsame Projekte mehrerer Autoren.
Leselupe www.leselupe.de	»Deutschlands größte Literaturplattform«, bietet die Möglichkeit, Lyrik und Prosa zu veröffentlichen, außerdem Diskussionsforen, eine Schreibwerkstatt, kostenloses Lektorat und in der Rubrik »Leselupe-Wissen« viele Infos für Autoren.

Sie können auch gezielt zwei oder drei der vielen **Buch-Blogger** und Bloggerinnen anmailen, deren Geschmack zu Ihrem Manuskript passt, und sie fragen, ob sie nicht Lust zum Testlesen hätten. Solchen Leuten kann man das komplette Manuskript geben, sie müssen nur ihren Mitteilungsdrang unter Kontrolle halten, solange das Projekt noch unveröffentlich und geheim ist.

Wenn das alles kein qualifiziertes Feedback erbracht hat, dann können Sie sich immer noch an **freiberufliche Lektoren**, Schreibcoaches und Gutachter wenden.

Ich persönlich habe bei Romanen bis zu acht **Testleser** – Familienmitglieder, Autorinnen, erwachsene und jugendliche Fans sowie ehemalige Praktikantinnen (die habe ich selbst ausgebildet, die wissen, wie man es richtig macht!). Das klingt nach sehr vielen Leuten, und wenn ich meinen Roman nach dem Feedback überarbeite, ist mein Schreibtisch unter den aufgeschlagenen Manuskripten kaum noch sichtbar.

Aber ich finde es sehr hilfreich, mehrere Sichtweisen zu bekommen, denn die sind oft so unterschiedlich, wie es Menschen eben sind. Der eine achtet mehr auf die Sprache und Rechtschreibung, der andere auf die Logik der Handlung und so weiter. Bei mehreren Testern gleicht sich das mit dem persönlichen Geschmack, der immer ins Spiel kommt, auch etwas aus. Selbst wenn man ein richtig gutes Manuskript hat, stimmt manchmal die Chemie zwischen dem Roman und dem Testleser nicht, das kommt vor. Dann ist es gut, wenn andere Vorableser total begeistert sind.

Denken Sie daran: Sie müssen nicht alle Änderungsvorschläge übernehmen! »Viele Köche verderben den Brei«, warnt Usch Luhn, die mit ihren phantastischen Kinderbüchern sehr erfolgreich ist. »Irgendwann ist Schluss mit den gut gemeinten Ratschlägen, denn man darf seinen Text niemals verraten und opportunistisch schreiben. Schließlich muss man auch dafür gerade stehen.«

Wenn Sie jemanden zum ersten Mal als Testleser verpflichten, dann sollten Sie ihn ein bisschen anleiten. Sonst hat derjenige keine Ahnung, was von ihm erwartet wird und das Ergebnis ist vielleicht nicht hilfreich. Wenn sich zum Beispiel ein Fan bei mir als Testleserin bewirbt und ich aus bisherigen Kontakten einen guten Eindruck von ihr habe, schicke ich ihr folgende Orientierungs-Mail:

Liebe XXX,

als Testleserin bekämst du von mir das Manuskript in der ersten Fassung (im aktuellen Fall »XXX«, wird irgendwann diesen Sommer fertig) und solltest mir möglichst ausführlich von deinen Eindrücken von dem Text berichten (positiven und negativen, zum Beispiel zu Stil, Figuren, Spannung, Logik, Ideen, Anfang und Schluss etc.). Damit kann ich das, was dir und anderen nicht gefallen hat, noch ändern und weiß, welche Passagen gut ankommen und an welchen ich noch arbeiten muss. Sehr nützlich sind für mich auch spontane Randbemerkungen im Text, damit ich weiß, was dir beim Lesen durch den Kopf gegangen und direkt aufgefallen ist. Die Rechtschreibung ist unwichtig, auf die brauchst du nicht zu achten – darum kümmert sich ganz zum Schluss die Lektorin. Fürs Testlesen hättest du ca. 3 Wochen Zeit.

Als Dank erwähne ich dich in der Danksagung des Buches und du bekommst von mir ein signiertes Vorab-Exemplar.

Natürlich musst du den Inhalt des Manuskripts bis zur Veröffentlichung geheim halten und darfst den Text nicht weitergeben.

Falls dich das alles anspricht und du denkst, dass du sowas kannst, dann schick mir deine Postadresse, damit ich dir das Manuskript zusenden kann, wenn die erste Fassung fertig ist!

Viele Grüße, deine
Katja Brandis

Trotz dieser Hinweise gibt es Testleser, die das mit den schriftlichen Eindrücken nicht hinkriegen. In diesem Fall horche ich sie mündlich aus. Geht auch und man kann noch besser nachhaken und diskutieren. Aber Achtung, rechtfertigen Sie sich nicht! Es ist für Testleser total unangenehm, wenn Sie versuchen, jeden Kritikpunkt zu widerlegen! Zuhören und die Kritik einstecken ist hier die Devise.

Ein besonders spannend-gruseliges Erlebnis ist übrigens, wenn jemand neben Ihnen sitzt und Ihr neues Manuskript liest … das ist selbst für einen Profi kaum auszuhalten. Man lauscht auf jeden Lacher, schaut aus dem Augenwinkel, ob sich die Leserstirn runzelt, steht jedesmal Qualen aus, wenn das Manuskript aus irgend einem Grund zur Seite gelegt wird, womöglich auch noch achtlos oder wegen irgendeiner Nichtigkeit … kurz, wenn Sie zu wenig Aufregung in ihrem Leben haben, versuchen Sie es mal damit.

Letzter Schliff und feiner Look

Nun können Sie Ihrem Text den vorerst letzten Schliff geben. Dafür ist es optimal, wenn Sie sich wichtige Passagen wie die Anfangskapitel selbst laut vorlesen. Dabei fallen Ihnen garantiert Wortwiederholungen, unschöne Sätze und Ungenauigkeiten auf, die Sie bisher übersehen haben. Meine *Feuerblüte*-Romane habe ich mir komplett laut vorgelesen und sie haben sicherlich davon profitiert.

Auch die richtige Gestaltung sollten Sie jetzt anpacken. Haben Sie daran gedacht, **Absätze** zu machen? Ohne sie ist Ihre Geschichte rein optisch ein abschreckend wirkender Textbrei. Immer wenn ein neuer Sinnabschnitt beginnt, sollten Sie die Return-Taste betätigen und eine neue Zeile beginnen. Im Dialog bei jedem Sprecherwechsel. Schauen Sie sich mal an, wie das in bereits veröffentlichten Büchern gelöst ist.

Zur **formellen Gestaltung**:

- Ein **Deckblatt**, auf dem schön groß der Titel Ihres Werks steht, außerdem Ihr Name oder Künstlername, evtl. als Gedächtnisstütze für Sie die Versionsnummer des Textes (zum Beispiel »Version B«) und unten kleiner eine Zeile mit Ihren sämtlichen Kontaktdaten. Falls Sie schon einen Agenten haben, gehört natürlich hierher auch die Agenturadresse.
- **Seitenzahlen** – werden oft vergessen, sind aber ganz wichtig!
- Im Fließtext einen **Zeilenabstand** von 1,5.
- Breite **Ränder** oben, unten und besonders links und rechts (oben 3,5 cm, unten: 4 cm, rechts: 4,8 cm, links: 4 cm).
- Am besten noch eine **Kopfzeile** auf jeder Seite mit Ihrem Namen und Ihrer Adresse.

Jetzt hat Ihr Text die Form von »**Normseiten**«, die Verlage sich wünschen. Anfänger neigen dazu, die Seite komplett mit Text vollzuknallen und vergessen, dass das für den Leser eine Zumutung ist und für den Lektor, der Ihnen ja eigentlich Kommentare und Korrekturen in den Text schreiben soll, erst recht. Auf einer Normseite stehen nur 1800 Anschläge, das heißt 30 Zeilen mit 60 Zeichen (inkl. Leerzeichen). Das sieht auf der ersten Seite meines *Ruf der Tiefe*-Manuskripts so aus:

Wenn die anderen Taucher außerhalb der Station waren, schalteten sie sofort die Lampen an und verließen sich auf ihren starken Schein, der die kahle Landschaft des Meeresbodens erhellte. Leon hatte immer das Gefühl, dass sie verzweifelt die Finsternis zurückzudrängen versuchten. Doch die Dunkelheit umgab sie, sie konnten ihr sowieso nicht entgehen, und die dünnen Lichtfinger der Kopf- und Handlampen fand Leon eher jämmerlich. Dadurch entging den anderen mehr, als sie sahen.
Leon mochte die Dunkelheit der Tiefsee. Wenn er allein tauchte oder mit Lucy, dann schaltete er oft die Lampe ab. Die völlige Schwärze machte ihm nichts aus, irritierte ihn nicht – die Dunkelheit umhüllte ihn wie ein Mantel, und er fühlte sich geborgen in ihr. Nach einer Weile hatten sich seine Augen an die Umgebung gewöhnt, und er sah das, was die anderen verpassten. Das schwache Leuchten der Tiefseegarnelen. Den glimmenden Punkt, der einen Anglerfisch verriet -- über seinem unförmigen Körper hing eine verlängerte Flosse, die einer Angel glich. Mit der wie eine Laterne leuchtenden Spitze lockte er Beute vor sein zähnegespicktes Maul. Das schnelle Blink-Blink eines Blitzlichtfisches, der die leuchtenden Flecken unter seinen Augen buchstäblich an und aus knipsen konnte, indem er ein Lid darüber schob.
Seine Nachbarn. Sie störten sich nicht an ihm, wenn er sich unter ihnen bewegte. Er war ein Teil dieser Welt.
Tief sog Leon mit Sauerstoff angereicherte Flüssigkeit, von seinem Anzug bereits auf Körpertemperatur angewärmt, in seine Lungen. Schon längst fühlte es sich nicht mehr fremd an, etwas Ähnliches wie Wasser zu atmen – schließlich machten das Fische und Kraken die ganze Zeit, mit ihren Kiemen nutzten sie den Sauerstoff im Meer. Ihm kam es viel seltsamer vor, Luft zu atmen, ein so dünnes Zeug, dass man richtig japsen musste.

1

Viel ist nicht auf der Seite, aber das ist okay so. Einfach ein Gummiband um den Seitenstapel und schon ist Ihr Manuskript fertig zum Einschicken.

WICHTIG: *»Kein Datum auf Manuskript oder Exposé einfügen!«, rät Agent Gerd F. Rumler. »Denn manchmal bleiben Manuskripte in der Schublade des Autors oder auf dem Schreibtisch des Lektors längere Zeit liegen und durch die Datierung wirken sie leicht altbacken.«*

LESER FINDEN

Es ist ein wunderbares Gefühl, das eigene Buch ins Regal stellen zu können und zu wissen, dass es gelesen wird. In diesem Kapitel erfahren Sie mehr darüber, wie es mit der Veröffentlichung in einem Verlag oder in Eigenregie klappen könnte.

Fantasy auf dem Buchmarkt

Der Gesamtanteil von Fantasy und Science-Fiction an der Belletristik betrug im Jahr 2014 fast sechs Prozent [10] – das kommt einem wenig vor, doch es liegt vermutlich daran, dass man das eigene Lieblingsgenre stärker wahrnimmt. Im E-Book-Bereich stellen Fantasyromane immerhin ein Drittel. Wie viele fantastische Stoffe im erzählenden Kinder – und Jugendbuch zu finden sind, weiß niemand genau, weil das nicht systematisch erfasst wird, aber ich schätze den Anteil auf fast die Hälfte. Viele der Romane sind Übersetzungen aus dem Ausland. »Von der schieren Zahl her ist die Übermacht der angloamerikanischen Fantasy erdrückend«, kommentiert Gustav Gaisbauer vom EDFC. »Aber dafür ist die deutsche Variante abwechslungsreicher.«

Die letzten Jahre waren für das Genre ein großes Auf und Ab. »Mit der Harry-Potter-Erfolgswelle plus etwas Verzögerung, meinten plötzlich ganz viele Verlage, die vorher ein kleines Fantasyprogramm in der Belletristik hatten, eigene Labels oder Imprints auf den Markt bringen

10 Auskunft des Börsenvereins des Deutschen Buchhandels

zu müssen«, berichtet Maren Bonacker von der Phantastischen Bibliothek Wetzlar. »Die meisten sind schon längst wieder weg – es war zu viel, zu viel von den immer gleichen Covern, ein großer Einheitsbrei. Wer sich hartnäckig hält sind etwa Klett-Cotta mit der Hobbit Press und Piper Fantasy, um hier nur zwei Beispiele zu nennen. Wer auf jeden Fall von der Fantasywelle profitiert hat, sind die kleinen Verlage. Dadurch, dass irgendwann auch das *Börsenblatt*[11] aufmerksam geworden ist, gab es endlich auch mal eine Plattform für die Indie-Verlage. Manche von ihnen, wie Feder & Schwert, sind dadurch fest ins Sortiment mancher Buchhändler gerutscht, die die Verlage vorher gar nicht bewusst wahrgenommen hatten.«

Doch insgesamt war die Lage schon einmal besser. Zwischenzeitlich hatten besonders die Buchhändler die Nase voll von Fantasy, weil extrem viele Titel erschienen und es immer schwerer wurde, den Überblick zu behalten und die Perlen herauszufischen aus diesem Überangebot. Die Verlage suchten eher das Besondere, das sich abhob.

»Grundsätzlich schrumpft der Markt für Fantasy derzeit«, beobachtet Carsten Kuhr, Redakteur von *phantastik-couch.de*. »Die Verkaufszahlen gehen moderat zurück, sodass die Verlage ihr entsprechendes Programm ausdünnen – und da setzen sie naturgemäß auf erfolgversprechende, heißt bekannte Autoren und Serien. Da wird die Luft für neue Stimmen dünner, aber Lübbe hat unlängst erst mit Alexander und El-Bahay zwei neue Autoren erfolgreich publiziert.«

Glücklicherweise hat der gigantische Erfolg von *Game of Thrones* das Genre wieder etwas angeschoben. Mein Agent Gerd F. Rumler hat festgestellt: »In den letzten Jahren brauchten wir mit Fantasy-Projekten gar nicht erst bei den Verlagen anzuklopfen, die Lektoren haben sofort abgewinkt, weil sie während der Boomzeit teure Mehrteiler in Lizenz gekauft hatten und die erst einmal ›abarbeiten‹ mussten. Doch inzwischen bemerken wir eine neue Offenheit, die Verlage wollen wieder Angebote aus diesem Genre.«

11 Hat nichts mit der Börse zu tun, an der Aktien gehandelt werden, sondern mit dem »Börsenverein des Deutschen Buchhandels« – das *Börsenblatt* ist also ein Buchhändler-Fachmagazin.

Die von Roman Hocke geleitete Autoren- und Verlagsagentur kennt sich mit phantastischer Literatur besonders gut aus und vertritt Autoren wie Markus Heitz, Ralf Isau, Bernhard Trecksel und Ursula Poznanski. Pro Tag bekommt die Agentur etwa 10 bis 15 Manuskriptangebote. »In der Regel erkennen Sie schnell, ob die Leute nur einen Erfolg weiterschreiben«, meint Roman Hocke. »Früher bekamen wir viele Schwarzwaldromane, inzwischen sind es Werke, die *Game of Thrones* ähnlich sind. Solche Projekte zu vertreten kommt für uns nicht in Frage. Es bleibt wenig wirklich Neues. Die Herausforderung für den Autor ist, etwas zu entwickeln, das *nicht* wie etwas anderes ist. Wenn der Leser später den Klappentext liest, sollte er denken ›Oh, das ist originell.‹«

Einen Trend sieht er darin, dass Stimmigkeit und Psychologie in der Fantasy wichtiger werden und Leser sich komplexe Figuren wünschen. Außerdem löst sich die Schwarz-Weiß-Malerei von Gut und Böse zunehmend auf – denn jemand, der sich für böse Taten entscheidet, muss nicht unbedingt böse sein. »Wir und die Leser erwarten mehr Innenleben, Vorgeschichte, Authenzität«, fasst Hocke zusammen.

Das sieht auch Rezensent Carsten Kuhr so. »Erfolgreich sind immer die Verlage und Lektoren, die Mut zu Neuem haben, die Trends setzen, nicht ihnen erfolglos hinterherhecheln«, meint er. »Vampirromanzen, Steampunk, Dystopien, Völkerromane sind alle out, The Next Big Thing wird vergeblich gesucht.« Wahrscheinlich wird es überraschend zu Tage treten, wie das bei den letzten großen Wellen auch schon der Fall war.

Einen hervorragenden Einblick in das, was im Genre gerade ›läuft‹ hat Natalja Schmidt, die mit ihrer Agentur Schmidt & Abrahams lange Jahre *die* Agentur für Fantasy war. »Der große Erfolg von *Game of Thrones* hat es natürlich mit sich gebracht, dass ähnlich gelagerte Stoffe gerade populär sind«, erklärt sie. »Und die klassische Fantasy erfreut sich eigentlich schon seit etlichen Jahren einer konstanten Beliebtheit. Sogenannte Romantasy-Stoffe – Mädchen/Frau verliebt sich in übernatürliches Wesen – hingegen haben sich fast komplett in den digitalen Bereich verlagert, da laufen im Print nur noch die seit Jahren erfolgreichen Serien wie J. R. Wards *Black Dagger*.« Inzwischen ist Natalja Schmidt Programmleiterin Fantasy bei Droemer und erklärt, welche Akzente sie dort setzen will: »Fantasy und SF werden beide bei uns eine große Rolle spielen, wobei Fantasy den größeren Teil des Programms ausmachen wird und SF den kleineren. Wir konzentrieren uns auf erwachsene Stoffe, machen also kein Jugendprogramm. Inhaltlich werden wir sicher zum einen auf bewährte Namen und Stoffe setzen, andererseits aber auch Experimente wagen, und auch genreuntypische Stoffe veröffentlichen, so sie uns überzeugen. Eine ausgewogene Mischung – auch aus deutschen und übersetzten Romanen – ist mir dabei sehr wichtig.«

Im Bereich Jugendbuch sieht Michelle Gyo, Lektorin bei cbt/Random House, ähnliche Trends: »Klassische Fantasy geht gerade gut und stark romantische Stoffe funktionieren bei der Zielgruppe Mädchen immer. Ein Glücksfall ist, wenn es sowohl Jungs als auch Mädchen gefällt – *Die Bestimmung* von Veronica Roth ist bei Jungs und Mädchen gleichermaßen gut angekommen, weil die Liebesgeschichte nicht so zentral ist und es auch reichlich Action gibt.« Bei den Fantasywesen gibt es deutliche Favoriten bei den Lesern: »Drachen und Elfen sind *in*, Zwerge und Trolle als Hauptfiguren dagegen funktionieren im Jugendbuch gar nicht. Zu unsexy!« Auch Dystopien und Urban Fantasy laufen bei ihnen im Verlag gerade nicht.

Doch nicht nur Verlage bedienen die Bedürfnisse der vielen Fantasyfans, die oft Vielleser sind und Bücher erfreulicherweise nicht nur ausleihen oder auf ihrem Tablet lesen, sondern sie sich auch ins Regal stellen wollen. Auch die **Indie-Szene** ist sehr aktiv. »Gerade im Fantasy- und Science-Fiction-Bereich tummeln sich bereits sehr viele Selfpublisher«, berichtet Piper-Fantasy-Programmleiter Carsten Polzin im *Buchreport*. »Aber das war schon vor Amazon-Zeiten nicht wirklich anders, denn in diesen Genres gibt es erfreulicherweise eine Vielzahl von Kleinverlagen, die auch neuen, ungewöhnlichen Autoren eine Chance geben und zum Beispiel das im fantastischen Genre sehr traditionsreiche Feld der Anthologien und Kurzgeschichten pflegen.«

Eine erfreuliche Entwicklung ist auch, dass **deutsche Autoren** mittlerweile gute Chancen bei Verlagen haben, die wenigsten veröffentlichen ausschließlich Lizenzen aus dem angelsächsischen Raum (denn das bringt hohe Übersetzungskosten mit sich). »Mittlerweile gibt es keinen größeren Verlag mehr, der in der Fantasy nicht auch deutsche Autorinnen und Autoren im Programm hätte. Und Bestseller wie die von Markus Heitz, Bernhard Hennen oder Ursula Poznanski beweisen, dass auch Phantastik aus deutscher Feder sehr gut bei den Lesern ankommt«, erklärt Natalja Schmidt. »Trotzdem sind viele erfolgreiche Genre-Titel noch immer aus dem anglo-amerikanischen Sprachraum, was vielleicht auch daran liegt, dass Fantasy und Science-Fiction in Amerika und England eine lange Tradition in Verlagen haben, und dass es dort eine sehr lebendige Schreibszene gibt. Oftmals werden Talente in den Schreibschulen und Creative Writing-Kursen bekannter Autoren entdeckt, und auch die Agentenszene hat einen wachen Blick für die Phantastik. Diese Art der Nachwuchsförderung könnte hier sicher noch ausgebaut werden.«

Wenn Sie sich einer solchen **Schreibszene** anschließen wollen – die es immer stärker auch in Deutschland gibt – und Sie mitbekommen wollen, was sich in der Verlagsbranche tut, dann werfen Sie einen Blick in Autorenfachzeitschriften:

Federwelt – die Autorenzeitschrift
Sandra Uschtrin
Leitenberg 8
82266 Inning am Ammersee
Tel. 08143/3669-700
E-Mail: verlag@federwelt.de
www.federwelt.de
Erscheinungsweise: 6 x jährlich
Preis: Einzelheft 6,90 Euro plus 2,40 Euro Porto und Versand, Jahresabo 39 Euro inkl. Versandkosten

TextArt – Magazin für Kreatives Schreiben
Oliver Buslau & Carsten Dürer
Gierather Mühlenweg 15
51469 Bergisch Gladbach
Tel. 02 21/680 69 85
E-Mail: redaktion@textartmagazin.de
www.textartmagazin.de
Erscheinungsweise: 4 x jährlich
Preis: Einzelheft 5,20 Euro plus Versandkosten,
Jahresabo 19,20 inkl. Versandkosten

Speziell für den Bereich Fantasy lohnt sich das alle drei Monate erscheinende Magazin *phantastisch!*, das für 5,30 Euro pro Ausgabe auf der Website des Magazins bestellt werden kann.

phantastisch!
Klaus Bollhöfener
Karlsruher Str. 31
76437 Rastatt
E-Mail: leserforum@phantastisch.net
info@atlantis-verlag.de
www.phantastisch.net

Sehr interessant sind natürlich auch die Publikationen des Ersten Deutschen Fantasy-Clubs (EDFC e.V.), der neben vielen anderen Schriften auch das als E-Book erscheinende, kostenlose Magazin **Fantasia** herausgibt (es erscheint einmal pro Woche).

edfc
Postfach 1371
94003 Passau
E-Mail: edfc@edfc.de
www.edfc.de

Zusätzlich gibt es noch einige Fachzeitschriften, deren Abo für einzelne Autoren zu teuer ist, die Sie aber teilweise im Internet lesen können: *Börsenblatt* (www.boersenblatt.net), *BuchMarkt* (www.buchmarkt.de) und *Buchreport* (www.buchreport.de).

Bei einem Verlag veröffentlichen

So bringen Sie Ihr Manuskript unter

»Mit zwölf Jahren sparte ich mein Taschengeld und kaufte mir von dem Geld eine Schreibmaschine«, erinnert sich Marliese Arold, die heute zum Beispiel mit der Mädchen-Fantasy-Reihe *Magic Girls* sehr erfolgreich ist. »Dann legte ich los und tippte meinen ersten Krimi – es ging um Rauschgift und wilde Verfolgungsjagden, und es kamen mindestens fünf Leichen in der Geschichte vor! Leider wollte der Verlag, an den ich die Geschichte damals geschickt hatte, das Buch nicht drucken, was mich sehr gekränkt hat.« Aber sie schrieb weiter, denn immerhin hatte der Verlag sie ermuntert, aus ihr könnte mal eine »gute Schriftstellerin« werden. Doch sie brauchte noch viel Durchhaltevermögen: »Während meines Studiums entstand ein Vampirroman, den ebenfalls kein Verlag haben wollte. Nach ein paar weiteren vergeblichen Schreibversuchen hat es endlich geklappt. Ich war fünfundzwanzig Jahre alt, als meine ersten Bücher gedruckt worden sind, und ich erinnere mich noch genau an das Glücksgefühl, als ich ›meine‹ Bücher zum ersten Mal in der Hand hielt.«

Dass es ein paar Jahre dauert, bis es mit der Veröffentlichung hinhaut, ist normal. Aber es kann auch schneller gehen, das stellte das Mutter-Tochter-Team Diana und Jessica Itterheim fest, von denen es inzwischen die Romane *Schloss der Engel, Tanz der Engel* und *Fluch der Engel* gibt (bei Aufbau Taschenbuch). Sie hatten sich entschieden, es über eine Agentur zu versuchen. »Allerdings bestehen Agenturen auf ein Exposé. Stellte sich die Frage: Was ist eigentlich ein ›gutes‹ Exposé? Wir haben experimentiert und Folgendes festgestellt: Ein Exposé ist

JESSICA & DIANA
ITTERHEIM
Schloss
der
Engel
atb
ROMAN

ein Marketinginstrument und dient ausschließlich dem Zweck des Verkaufens. Für unser ›bescheidenes‹ Exposé erhielten wir nur Absagen, für unser ›offensives‹ nicht«, berichtet Diana Itterheim. »Wir erstellten ein mit Coverentwurf versehenes ›Miniexposé‹, das in etwa so aussah wie die Leseproben, die es in Buchhandlungen gibt. Damit ausgerüstet machten wir uns auf den Weg zur Leipziger Buchmesse, um bei ein paar ausgewählten Verlagen nachzufragen. Und tatsächlich: Interesse an einem Engelroman bestand! Einige Zeit später forderte die erste Agentur schließlich unser Manuskript an.«

Ein paar Monate später kam das erste Vertragsangebot, auch ein zweites folgte. Die dritte Agentur meldete sich, als die Itterheims schon bei einer anderen Agentur unterschrieben hatten. »Optimistisch bei so viel Zuspruch, vielleicht bald das eigene Buch in Händen zu halten, freuten wir uns über den Agenturvertrag«, erzählt Diana Itterheim. »Das Problem: Einige Verlage hatten inzwischen bereits Engelbücher-Lizenzen eingekauft oder Verträge mit Autoren unterschrieben, die schon veröffentlicht hatten. *Bitte kommen Sie in eineinhalb Jahren noch einmal auf uns zu*, hieß es. Andere wiederum fanden den Schreibstil super, trauten uns Debütautoren die gewünschte Überarbeitung aber nicht zu.« Doch schließlich klappte es: Der Aufbau-Verlag kaufte nicht nur das fertige Manuskript, sondern gleich zwei Fortsetzungen.

Mir hat die originelle »Exposé-Leseprobe« der Itterheims gefallen – sie haben nicht einfach nur Material eingeschickt, sondern sich wirklich Gedanken gemacht, wie sie vermeiden können, dass ihr Material im Stapel der unverlangten Einsendungen untergeht. Die Verlagssuche lief natürlich auch deshalb so reibungslos, weil sie ein Manuskript in einem gefragten Genre zu bieten hatten und eine schöne Entstehungsgeschichte dazu (Diana Itterheim: »Inspiriert durch die Eindrücke ihrer neuen Internatsschule entwickelte Jessica die Idee zum *Schloss der Engel*. Da ihre Geschichten bislang unvollendet blieben, machte ich ihr den Vorschlag, die Engelgeschichte im Mutter-Tochter-Team zu schreiben. Gemeinsam erarbeiteten wir den Plot und danach die einzelnen Kapitel. Jessica wählte ihre Teile aus, ich übernahm den Rest.«). Inzwischen hat das Mutter-Tochter-Team die Literaturagentur litmedia.agency gegründet und vertritt besonders gerne Fantasyprojekte.

Typisch ist ihre Geschichte auch deshalb, weil es letztlich über eine **Agentur** klappte. Viele Verlage sind mittlerweile so überfordert von unverlangt eingesandten Manuskriptbergen, dass besonders die größeren Häuser Agenten die Vorauswahl überlassen und sich stark auf deren Angebote stützen. Auch Jan Oldenburg kassierte einige Standardabsagen und zweifelte schon an seinem Talent, bis er es über die Agentur Liane Kolf versuchte und es prompt klappte.

Natürlich kann man auch einen Verlag finden, indem man ganz schlicht Adressen heraussucht (in diesem Buch im Anhang zu finden) und seinen Text ans Lektorat schickt. Auf diesem Weg hat es zum Beispiel bei mir und Susanne Gerdom geklappt. »Ich hatte eine Freundin, die auch die treibende Kraft für diese Versandaktion war, und die hat sich in die Stadtbücherei gehockt, Verlagsadressen und -telefonnummern herausgesucht und die Lektorate vorher angerufen«, erzählt sie. »Dann kam sie mit der Liste in der Hand zu mir, hat sie mir in die Hand gedrückt und ›Schicks ab!‹ befohlen. Ich selbst hätte das nie in Erwägung gezogen. Fünf große Verlage waren es, einer hat genickt.«

Einige Verlage sind noch immer offen für solche Einsendungen, vor allem die kleineren, für die sich Agenten aus finanziellen Gründen nicht interessieren, aber auch Mittelständler. »Bei der Verlagssuche sollte man nicht nur auf die großen Verlage gucken«, empfiehlt auch Cornelia Funke. »Solche Verlage haben schon eine größere Anzahl an erfolgreichen Autoren, während bei einem kleinen Verlag eher die Möglichkeit besteht, der Autor zu werden, für den die Werbemittel fließen. Denn das wird ja immer wichtiger. Ich habe von Kollegen gehört, dass sie unheimlich gut damit fahren, sozusagen der erste im Dorf als der zweite in Rom zu sein.«

Doch insgesamt sind die Chancen, mit einer unverlangten Einsendung bei einem Verlag Erfolg zu haben, in den letzten Jahren wie schon erwähnt gesunken. Außerdem ist es der mühsamste und langwierigste Weg. Wie ich auch in der Einleitung erzähle, lag mein Fantasymanuskript bei Ueberreuter ein Jahr lang auf irgendeinem Stapel, bis endlich jemand reinlas und ich die Zusage bekam! Auch wenn es relativ schnell geht, muss man monatelang auf Antwort warten. Mehrere mir bekannte, renommierte Verlage haben sogar komplett aufgehört, sich unverlangte Manuskripte anzusehen, und schicken Angebote mit einem entsprechenden Hinweis zurück.

Meine Tipps für Ihre Verlagssuche sind daher:

Networking: Versuchen Sie Kontakt zu Menschen aus der Buchbranche zu bekommen. Das geht zum Beispiel über Lesungen von Autoren, die vom Verlag veranstaltet werden, über Buchmessen, hochkarätige Schreibworkshops (zum Beispiel bei der Bundesakademie Wolfenbüttel oder der Textmanufaktur), über den Buchhandel, über Ihren Bekanntenkreis – fragen Sie einfach mal herum, wer wen kennt! Um dabei Erfolg zu haben, brauchen Sie nur eine nette, aufgeschlossene Art, ein gepflegtes Erscheinungsbild und Spaß daran, Kontakte aufzubauen. Natürlich sollten Sie das nötige schriftliche Material (siehe nächstes Kapitel) parat haben, um es kurzfristig verschicken zu können. Außerdem sollten Sie vorher einen »Elevator pitch« üben, also Ihr Projekt in wenigen Sätzen so vorstellen können, dass man neugierig darauf wird.

Anlocken: Machen Sie bei Literaturpreisen mit, veröffentlichen Sie in Literaturzeitschriften, engagieren Sie sich mit einem Buchblog im Internet, führen Sie Lesungs-Performances durch, über die die Presse schreibt, beteiligen Sie sich an gemeinsamen Projekten mit bereits veröffentlichten Autoren … Kurz, machen Sie Verlage auf sich aufmerksam! Vielleicht kommt dann ganz von selbst ein Angebot, oder man kennt zumindest ihren Namen im Verlag und ist aufgeschlossen gegenüber Ihren Texten. Sebastian Pirling, Fantasy-Lektor bei Heyne, erzählt: »Ein guter Lektor, behaupte ich mal, hat immer und überall seinen ›Autorenradar‹ eingeschaltet … nein, ernsthaft: Die Wege in den Verlag sind vielfältig. Ein Beispiel: Auf das deutsche Autorenduo und Brüderpaar Tom und Stephan Orgel sind wir zunächst durch unseren Schreibwettbewerb 2009 aufmerksam geworden, bei dem sie es aber nicht auf die Shortlist geschafft haben. Mit einem anderen Manuskript sind sie dann über eine Literaturagentur an uns herangetreten, woraufhin wir mit ihnen eine dritte, ganz andere Idee verwirklicht haben – *Orks vs. Zwerge* –, und nun schreiben sie mit *Die Blausteinkriege* an ihrem ersten High-Fantasy-Epos.«

Auch Gustav Gaisbauer vom EDFC ist überzeugt, dass Aktivitäten in der Literaturszene den Weg ebnen: »Auch früher schon haben angehende Autoren vor ihrer großen Karriere nicht-kommerziell publiziert, in sogenannten Fanzines. Als Übung für den ersten großen Roman ist das unerlässlich«, erklärt er. »Das Medium hat sich in letzter Zeit nur vom Print ins Internet verlagert. Der EDFC beispielsweise bietet mit seinem Magazin ›Fantasia‹ jungen Autoren eine Bühne, auf der sie sich (unentgeltlich) einem interessierten Publikum präsentieren können.«

Adressen von Literaturzeitschriften und eine Liste von Literaturpreisen, an denen Erstautoren teilnehmen können etc. finden Sie zum Beispiel in meinem *Autoren-Handbuch* (siehe Buchtipp am Ende dieses Buches). Im Internet sind die Seiten www.autorenforum.de und www.autorenwelt.de echte Fundgruben. Und besonders hilft es, sich beim Ersten Deutschen Fantasy-Club zu informieren (www.edfc.de).

Agenturhilfe nutzen: Versuchen Sie, einen Agenten für sich tätig werden zu lassen, *bevor* Sie sich an Verlage wenden (wenn Sie schon alle Verlage abgeklappert haben, kann auch ein Agent nichts mehr ausrichten). Eine Liste von Agenturen, die Fantasy vertreten, finden Sie am Ende dieses Kapitels. Die Zusammenarbeit mit einer seriösen Agentur funktioniert so: Die Agentur übernimmt es, den Verlag zu suchen und verhandelt Konditionen und Vertrag. Sie kennt den Markt und den Marktwert des Autors, das wissen auch die Verlage. So kann sie gewöhnlich einen guten Preis durchsetzen.

Der Agent erhält im Erfolgsfall 10 bis 20 % Ihres Honorars und zwar so lange Sie mit diesem Buch Geld verdienen. *Pauschalen oder Lektoratsgebühren sollten NICHT anfallen!* Einen Text zu überarbeiten ist Aufgabe der Verlagslektoren. Agenten kümmern sich um Sie, so lange Sie möchten, und unterstützen Sie bei Ihren Projekten, oft entsteht dabei ein schönes Vertrauensverhältnis. Wenn Sie unzufrieden mit der Leistung der Agentur sind, kündigen Sie den Vertrag wieder. *Achtung*, möglichst nur eine Agentur (oder maximal zwei) gleichzeitig anschreiben!

Einstieg über bestehende Reihen: Speziell in der Fantasy gibt es noch einen sehr guten Weg, den Fuß in die Tür zu bekommen: Man schreibt einen Band für eine etablierte Reihe, beispielsweise *Das Schwarze Auge*, das auf einem Rollenspiel basiert. Das hat einerseits den Vorteil, dass Sie sich keine Welt ausdenken müssen, sondern sich nur noch in einer bereits fertig entwickelten Welt orientieren müssen (dafür gibt es Handbücher). Sie können sich ganz auf Ihre Handlung und Ihre Figuren konzentrieren. Mit einem guten Exposé haben Sie auch als Neuling Chancen mit Ihrem Projekt, denn bei solchen Reihen kommt es nicht so sehr auf einen bekannten Autorennamen an, da sie ohnehin einen festen Stamm von Lesern haben, die die Bücher kaufen. Und die Herausgeber brauchen immer Nachschub, da üblicherweise mehrere Bände im Jahr erscheinen. »Wenn Sie in eine bestimmte Reihe einsteigen wollen, müssen Sie nicht alle Bände kennen, aber es ist sinnvoll, zumindest ein paar Bände gelesen zu haben«, meint Robert Corvus, der selbst schon für verschiedene Reihen geschrieben hat.

Auch Daniela Knor konnte beim *Schwarzen Auge* wichtige Erfahrungen sammeln. »Für eine der früheren Versionen meines ersten Romans *Nachtreiter* habe ich von den großen Verlagen nur Absagen bekommen. Auch von Piper übrigens«, erzählt sie. »Ich war natürlich sehr enttäuscht, aber ein Kleinverleger zeigte Interesse und sein Lob gab mir den Mut, auf diesem Weg weiterzugehen. Aus der Veröffentlichung wurde zwar nichts, weil der Verlag finanzielle Probleme bekam, aber aus heutiger Sicht bin ich froh darüber. Der Roman war damals noch längst nicht so gut wie nach der nächsten Überarbeitung, wieder einige Jahre später. In der Zwischenzeit versuchte ich mich als aktive Rollenspielerin an einem Roman in der Welt von *Das Schwarze Auge*. Ich schickte drei Probekapitel an den Verlag und bekam zwei, drei Tage später einen Anruf vom Verleger, dass er den ganzen Roman lesen wollte. Dieses Mal klappte es also auf Anhieb. Nach ein paar Rollenspiel-Romanen wollte ich aber auch wieder in eigenen Welten schreiben. Die Agentur Schmidt & Abrahams war damals gerade für den Piper Verlag auf der Suche nach einer High-Fantasy-Autorin und fand mein Manuskript passend. So ist *Nachtreiter* schließlich in einer neuen Version doch noch bei Piper gelandet.«[12]

TIPP: *Wenn Sie eine Geschichte oder einen Roman anbieten wollen, sollte der Text möglichst fertiggeschrieben sein – nur selten bekommt man als Einsteiger einen Vertrag für ein unvollständiges Manuskript. Aber wenn Sie den Roman schon zu einem großen Teil vollendet haben und das Gefühl haben, Sie schaffen das in den nächsten Monaten, dann könnten Sie das Exposé und eine Leseprobe an eine Agentur schicken.*

Richten Sie sich auf eine Wartezeit von Monaten ein, bis klar ist, ob Ihr Manuskript auf Interesse stößt, denn die Verantwortlichen bekommen viel auf den Tisch: »Die Zahl der Manuskripte, die über Agenturen zu uns kommen, schwankt saisonbedingt – vor Buchmessen ist immer mehr los. Pro Jahr sind das etwa 80 Fantasyromane«, berichtet Holger Kappel, Teamleiter Fantasy bei Blanvalet. »Unverlangt eingeschickte Manuskripte direkt von angehenden Autoren erhalten wir etwa 350 pro Jahr.« Vier Lektorinnen und Lektoren prüfen bei Blanvalet Fantasy-Titel, sind aber auch für andere Genres zuständig. Bei den meisten Einsendungen merkt Holger Kappel schnell, dass sie nicht ins Programm passen, doch drei Titel pro Woche prüft er genauer. Auf vielversprechende neue Autoren wird er auf ganz verschiedenen Wegen aufmerksam: »Internet-Recherche, Empfehlungen ausländischer Lektoren, Agenten und Lizenzvertretern«, zählt er auf. »Bern-

12 Leider hat die auf Fantasy spezialisierte Agentur Schmidt & Abrahams ihre Vermittlungstätigkeit eingestellt, da die Inhaberinnen Natalja Schmidt und Julia Abrahams inzwischen hauptberuflich bei großen Verlagen arbeiten.

hard Trecksel zum Beispiel kam über eine Agentur, allerdings nicht mit *Nebelmacher*, dem Roman, der im Juli 2015 bei uns erscheint, sondern mit einer anderen Story. Sein Stil hat mir sehr gut gefallen und sein zweites Exposé konnte mich dann begeistern.«

Wenn Sie Ihr Manuskript und Exposé an viele Verlage schicken, haben Sie vielleicht ein mulmiges Gefühl dabei, weil Sie **Ideenklau** befürchten. Bisher sind mir zwar viele Beschwerden über Ideenklau in der Fernsehbranche zu Ohren gekommen, aber über die Buchbranche wird in dieser Hinsicht nicht viel geklagt. Sie riskieren also nicht sonderlich viel, wenn Sie ein Exposé und Manuskript einschicken, weshalb ich persönlich Vorsichtsmaßnahmen unnötig finde. Cornelia Funke meint: »Wenn ein Verlag mit einer Vampirgeschichte erfolgreich ist, werden zehn Verlage Vampirbücher machen, das ist in gewisser Hinsicht eine Form von Ideenklau. Und sagen wir es mal so: Es ist gefährlich, wenn man eine gute Idee hat, das Manuskript aber sehr schlecht geschrieben hat. Dann ist der Verlag möglicherweise in Versuchung zu sagen: ›Mein Gott, wie verschenkt. Die Idee können wir doch mal jemandem stecken.‹ Aber wenn es gut geschrieben ist, warum soll der Verlag dann jemand anders dransetzen? Er kann doch den Autor ›einkaufen‹, der es angeboten hat.«

WICHTIG: *Was Sie jedoch nie tun sollten, ist, eine vielversprechende Idee im Internet zu präsentieren – während Texte nämlich urheberrechtlich geschützt sind, gilt das für Ideen nicht!*

Wenn Sie ganz sicher nachweisen wollen, wann Sie etwas geschrieben haben, dann können Sie das Manuskript per Post an sich selbst schicken und den ungeöffneten, durch einen Poststempel datierten Umschlag irgendwo lagern. Für den Fall, dass es irgendwann einmal Konflikte geben könnte.

Mehrbändige Reihen anbieten?

Die Fantasy ist das Reich der großen Epen – da liegt es nahe, sein Material als Trilogie oder mit einer anderen Zahl von Bänden zu entwickeln. Viele Autoren haben es getan oder tun es. Aber Verlage sind sehr zögerlich, gleich mehrere Bände auf einmal einzukaufen.

»Ich kann neuen Autoren nur raten, erst einmal einbändig zu denken. Trilogien sind anstrengend sowie ein höheres Risiko für alle Beteiligten – und häufig gibt es nicht einmal einen guten Grund dafür«, meint Holger Kappel, Teamleiter Fantasy bei Blanvalet. »Fantasy scheint immer als Freikarte dafür wahrgenommen zu werden, ausufernd zu erzählen. Ich habe nichts gegen lange Geschichten, sehr wohl aber etwas gegen langatmige. Wenn Autoren, die ich bereits kenne, auf mich zukommen mit den Worten: Ich habe eine Idee für eine Trilogie – frage ich immer erst mal: Warum eine Trilogie? Ist das nötig? Ich lasse mich dann gerne überzeugen, aber häufig ist es eben nicht nötig. Es ist nur der Wunsch nach einer Trilogie.«

Doch manchmal, in seltenen Fällen, kann es klappen. So war es zum Beispiel bei E. L. Greiff. »Viele Verlage waren interessiert, aber viele sind auch vor der relativen Komplexität von *Zwölf Wasser* zurückgescheut und fanden es zu schwierig für ihre Leser … was ich nur bedingt nachvollziehen kann«, erzählt sie über die Verlagssuche für ihre Trilogie, deren dritter Band 2015 erschienen ist. »Was ich jedoch sehr gut verstanden habe, waren die grundsätzlichen Zweifel an einem kommerziellen Erfolg: Gleich drei Bände (*Zwölf Wasser* ist keine Reihe, sondern eine echte Trilogie), geschrieben von einer Unbekannten, in einem Genre, das kein All-Age, keine Völkerfantasy und auch keine Urban Fantasy mit entweder romantischem oder lustigem Einschlag ist. Trotzdem war dtv letztlich überzeugt und hat ein Angebot gemacht. Ich muss dazu sagen, dass ich von einer sehr guten Agentur vertreten werde, allein hätte ich das nie geschafft.«

Selbst wenn Sie es fertiggebracht haben, eine Trilogie oder gar Tetralogie unterzubringen – ist der Verlag mit den Verkaufszahlen des ersten oder der ersten zwei Bände nicht zufrieden, dann werden wahrscheinlich keine weiteren Bände erscheinen, und die Reihe

E. L.
Greiff
ZWÖLF
WASSER
Zu den
Anfängen
dtv
premium

wird abgebrochen. Eine **unvollständig veröffentlichte Trilogie** ist eine Katastrophe für jeden Autor, ich kenne ein paar, denen es passiert ist. Ich kann Ihnen nur wünschen, dass Ihnen diese Erfahrung erspart bleibt.

Am sichersten ist immer, Sie konzipieren Ihr Material so, dass der erste Band in sich abgeschlossen ist, aber eine oder mehrere **Fortsetzungen** möglich sind (was Sie natürlich dem Verlag gegenüber vorsichtig andeuten können). Das bringt mit sich, dass man ein paar Handlungsstränge offen lassen sollte, was kein Problem ist (beispielsweise lässt man den Chef-Bösewicht trotz einer Niederlage gegen die Guten davonkommen, dann kann er in weiteren Bänden mit neuen, fiesen Plänen zurückkehren). Ähnlich habe ich es auch bei *Kampf um Daresh* gehalten. *Feuerblüte* dagegen habe ich gleich als Trilogie angeboten, da in diesen Bänden nicht einfach nur die vertrauten Figuren andere Dinge erleben, sondern die Bände einen stärkeren inneren Zusammenhang haben – sie schildern die Entwicklung der Schwertkämpferin Alena ke Tassos von einer rebellischen Jugendlichen bis zur gereiften jungen Frau, die ihren Weg gefunden und dabei die Welt verändert hat, in der sie lebt. Zum Glück hat Ueberreuter alle drei Bände gebracht, obwohl der Ladenpreis des letzten raufgesetzt werden musste, weil ich ein paar Seiten zu viel geschrieben hatte und es ein hitziges Hin und her beim Titel gab (mein ursprünglicher Untertitel war *Im Namen des Nordwinds*, das hätte gut zur Handlung gepasst, doch der Verlag wollte unbedingt den Untertitel *Das Mond-Orakel*).

Pseudonym oder nicht?

Wenn Ihnen Ihr echter Name nicht gefällt oder er Ihnen zu schlicht und verwechselbar erscheint, dann legen Sie sich einen neuen zu, unter dem Sie Ihre Texte schreiben. Beliebt sind Künstlernamen (Pseudonyme) auch, um aus Schubladen herauszuschlüpfen, in die andere Leute einen stecken wollen. Unter dem gleichen Namen Sachbuch und Romantasy schreiben, oder Kinderbuch und Dark Fantasy? Das bringen weder Leser noch Buchhändler geistig-seelisch zusammen.

»Aus Verlagssicht ist der Name eines Autors eine Marke, die möglichst unverwechselbar sein soll. So wie ›Jeep‹ für Geländewagen steht, soll der Leser auch den Namen eines Autors sofort mit einer bestimmten Art Buch verbinden«, erklärt Daniela Knor, die unter verschiedenen Pseudonymen schreibt. »Deshalb sehen es Verlage nicht gern, wenn Autoren unter demselben Namen verschiedene Genres bedienen wollen. Das Argument ist nachvollziehbar. Wer abends auf die Schnelle ein Buch von Iny Lorentz kauft, weil er einen Historienroman wie *Die Wanderhure* erwartet, wird enttäuscht sein, wenn es sich als moderner Agententhriller entpuppt. Deshalb schreibt ein Autor dann unter verschiedenen Pseudonymen. Ein zweiter häufiger Grund für Pseudonyme ist die traurige Tatsache, dass Autoren im Buchhandel oft keine **zweite Chance** mehr bekommen. Wenn sich das erste Buch nicht gut verkauft hat, wird das zweite schon nicht mehr ins Angebot aufgenommen. Wenn Verlag und Autor aber an einen zukünftigen Erfolg glauben, bleibt ihnen nichts anderes übrig, als das neue Buch unter einem Pseudonym zu präsentieren. Die Strategie funktioniert – und hat in meinem Fall dann auch zum Verkaufserfolg geführt.«

Besonders in der Fantasy haben viele Autoren sich für Pseudonyme entschieden. Lynn Raven, Sarah Lukas, Marah Woolf, Robin Gates, Horus W. Odenthal und viele andere Fantasyautoren sind bei ihren Nachbarn unter anderen Namen bekannt (obwohl Horus inzwischen auch von seinen Freunden so genannt wird). Ein gutes Pseudonym fühlt sich an wie ein Lieblingskleidungsstück, man schlüpft hinein und fühlt sich wohl darin.

Zu beachten gibt es bei Pseudonymen nicht viel. Wichtig ist, dass Ihnen der Name gefällt und Sie ihn wirklich als Ihren akzeptieren können. Außerdem sollte er klangvoll sein und zum Genre passen, in dem Sie schreiben (zu einem Horrorroman passt »Jason Dark«, zu einem Liebesroman eher »Amy Summer«).

Rechtliche Formalitäten gibt es keine, Sie müssen Ihr Pseudonym nirgendwo eintragen lassen – allerdings lohnt es sich, Ihren neuen Namen der VG Wort zu melden, wenn Sie Bücher unter Pseudonym veröffentlicht haben. Dann bekommt man zum Beispiel Bibliothekstantiemen für diese Veröffentlichungen. Wenn man wirklich Wert darauf legt, kann man das Pseudonym auch in den Pass eintragen lassen, aber ich selbst habe mir diese Mühe nie gemacht. Das habe ich in den fünfzehn Jahren, die ich nun Pseudonyme trage, auch nur ein einziges Mal bedauert – als ich ein wichtiges Einschreiben abholen wollte, das mir jemand in fehlgeleitetem Eifer unter »Katja Brandis« geschickt hatte. Normalerweise zückt man seinen Pass und bekommt die Sendung ausgehändigt. Nur habe ich leider keinen Ausweis unter diesem Namen, obwohl ich schon seit einer Ewigkeit so heiße. Die Postbeamtin bedauerte. Ohne Ausweis nix Einschreiben. Aber ich brauchte die Sendung dringend. In meiner Verzweiflung kramte ich aus meinem Rucksack eine meiner Autogrammkarten heraus, mit einem Romancover auf der Vorderseite und meiner Vita und einem Foto auf der Rückseite. Die hielt ich der Postbeamtin vor die Nase. »Sehen Sie, einer meiner Romane! Hier steht der Name – Katja Brandis! Und auf dem Foto – Ich!«

Na ja, ein bisschen verständlicher klang ich wahrscheinlich schon. Jedenfalls staunte die Postbeamtin und innerhalb einer Minute hatte ich mein Einschreiben.

Wichtig ist, dass Ihre Geschäftspartner Ihren wirklichen Namen kennen, denn sie müssen Ihre Honorare auf Ihr Konto überweisen, das auf Ihren richtigen Namen läuft. Ein Versteckspiel mit einem **Verlag** oder **Agenten** zu treiben kann einen richtig unbeliebt machen und wirkt auf solche Profis albern. Bieten Sie Ihr Material unter Ihrem richtigen Namen an und schreiben Sie ihr Pseudonym in Klammern dahinter. Verlage sind den Umgang mit Autoren gewohnt, die unter Künstlernamen schreiben und finden nichts dabei. Selbstverständlich würde der Verlag nicht ungefragt Ihr Pseudonym lüften, wenn Sie möchten, dass Ihr wahrer Name geheim bleibt und Sie das dem Verlag entsprechend mitgeteilt haben.

Ein Risiko sind da schon eher die **Medien**, die aus welchen Gründen auch immer gerne neben dem Pseudonym auch den richtigen Namen nennen – das ist mir schon oft passiert, und nie hat ein Journalist vorher nachgefragt, ob das so okay sei. Ärgerlich. Wenn Sie also richtig unerkannt bleiben wollen, dann treten Sie auch den Medien gegenüber eisenhart unter Ihrem Alias-Namen auf.

Ein großes Risiko, enttarnt zu werden, sind **Fotos**. Da in der Piper-Vorschau, in der ich meinen ersten Auftritt als Siri Lindberg hatte, mein Foto veröffentlicht worden war, gab es in Internet-Foren schon nach einer Woche die ersten Posts mit »He, das ist doch Katja Brandis!« Das war kein Problem für mich, es war kein »geschlossenes« (also geheimes) Pseudonym. Wenn Sie nicht erkannt werden wollen, sollte also möglichst kein Foto von Ihnen in der Verlagsvorschau erscheinen. Allerdings kann man Sie bei Lesungen fotografieren. Daniela Knor hat sich bei ihren Sarah-Lukas-Lesungen auf der Buchmesse gleich selbst geoutet.

Auch im **Impressum** eines selbst veröffentlichten Buches müssen Sie Ihr Pseudonym zumindest teilweise lüften und nicht nur Ihre Mailadresse, sondern auch Ihre Postadresse angeben, das ist vorgeschrieben. Sie können beispielsweise ein zusätzliches Schildchen mit Ihrem Pseudonym an Ihrem Briefkasten anbringen (so habe ich es gemacht), möglich ist aber auch, ein Postfach zu buchen oder den Trick mit dem »c/o« anzuwenden. Dann schreiben Sie, wenn Sie in Wirklichkeit Amelie Maier heißen und Ihr Pseudonym »Amy Summer« ist, ins Impressum:

Amy Summer
c/o Maier
Straße
Postleitzahl, Ort

Bei der **Kurzbiografie** Ihrer neuen Persönlichkeit sollten Sie möglichst bei Ihrem echten Lebenslauf bleiben, es ist sehr peinlich, wenn eine erfundene Vita auffliegt. Wenn Sie verschiedene Pseudonyme haben, können Sie verschiedene Aspekte Ihres Lebens oder Ihrer Karriere betonen, sodass die Überschneidung nicht so offensichtlich ist. Sehr unschön finde ich übrigens, wenn schon in der Kurzbiografie der wahre Name genannt wird. Das lässt das Pseudonym überflüssig erscheinen. Jedenfalls fühle ich mich jedes Mal, wenn ich so etwas lese, irgendwie betrogen.

Ein bisschen lästig ist, dass Sie für jeden neuen Namen eine **zusätzliche Homepage oder Facebook-Seite** brauchen, denn die sind für Autoren fast schon Pflicht. Ab drei Namen wird das ein bisschen unübersichtlich … und anstrengend sowieso. Wenn sogar Ihre Freunde kaum noch wissen, wie Sie richtig heißen, sollten Sie aufhören, sich weitere Pseudonyme zuzulegen.

Agenten, die Fantasy vertreten

Es ist schwer geworden, ohne Agentur einen Verlag zu finden. Von allen meinen Interviewpartnern kam die klare Empfehlung: »Versuchen Sie es über eine Agentur!« Viele Agenturen schreiben allerdings ausdrücklich »Keine Fantasy, keine Science-Fiction, keine Lyrik, keine Autobiografien« in ihre Daten und auf ihre Website. Klingt fast so, als seien solche Genres irgendwie anrüchig. Ist es nicht, es haben nun mal nicht alle Agenten einen Draht zu fantastischer Literatur, das muss man akzeptieren. Zum Glück gibt es noch genug Agenturen, die gute Ideen und Manuskripte aus der Fantasy willkommen heißen, und so gut wie alle Profi-Autoren lassen sich inzwischen professionell vertreten. So auch Kai Meyer: »Ich habe einen Agenten seit *Die Alchimistin* (1998), vorher habe ich alle Verträge selbst verhandelt und das im Nachhinein manchmal bedauert. Weniger wegen der anfangs überschaubaren Honorare – die kann auch eine Agentur bei einem Erstling nicht substantiell erhöhen –, sondern eher wegen Dingen wie Laufzeit, Nebenrechte und so weiter. Zum Beispiel liegen alle Nutzungsrechte an *Die Geisterseher* für immer und ewig beim Aufbau-Verlag, solange er nicht darauf verzichtet. Das wäre mit Agent nicht passiert.«

Andere Autoren berichten von eher enttäuschenden Erfahrungen – von Agenten, die sich nicht melden oder das Manuskript halbherzig und erfolglos vertreten. »Meine erste Agentin hatte ich über private Vermittlung gefunden«, erzählt Autorin Ju Honisch. »Sie kam aus einem großen Verlag und hat sich sechs Jahre vor der Rente selbständig gemacht. Das war um 1990, während des Fantasy-Booms, und sie dachte, Fantasy verkauft sich von allein. Damit ist sie leider baden gegangen. Weil gar nichts passierte, habe ich die Veröffentlichung bei Feder & Schwert selbst eingetütet.« Ihre jetzige Agentur fand sie durch eine gemeinsame Lesung mit mehreren prominenten Fantasy-Autoren, die sie ihrer Agentur empfahlen und sich netterweise als »Türöffner« betätigten.

Wenn Sie schon veröffentlichte Kollegen kennen, hören Sie sich um, wer bei welcher Agentur ist und wie zufrieden sie dort sind. Wenn Sie es schaffen können, bei einem erfahrenen Agenten unterzukommen, ist das ein Glückstreffer. Aber leicht ist das nicht, stellen Sie sich auf eine monatelange Suche ein. Hat es schließlich geklappt und arbeiten Sie mit einer Agentur zusammen, dann zahlen Sie dieser Agentur zwischen 10 und 20 % des Honorars, das Sie einnehmen. Sie zahlen also nur im Erfolgsfall.

WICHTIG: *Bevor Sie eine Agentur kontaktieren, schauen Sie sich ausführlich auf der Homepage um – dadurch gewinnen Sie nicht nur wertvolle Informationen, sondern auch ein Gefühl dafür, ob es zwischen Ihnen und der Agentur passen könnte!*

Sie können mehrere Verlage gleichzeitig anschreiben – aber mehr als zwei Agenturen gleichzeitig zu kontaktieren kann Sie Punkte kosten. Wer sich zum Beispiel an Roman Hocke wendet, der die renommierte Agentur AVA leitet, der sollte keine andere Agentur anmailen, denn Hocke hat kein Interesse daran, mit anderen Agenturen in Konkurrenz zu treten und legt großen Wert auf Exklusivität und langfristige Zusammenarbeit. Er bekommt täglich zehn bis fünfzehn Manuskriptangebote, doch er wählt sehr sorgfältig aus, wen er vertreten möchte. »Wichtigstes Kriterium ist, dass ich während des Lesens vergesse, warum ich lese«, erklärt er. »Als ich damals von Hans Bemmann drei große Ordner auf den Tisch bekam, dachte ich *O je, o je, und davon muss ich mir jetzt ein Bild machen*, aber schon nach wenigen Seiten war ich so drin in dieser Geschichte, dass ich alles um mich herum vergessen habe. Damals hat mich im Verlag, in dem ich seinerzeit arbeitete, drei Tage lang niemand gesehen, weil ich nicht aufhören konnte zu lesen.«

Entscheidet er sich, einen Autor zu vertreten, ist es ihm wichtig, ihn persönlich kennenzulernen. »Wenn ich das Manuskript gut finde, werde ich natürlich neugierig auf den Menschen und seine Welt«, erzählt er. »Wenn auch bei den ersten Kontakten der Funke überspringt, dann laden wir den Autor üblicherweise zu einem Kennenlernen ein. Für eine gute Zusammenarbeit braucht man einen Konsens auf vielen Ebenen – zum Beispiel sollte der Autor nicht gleich beleidigt sein, wenn man zusammen am Manuskript arbeitet.«

Nicht immer vermittelt er den Roman, mit dem sich der Autor bei ihm beworben hat. »Es passiert durchaus, dass wir sagen, der- oder diejenige hat Talent, aber den Anfang machen wir besser mit einem anderen Projekt«, meint er. Roman Hocke und seine Mitarbeiter geben in solchen Fällen Feedback zu Erzähltechnik und Umgang mit den Lesern ... und versuchen herauszukitzeln, was derjenige wirklich schreiben will. »Wir klären mit ihm sein Ziel – mit welcher Art von Büchern will er wohin«, erklärt Roman Hocke. »Das ist die größere Leistung eines Agenten, und die Verlage erwarten auch, dass man die Autoren auf die Buchbranche vorbereitet und mit ihnen eine Strategie formuliert, sodass sie sich zielgerichtet entwickeln können.«

Adressen von Agenturen, die Fantasy vertreten

Arrowsmith Agency

(Nina Arrowsmith)
Poststr. 14-16
20354 Hamburg
Tel. 040/85 10 02 95
E-Mail: welcome@arrowsmith-agency.com
www.arrowsmith-agency.com

Spezialgebiet: Unterhaltungsliteratur, Genreliteratur, anspruchsvolle Literatur, Sachbücher mit starken Thesen, Geschenkbücher, (Auto-)biografien, Humor, anspruchsvolle Bildbände.
Kontaktaufnahme: Per Mail (Exposé, Vita, Textprobe)

Literaturagentur Arteaga

(Dipl. jur. Birgit Arteaga)
Eisvogelweg 3a
81827 München
Tel. 089/45 45 65 77
E-Mail: info@literaturagentur-arteaga.de
www.literaturagentur-arteaga.de

Spezialgebiet: »Spannende, gute Geschichten«. Belletristik, Drehbuch, Kinder- und Jugendbuch.
Kontaktaufnahme: Per Mail oder telefonisch.

AVA international GmbH Autoren- und Verlagsagentur
(Roman Hocke)
Hohenzollernstr. 38 Rgb.
80801 München
Tel. 089/45 209 220-0
E-Mail: info@ava-international.de
(Manuskripteinsendungen nur an redaktion@ava-international.de)
www.ava-international.de

Spezialgebiet: »Wir vermitteln ›gute Geschichten‹ – egal, welchem Genre oder welcher Ebene sie angehören«. Viele Bestseller-Autoren.
Kontaktaufnahme: Ausschließlich per Mail (redaktion@ava-international.de) mit Exposé, Lebenslauf und 30-seitiger Textprobe

erzähl:perspektive
(Michaela Gröner & Klaus Gröner GbR)
Postadresse: Karl-Theodor-Str. 82, 80803 München
Besucheradresse: Hohenzollernstraße 69, 80796 München
Tel. 089/20 33 99 26
E-Mail: info@erzaehlperspektive.de
www.erzaehlperspektive.de

Spezialgebiet: Belletristik, Sachbuch, Kinder- und Jugendbuch. Bei Fantasy eher anspruchsvolle Phantastik.
Kontaktaufnahme: Per Mail. Folgendes einsenden: Leseprobe (erste 20 Seiten), Kurzvita, Exposé beziehungsweise Gliederung, Informationen zu Umfang, Thema, Zielgruppe, Genre, Intention/Nutzen, Konkurrenz, Expertenschaft etc. Außerdem Informationen darüber, welchen Verlagen und Agenturen das Projekt schon vorgelegen hat beziehungsweise vorliegt.

Literarische Agentur Michael Gaeb
Chodowieckistr. 26
10405 Berlin
Tel. 030/54 71 40 02
E-Mail: info@litagentur.com
www.litagentur.com

Spezialgebiet: Belletristik (Literatur wie Unterhaltung, hier v. a. Frauenunterhaltung, Krimis, Thriller, Historische Romane) aus Deutschland und Lateinamerika, populäres Sachbuch (Psychologie, Philosophie, Politik, Lifestyle, Zeitgeschehen), Kinder- und Jugendbuch. Fantasy nur selten, wenn es etwas Besonderes ist.
Kontaktaufnahme: Telefonisch oder schriftlich mit Exposé, Textprobe, Kurzvita und Rückporto.

Verlagsagentur Lianne Kolf
Tengstr. 8
80798 München
Tel. 089/39 90 59
E-Mail: mail@agentur-kolf.de
www.agentur-kolf.de

Spezialgebiet: Belletristik (zum Beispiel Historischer Roman, Spannung, Fantasy), Sachbuch, Vermittlung von Drehbüchern und Filmstoffen.
Kontaktaufnahme: Exposé, Textprobe (30 Seiten) und Kurzvita bevorzugt per Mail. Bei Postsendungen bitte Rückporto.

litmedia.agency
(Diana & Jessica Itterheim)
Kleingässle 4
77656 Offenburg
E-Mail: agent@litmedia.agency
Manuskripteinsendungen: manuskript@litmedia.agency
www.litmedia.agency

Spezialgebiet: Kinder- und Jugendbücher, Genreliteratur (besonders Fantasy), Belletristik, Sachbücher (Food & Lifestyle, Garten, Architektur & Design, Wirtschaft und spannende, ungewöhnliche Themen).
Kontaktaufnahme: Ausschließlich per E-Mail (Exposé, Leseprobe, Vita).

Susanne Koppe – Agentur für Literatur und Illustration
Lindenstr. 23
20099 Hamburg
Tel. 040/37 17 29
E-Mail: agentur@susanne-koppe.de
www.auserlesen-ausgezeichnet.de

Spezialgebiet: Kinder- und Jugendbuch, Belletristik, Illustration, keine Sachbücher und Krimis.
Kontaktaufnahme: Per Post. Exposé, Textprobe (maximal 20 Seiten), Kurzvita.

Literarische Agentur Kossack
(Lars Schultze-Kossack)
Cäcilienstr. 14
22301 Hamburg
Tel. 040/27 16 38 28
E-Mail: lars.schultze@mp-litagency.com
www.mp-litagency.com

Spezialgebiet: Belletristik, Sachbuch, Ratgeber, erzählendes Kinderbuch und Bilderbuch
Kontaktaufnahme: Am liebsten per Mail – Exposé, Textprobe (30-50 Seiten), Kurzvita. Postalisch auch möglich (Rückporto). Bei Fragen gern vorab telefonisch kontaktieren.

Michael Meller Literary Agency GmbH
Landwehrstr. 17
80336 München
Tel. 089/36 63 71
E-Mail: info@melleragency.com
www.melleragency.com

Spezialgebiet: Romane aller Genres, populäres Sachbuch, Ratgeber, Kinder- und Jugendbuch. Viele bekannte Autoren.
Kontaktaufnahme: Nur per Post, nicht per Mail oder Telefon. Exposé, die ersten 30 Seiten als Textprobe, Kurzvita sowie einen ausgefüllten Fragebogen (Vorlage auf der Homepage abrufbar).

Peter Molden, Literarische Agentur für Autoren und Verlage
Konrad-Adenauer-Ufer 31
50668 Köln
Tel. 0221/70 90 90 05
E-Mail: info@agentur-molden.de
www.agentur-molden.de

Spezialgebiet: Belletristik (Historische Romane, Krimi, Thriller, Fantasy, moderne Frauenromane, Gesellschaftsromane), Kinder- und Jugendbuch, Sachbuch
Kontaktaufnahme: Per Post einsenden: umfassendes Exposé, die ersten 30 bis 50 Seiten des Manuskriptes als Leseprobe, Lebenslauf, Hintergrund für die Entstehung des Werkes erklären. Die Prüffrist beträgt 6-8 Wochen.

Autoren- und Projektagentur Gerd F. Rumler
Notburgastr. 5
80639 München
Tel. 089/13 92 89 55
E-Mail: agentur@agentur-rumler.de
www.agentur-rumler.de

Spezialgebiet: Kinder- und Jugendbuch, Erwachsenenbelletristik (auch Humor und Satire), Krimi, Fantasy und Sachbuch.
Kontaktaufnahme: Per Mail oder Post (Rückporto). Kurzvita, Exposé und Textprobe.

Thomas Schlück GmbH
Hinter der Worth 12
30827 Garbsen
Tel. 051 31/49 75 60
E-Mail: mail@schlueckagent.com
www.facebook.com/ThomasSchlueckGmbH
www.schlueckagent.com

Spezialgebiet: Populäre Belletristik (auch Phantastik), Sachbuch, Kinder- und Jugendbuch. Keine Lyrik, keine Kurzgeschichten. Viele Bestsellerautoren.
Kontaktaufnahme: Über das Formular auf der Website oder per Post (bitte die Fragen beantworten, die auf der Website angegeben sind).

Agentur Scriptzz
(Anja Koeseling)
Waldesruher Str. 37
12623 Berlin
Tel. 030/68 83 57 06
E-Mail: anja.koeseling@scriptzz.de
www.scriptzz.de

Spezialgebiet: Kinder- und Jugendbuch, Historischer Roman, Krimi und Thriller, Fantasy, Frauenliteratur.
Kontaktaufnahme: Erst telefonisch anfragen, dann Exposé und Leseprobe (30 Seiten) schicken.

Literarische Agentur Simon
Viktoria-Luise-Platz 12
10777 Berlin
Tel. 030/31 51 88 44
E-Mail: info@agentursimon.com
www.agentursimon.com

Spezialgebiet: Belletristik (auch Fantasy), Sachbuch (vorrangig zeitgeschichtliche Themen und Memoiren aus dem Bereich Politik, Wirtschaft, Gesellschaft und Kultur), Jugendbuch, Filmrechte. Keine Science-Fiction und Kinderbücher.
Kontaktaufnahme: Ausschließlich per Post. Kurz-Exposé (1 Seite), Kurzvita und Textprobe von 30 zusammenhängenden Seiten einsenden.

Ihr schriftliches Material

Wenn Sie sich an Verlage oder Agenten wenden, brauchen Sie natürlich schriftliches Material, um sich und Ihr Projekt vorzustellen. Bei Verlagen schicken Sie dieses Material am besten ausgedruckt per Post (die haben schon aus Sicherheitsgründen keine Lust, ständig Anhänge zu öffnen und die Seiten selbst auszudrucken), Agenten möchten es zum Teil auch per Mail. Das schriftliche Material umfasst Anschreiben, Exposé und Leseprobe.

Anschreiben: Nett, locker, kurz (max. 1 Seite). Mit einigen wenigen Informationen über Ihr Projekt, über Sie … und vor allem auch darüber, warum Sie sich ausgerechnet an diesen Verlag wenden. Denn Massen-Mailings mit Standard-Text schätzen Lektoren gar nicht. Wenn möglich, versuchen Sie einen konkreten Ansprechpartner herauszufinden, ist das nicht möglich, adressieren Sie das Schreiben ans »Lektorat«. Eigenlob und Vergleiche mit berühmten Autoren kommen (wer hätte das gedacht?) im Begleitbrief nicht so gut an. Michelle Gyo, Lektorin bei der Verlagsgruppe Randomhouse, meint: »Viele Agenten stellen Projekte vor, in dem sie erzählen ›Das ist so ähnlich wie Game of Thrones‹. Das ist völlig okay, weil es Verlagslektoren hilft, sich zu orientieren. Aber wenn ein Autor so etwas sagt, dann ist die Ähnlichkeit meist so stark, dass es nicht mehr geht.« Auch Helmut W. Pesch hat als Lektor bei Bastei-Lübbe schon viele Anschreiben auf dem Tisch gehabt. »Es erfordert Mut, einen Roman zu schreiben und das Manuskript an einen Verlag zu schicken«, meint er. »Zugegeben, manchmal ist ein Anschreiben unfreiwillig komisch, naiv oder auch rührend, manchmal der Schreiber arg von sich eingenommen. Es ist nicht sinnvoll, gleich einen Lebenslauf beizufügen, aber wenn man etwas Interessantes über sich zu erzählen hat, sollte man das auch tun. Wer dazu mehr als eine Seite braucht, ist vermutlich interessanter als seine Geschichte. Es ist auch nicht unbedingt förderlich, wenn man schreibt, der Roman sei von vielen Freunden und Bekannten begeistert gelesen worden. Das erweckt eher den Verdacht, er könnte zu sehr an die Person des Autors gebunden sein, um für Leser, die ihn nicht kennen, interessant zu sein.«

Jedem Autor fällt das Anschreiben schwer, aber trösten Sie sich damit, dass es fast nie ein Ablehnungsgrund ist. »Wichtiger als das Anschreiben ist die Leseprobe«, bekräftigt Pesch. »Wenn man den Lektor auf den ersten fünf Seiten nicht überzeugen kann, dass es sich lohnt, sich mit der Geschichte zu beschäftigen, wird dieser es auch nicht weiter tun.«

Exposé: Eine Zusammenfassung der Handlung auf drei bis fünf Seiten. Formulieren Sie die Handlung nicht zu trocken, sondern so, wie Sie sie einer guten Freundin oder einem guten Freund erzählen würden, die Sie neugierig machen möchten auf das Manuskript. Erzählen Sie von Anfang bis Ende, worum es geht (sonst kann das Lektorat ja nicht beurteilen, ob der Schluss plausibel ist), stellen Sie dabei die Hauptfiguren kurz vor und schildern Sie, wie es ihnen ergeht.

Wie lang das Exposé wirklich sein muss, variiert stark. Agenten wollen oft ein **Kurzexposé** von einer Seite, so etwas sollten Sie also parat haben. Bei der ausführlichen Fassung können Sie mit drei Seiten nichts falsch machen, aber meine eigenen Exposés haben oft fünf bis sieben Seiten, und beschwert hat sich noch niemand darüber. Auch Susanne Gerdom berichtet: »Ich hatte das große Glück, immer auf ›Bestellung‹ zu arbeiten, das heißt, mit einer meiner mir bekannten Lektorinnen. Da ist dann eine größere Ausführlichkeit im Exposé durchaus sinnvoll, um schon halbwegs früh abklopfen zu können, ob die Vorstellungen zusammenpassen. Im Moment sitze ich an einem Exposé für einen »fremden« Verlag und schwitze weidlich bei dem Versuch, das alles in drei oder vier Seiten zu pressen.«

Mehr zum Thema Exposé auf Seite 136.

Leseprobe: Meist wünschen sich die Verlage die ersten 30 bis 50 Seiten des Manuskripts (und zwar Normseiten mit 1800 Zeichen pro Seite!). Wenn dem Lektorat der Anfang gefällt, fordern sie den Rest an. Manche Verlage wollen aber auch das komplette Manuskript – das erfahren Sie auf der Homepage des Verlages. Stecken Sie in dieses Material so viel Energie wie in eine Bewerbung um einen neuen Job (und genau das ist es ja auch).

Marielle Fantastico
Adresse
Tel-Nr.
Mailkontakt / Homepage

Piper Verlag GmbH
Lektorat, Frau XXX
Georgenstr. 4
80799 München

Manuskriptangebot »Kupferwelt« Ort, Datum

Hallo Frau XXX,

es gefällt mir, dass Piper Fantasy einen so starken Schwerpunkt auf High Fantasy legt, deshalb würde ich Ihnen gerne mein Buchprojekt »Kupferwelt« anbieten. Als leidenschaftliche Rollenspielerin habe ich diese Welt – an einer magischen Version Indiens angelehnt – über Jahre hinweg ausgebaut. Viele Szenen habe ich im Flugzeug getippt, während ich als Projektmanagerin in aller Welt unterwegs war.

Zielgruppe des Romans sind Fans von Trudi Canavans Werken, doch die Love Story steht nicht im Vordergrund, so dass sicher auch männliche Leser sich von der Geschichte angesprochen fühlen.

Es würde mich sehr freuen, von Ihnen zu hören!

Viele herzliche Grüße
Marielle Fantastico

Anlagen:
Exposé + Leseprobe »Kupferwelt«

Bei Romanen für Erwachsene und im Jugendbuch sollten Sie Agenten und Verlagen höchstens zwei Ideen gleichzeitig anbieten, damit Sie maximale Aufmerksamkeit für diese Ideen bekommen und die verschiedenen Projekte sich nicht gegenseitig Konkurrenz machen.

TIPP: *Wenn Sie Rückporto beilegen, besteht die Möglichkeit, dass Sie Ihr Material wiedersehen, sonst nicht. Es versteht sich von selbst, dass man keine Originale einsenden sollte.*

Ein Verlag ist interessiert!

Oft werden Sie vorformulierte, anonyme Standardabsagen von Verlagen bekommen. Manchmal aber auch ausführlichere Absagen. Die sind schon fast ein Ritterschlag, denn sie bedeuten, dass Ihr Manuskript im Verlag wirklich gut angekommen ist und womöglich erst in der Lektoratskonferenz »abgeschossen« wurde, weil irgendwelche Gründe dagegen sprachen. Versuchen Sie, wenn möglich, mit dem entsprechenden Mitarbeiter in Kontakt zu bleiben und rasch (bevor Sie wieder in Vergessenheit geraten) andere Projekte anzubieten. Möglich ist auch, dass Sie auf diesem Weg zu einer Auftragsarbeit kommen, weil der Verlag zum Beispiel sagt: »Vampirromane machen wir gerade nicht, aber hätten Sie etwas mit Gestaltwandlern?«

Oder ein Verlag zeigt sogar konkretes Interesse an Ihrem Manuskript. Erkundigen Sie sich nach den Konditionen (also dem Honorar), dem Erscheinungsdatum und welcher Lektor oder welche Lektorin Sie betreuen wird. Was nun typischerweise hinter den Kulissen abläuft, beschreibt Jutta Wenske, Programmleiterin bei Thienemann: »Wenn eine Lektorin das Manuskript gut findet, lesen es auch die anderen Lektoren. Anschließend wird das Projekt in der Lektoratsrunde besprochen. Wenn wir meinen, es passt zu uns, schauen wir, ob und wann ein Programmplatz frei ist, und das Buchprojekt wird in unserer Programmrunde vorgestellt, in der alle Abteilungsleiter sitzen. Vorher wird alles über Autor, Titel, Inhalt, und die Konkurrenz sowie eine Textprobe in unser Computersystem eingestellt und eine Kalkulation gemacht, in der wir ausrechnen, was es kosten würde, dieses Buch in einer bestimmten Auflage und zu einem bestimmten Ladenpreis zu verwirklichen. Von der Programmrunde wird entschieden, ob wir das Buch machen, und anschließend bekommt der Autor sein OK.«

Wenn alles glatt läuft, bekommen Sie nun den Vertragsentwurf zugeschickt. Lesen Sie ihn gründlich durch und lassen Sie sich alles, was Sie nicht verstehen, von der Lektorin erklären. Wenn Sie bei irgendeiner Formulierung ein schlechtes Gefühl haben, können Sie sie ändern lassen, das wird dann oft handschriftlich nachgetragen.

TIPP: *Wenn Sie irgendetwas mit der Lektorin vereinbaren, lassen Sie es sich immer schriftlich geben (zum Beispiel per Mail)!*

Falls Sie einen Agenten haben, wird der sich darum kümmern, dass der Vertrag einwandfrei ist. Wenn Sie kein Agent unterstützt, dann vergleichen Sie Ihren Vertragsentwurf am besten mit dem »Normvertrag« der Schriftstellerverbände, die Sie hier finden: http://vs.verdi.de/urheberrecht/mustervertraege/

Als Erstautor haben Sie (wenn Ihnen kein Agent zur Seite steht) leider nicht viel Verhandlungsspielraum beim Honorar, es ist zunächst wichtig, den Fuß in die Tür zu bekommen. Wenn Ihr Projekt erfolgreich ist, können Sie beim nächsten Mal mehr erwarten.

WICHTIG: *Akzeptieren Sie auf keinen Fall Pauschalhonorare, mit denen alles abgegolten ist, womöglich auch das E-Book. Lassen Sie sich stattdessen in Form eines Vorschusses und einer prozentualen Beteiligung honorieren!*

Übliche Honorare

Hardcover und Paperback- Originalausgaben: 7 bis 10 Prozent

Taschenbuch-Originalausgaben: 5 bis 7 Prozent

Erlöse aus den Nebenrechten : Von 50 Prozent für den Autor und 50 Prozent für den Verlag bis zu 70 Prozent für den Autor und 30 Prozent für den Verlag. Am häufigsten ist 60:40. Bei einer *verlagseigenen E-Book-Ausgabe* sind 20-25 % vom Netto-Erlös der verkauften Exemplare üblich.

Vorschüsse: Falls einer gezahlt wird: 1 000 bis 8 000 Euro, nur bei sehr vielversprechenden Projekten mehr. Er sollte nicht rückzahlbar und nicht mit anderen Verträgen beim gleichen Verlag verrechenbar sein.

Achtung: Die meisten Verlage berechnen Honorare auf der Basis des Netto*laden*preises, das heißt des Ladenpreises ohne Mehrwertsteuer (7 Prozent bei Büchern). Doch einige wenige Verlage verwenden die Methode, das Honorar vom Netto*verlags*preis zu berechnen (Ladenpreis minus Mehrwertsteuer von 7 Prozent und minus Buchhandelsrabatt von 40 bis 50 Prozent). Das bedeutet, Ihnen werden höhere Prozente geboten, das Honorar ist in Wirklichkeit aber niedriger. Die Prozentzahlen sollten ungefähr doppelt so hoch sein wie die oben genannten.

Immer mehr Verlage veröffentlichen manche Titel nur als E-Book. Der Carlsen Verlag beispielsweise betreibt unter dem Namen »Impress« ein **E-Book-Label**, für das er ständig fantastische Liebesgeschichten sucht. Dort erscheinen auch die Bücher von Marion Hübinger, zum Beispiel der Fantasyroman *Farben der Dunkelheit* und ihre dystopische *Soul Colours*-Reihe. »Meine Literaturagentin, der ich eine Leseprobe meines Manuskriptes geschickt hatte, fragte mich, ob sie diese an Impress schicken dürfte, weil es gut in das Konzept passen würde«, berichtet sie. »Erst habe ich geschluckt, denn ich bin ein echter Bücherwurm, liebe gedruckte Bücher und habe mich zuvor noch wenig mit dem E-Book Sektor beschäftigt. Erst die Gespräche mit meiner Literaturagentin und der Lektorin von Impress haben mir aufgezeigt, dass Carlsen einen guten neuen Weg im Jugendbuchbereich damit geht. Also habe ich es letztlich als Chance für mich gesehen. Und dann ging alles schneller als gedacht, sprich, ich hatte schon einen Verlag, bevor mein Buch überhaupt zu Ende geschrieben war.« Und sie hat die Hoffnung, dass es auch irgendwann mit der Print-Version klappt, so wie bei einigen anderen Autorinnen, die ursprünglich bei Impress veröffentlicht haben.

Einen Vorschuss bekam sie nicht, doch immerhin gefiel ihr die Zusammenarbeit. Auf die Covergestaltung hatte sie zwar keinen Einfluss, dafür sprach die Verlagsleiterin von Impress die Titelvorschläge telefonisch mit ihr ab. »Was Marketing anging, musste ich damals alles selber machen, hier hat man mir seitens des Verlags lediglich Anregungen gegeben«, berichtet sie von ihrem ersten Roman *Farben der Dunkelheit*. »Alles in allem ist meine Erfahrung, dass sich die Impress-Autorinnen im Social Media Bereich selbst engagiert vermarkten, was bei E-Books wohl auch üblich ist.« Von ihrem ersten E-Book verkauften sich in den ersten neun Monaten knapp tausend Stück, damit war der Verlag zufrieden, sodass Marion Hübinger auch für ihre nächsten Projekte dort eine Heimat fand.

Auch bei Heyne erscheinen manche Romane nur als E-Book. »Manchmal entscheidet der Verlag sich, einen Titel aufgrund zu geringer Vorbestellungen nur als E-Only zu publizieren, um das Buch wenigstens auf diesem Wege veröffentlichen zu können«, erklärt Sebastian Pirling. »Stephen Hunts Steampunk-Roman *Das Königreich jenseits der Wellen* ist so ein Beispiel – wunderbar fantasievoll und einfach sehr besonders. Manchmal soll ein E-Book, die Bonusgeschichte zu einem neuen Roman, Interesse für das Printbuch wecken. Zum Beispiel haben wir einen Großteil der Kapitel von John Scalzis Roman *Die letzte Einheit* als E-Only-Storys vor dem Erscheinungstermin des Romans veröffentlicht.«

Zusätzlich zu den Verlagen, die zweigleisig fahren, gibt es inzwischen eigene **Verlage für E-Books**, zum Beispiel dotbooks, ein Verlag, der von ehemaligen Lektoren gegründet wurde. Ob Sie dort veröffentlichen oder die E-Book-Erstellung selbst in die Hand nehmen wollen, bleibt Ihnen überlassen und hängt ein wenig davon ab, ob Sie sich zutrauen, ein Cover und ein Lektorat selbst zu organisieren (mehr darüber im nächsten Kapitel).

Wenn die Zusammenarbeit mit dem Verlag zustande kommt, beginnt die gemeinsame **Arbeit am Projekt**. »Meine Exposés durchlaufen in der Regel mehrere Fassungen. Ich schicke eine Fassung zu meinem Agenten, der Verlag hat vielleicht Wünsche, bevor er das Projekt ankauft, und danach kann es noch Umarbeitungen gemeinsam mit dem Lektorat geben«, erzählt Robert Corvus. Plot, Figuren und Titel entwickeln sich in dieser Zeit also noch. Wenn Sie Glück haben, läuft die Zusammenarbeit mit dem **Lektorat** gut und Sie bekommen erst eine allgemeine Einschätzung Ihres Projekts mit Stärken und Schwächen, sodass Sie es zielgerichtet überarbeiten können. Auf der Basis der überarbeiteten Fassung folgt dann das Feinlektorat, in dem Satz für Satz stilistisch durchgegangen wird. Wenn ein Lektor oder eine Lektorin sofort ins Feinlektorat geht, ohne Ihnen grundsätzlich etwas zum Text zu sagen, dann ist das schade und Sie können nur hoffen, bald von jemand anderem betreut zu werden.

Sobald Sie einen Verlagsvertrag unterschrieben haben, gibt es für Sie eine Deadline. Diesen **Abgabetermin** sollten Sie unbedingt ernst nehmen! »Als neuer Autor hat man deutlich weniger Spielraum als ein erfahrener Autor, den man schon lange kennt«, warnt Lektorin Michelle Gyo. »Bei einem neuen Autor ist das Lektorat möglicherweise aufwendiger, und wenn das Manuskript zu spät eintrifft, platzt mein ganzer Zeitplan. Habe ich das Manuskript im Mai eingeplant und kommt es erst im Juni, dann passt das gar nicht, weil ich da schon drei andere lektorieren muss. Ganz heftig wird es, wenn wegen einer verspäteten Abgabe der Erscheinungstermin platzt. Bitte also rechtzeitig mit dem Verlag absprechen, wenn abzusehen ist, dass man spät dran ist mit dem Manuskript!«

Und wenn das Buch fertig ist und erschienen ist? Dann wünscht man sich selbstverständlich, dass es ein Erfolg wird. Vielleicht sind Sie der Typ, der seinen Lektor jede Woche nach den **Verkaufszahlen** fragt. Gesa Schwartz dagegen, die mit ihren Fantasyromanen sehr erfolgreich ist, erkundigt sich ganz bewusst nicht danach. »Eine der wichtigsten Erfahrungen der letzten Jahre war für mich die Erkenntnis, dass es mich lähmt, mir zu viele Gedanken um das

›Außen‹ zu machen, sprich um all das, was jenseits der eigentlichen Geschichte liegt«, berichtet sie. »Zwar war es immer mein Ziel, zu veröffentlichen, aber mein Glück hängt weder an Verkaufszahlen noch am Lob von außen, auch wenn Letzteres gerade in Momenten der Selbstzweifel sehr schön ist. Ich schreibe Geschichten, und unabhängig vom wirtschaftlichen Erfolg oder Misserfolg eines Buchs besinne ich mich immer wieder darauf, dass sie das Einzige sind, das wirklich zählt.«

Falls Ihre Bücher ein Erfolg werden, und das gönne ich Ihnen von ganzem Herzen, dann reizt es Sie vielleicht, hauptberuflich Autor zu werden. Doch das schaffen nur wenige. »Nur wer den unablässigen Drang verspürt, schreiben zu müssen, wird ein erfolgreicher Autor«, bringt es Gustav Gaisbauer vom Ersten Deutschen Fantasy Club auf den Punkt. **Vom Schreiben leben** zu können ist nicht gerade leicht. Ich persönlich komme trotzdem gut klar, da ich ja nicht nur Vorschüsse für meine neuesten Bücher einnehme, sondern auch Honorare für früher veröffentlichte Werke und Lizenzanteile für Taschenbuch, Hörbuch und Auslandsübersetzungen eintreffen (das gibt jedes Mal Geld, für das man nichts tun muss). Außerdem halte ich jedes Jahr 30 bis 50 Lesungen à 300 Euro brutto, erstelle Manuskriptgutachten, coache zu einem Stundensatz von 80 Euro/Stunde Erstautoren und betreue Fernstudenten bei der Textmanufaktur. Der Mix macht's!

Ein **Gewerbe** muss man als Freiberufler übrigens nicht anmelden, Sie müssen Ihre Gewinne nur in der Steuererklärung angeben.

Es lohnt sich, einem »Brotberuf« nachzugehen und erst einmal nebenbei zu schreiben. Wenn es dann richtig gut läuft, können Sie den Sprung in die Selbständigkeit wagen. Bei mir lief das schrittweise, ich hatte erst eine Festanstellung als Journalistin für vier Tage die Woche. Weil das Bücherschreiben mir so wichtig war, reduzierte ich meine Festanstellung auf 2,5 Tage die Woche. Und schließlich sagte ich meinem Chef für immer »Ciao«, weil es mit den Büchern gut lief.

Trotzdem verdient ein Investmentbanker deutlich mehr. Aber hat er auch genauso viel Spaß bei der Arbeit? Keine Ahnung, ich kenne keine Investmentbanker. Mein persönlicher Tipp: Rechnen Sie Ihren Schreibverdienst nicht auf ein Stundenhonorar um, damit verderben Sie sich nur den Tag. Freuen Sie sich darüber, dass Ihre Werke gelesen werden, das ist eine Freude und ein Privileg. Und falls Sie mal irgendein Angestellter bemitleidet, weil Ihr Einkommen schwankt, dann lächeln Sie ihm ins Gesicht und sagen Sie ihm, dass er dafür nie ein eigenes Werk ins Regal stellen kann!

Christoph Hardebusch ist einer, der den Sprung in die Welt der Profi-Autoren geschafft hat. »Mir wurde schnell bewusst, dass ich das Schreiben von Büchern nicht nebenberuflich fortführen kann«, erzählt er. »Die Entscheidung fiel dann recht schnell, da mir bewusst war, dass man solche Gelegenheiten nicht häufig im Leben geboten bekommt. Ich war vorher schon Freiberufler, dementsprechend hat sich da wenig

Achtung, Falle!

Kein Verlag sollte für eine Veröffentlichung Geld von Ihnen verlangen. Wenn Sie einen Zuschuss leisten sollen, sagen Sie einfach Nein. Egal, wie sehr man Ihr Manuskript lobt und was man Ihnen verspricht. Solche **Zuschuss- oder Pseudoverlage** werben oft mit »Verlag sucht Autoren«-Anzeigen – auf die sollten Sie gar nicht erst antworten. Es gibt leider sehr viele Zuschussverlage, das Geschäft mit den Hoffnungen läuft blendend. Sie tarnen sich als reguläre Verlage und sind deshalb oft schwer zu erkennen (bis das »unmoralische Angebot« kommt, oft werden einige tausend Euro verlangt). Misstrauisch sollten Sie werden, wenn sich ein kleiner Verlag nicht spezialisiert hat, sondern querbeet alle Genres herausbringt, von Lyrik und Autobiografie über Sachbuch und Krimi bis hin zu Fantasy und Märchen. Ein so breites Programm können sich nur große Publikumsverlage erlauben, deren Namen Sie kennen werden. Diese Zuschussverlage sind nicht zu verwechseln mit Selfpublishing-Dienstleistern, diese offenbaren auf ihrer Website eine ganz klare Preisgestaltung, machen keine übertriebenen Versprechungen und sind meist recht günstig (manche bieten ihre Basisdienstleistung sogar kostenlos, sie verdienen an den Belegexemplaren, die die Autoren bestellen).

Mehr über Zuschussverlage erfahren Sie auf der Website des **Aktionsbündnisses Fairlag** (www.aktionsbuendnis-faire-verlage.com/).

geändert, aber natürlich war es ein Wagnis und mit den entsprechenden Sorgen verbunden. Auch jetzt noch, knapp zehn Jahre später, denke ich mir an manchen Tagen, dass so eine Festanstellung doch auch mal ganz schön wäre. Dann aber schreibe ich eine Szene, von der ich wirklich überzeugt bin, tauche nach Stunden der Textarbeit wieder in der Realität auf und weiß, dass es keinen anderen Beruf gäbe, der mir diese Freude bringen könnte.«

Selfpublishing – selbst ein Buch oder E-Book veröffentlichen

Wie funktioniert Selfpublishing?

Wenn Sie trotz aller Anstrengungen keinen Verlag finden konnten, oder wenn Sie keine Lust auf die nervige und oft jahrelange Verlagssuche haben, bleibt Ihnen immer noch das Selfpublishing. Dabei haben Sie voll und ganz in der Hand, was mit Ihrem Werk geschieht, aber Sie müssen sich selbst um Cover, Lektorat, Korrektorat, Illustration, Marketing- und Pressearbeit kümmern. Das ist nicht wenig Aufwand, doch es kann eine Menge Spaß machen. Und ein schlechtes Gefühl braucht man dabei nicht mehr zu haben, das Image von Selfpublishern ist viel besser geworden.

»Da ich anfangs eine traditionelle Autorenkarriere mit Agent und Verlagen anvisiert hatte, habe ich ziemlich lange gebraucht, um zu verstehen, dass mein Bild vom Dasein als Schriftsteller überholt ist«, berichtet Horus W. Odenthal, der seine Fantasyromane selbst herausgebracht hat. »Ich glaube, das ist aber bei sehr vielen anderen Autoren und vor allem Verlagen so. Falls letzteren nicht schon längst ein anderes, neues Bild aufgezwungen wurde. Der freie Autor ist sein eigener Unternehmer. Nicht während er schreibt – da sollte er gefälligst nur Autor sein – aber vorher und nachher. Man sollte sich die Frage stellen: Was würde ich als Verlag mit mir als Autor anfangen? Daraus sollte man sein Konzept entwickeln.«

Das neuere Bild ist: Es gab noch nie so viele Möglichkeiten, seine Geschichte oder seinen Roman mit wenig Geld selbst zu veröffentlichen, ob als E-Book oder als gedrucktes Buch oder beides. Die Bedingungen für Selfpublisher sind zurzeit so gut wie nie. Zum einen, weil es für **gedruckte Bücher** inzwischen **Publishing on Demand** gibt. Bei dieser Methode wird immer nur ein Exemplar eines Buchs hergestellt, nämlich erst dann, wenn es bestellt wird. Sie sparen sich die nervigen Bücherstapel im Keller, die Selbstverleger früher plagten, nachdem sie ihr Manuskript einer Druckerei anvertraut hatten. Sie müssen nicht jedes Exemplar selbst verschicken, wenn Sie sich einen Anbieter suchen, über den auch Versand und Abrechnung laufen. Die Kosten sind überschaubar, manche Anbieter sind kostenlos, andere verlangen eine Bearbeitungsgebühr zwischen 20 und 150 Euro (zum Beispiel Libri, www.bod.de). Zusätzliche Services wie Cover-Erstellung kosten extra. Sie können Ihr Werk beliebig lange lieferbar halten, es ist also nie vergriffen.

Auch ein **E-Book** herzustellen ist günstig und unkompliziert und die Zielgruppe, die Sie damit erreichen, wächst ständig. Die offiziellen Zahlen, wie viele Leute inzwischen einen **Reader** haben, sind dabei irreführend, weil viele Leute E-Books nicht mehr auf einem Reader lesen, sondern auf Tablets oder Smartphones. Fakt ist: Jedes Mal, wenn ich mit dem Zug oder der S-Bahn fahre, sehe ich etwa zwei Drittel der lesenden Fahrgäste mit einem E-Reader oder Tablet, nur noch etwa ein Drittel hat ein Buch aus Papier in der Hand. In ein paar Jahren ist vielleicht das E-Book die Normalität und gedruckte Bücher gibt es nur noch in kleinen, liebevoll hergestellten Editionen. Die Verlierer sind bislang die Buchhandlungen, die mehrheitlich noch keinen Weg gefunden haben, sich dieser Entwicklung zu öffnen. (Bei manchen örtlichen Buchhandlungen kann man allerdings E-Books über die Website bestellen – eine gute Sache!)

Sie können Ihr Werk, sorgfältig korrigiert und mit einem Cover versehen, ganz einfach über Plattformen im Internet zum Kauf anbieten. Zum Beispiel über Amazon beziehungsweise **Kindle Direct Publishing** (KDP). In typischer Platzhirsch-Manier hat Amazon jedoch festgelegt, dass das Werk dann aber nur bei Amazon zu erwerben und auf dem Kindle zu lesen ist (oder mit einer Reader-App auf einem Computer, Tablet oder Smartphone). **Distributoren** wie neobooks, tolino-media.de und epubli dagegen liefern Ihr veröffentlichtes E-Book an eine Vielzahl von anderen Online-Buchshops, sodass man es überall erwerben kann. Kosten entstehen keine, allerdings verlangen die Plattformen Gebühren. Ihnen bleibt meist ein Honorar von 70 % des Verkaufspreises, allerdings nur, wenn das Buch direkt auf der Plattform verkauft wird. Kauft jemand Ihr Werk in einem der belieferten Buchshops, ziehen sowohl Plattform als auch Buchshop ihre ca. 30 % ab, sodass Ihnen nur ungefähr ein Drittel des Verkaufspreises als Einnahme bleibt.

Inzwischen gibt es immer mehr Anbieter, die Selfpublishern einen **»Full service«** anbieten. Sie können das gleiche Projekt als Hardcover, Taschenbuch und E-Book veröffentlichen. Doch Achtung, vergleichen Sie hier gründlich die Preise. Ein Manuskript in ein E-Book zu konvertieren ist mit ein paar Klicks erledigt und es selbst zu vertreiben kostet normalerweise nichts. Wenn ein Anbieter kräftig für solche Dienste abkassieren möchte, zeigen Sie ihm die kalte Schulter.

TIPP: *Wichtig ist, dass Sie auf Ihren selbst veröffentlichten Text stolz sein können, deshalb sollten Sie ihn streng überarbeiten und auf eine möglichst professionell wirkende Gestaltung setzen.*

Für mich waren E-Book und Co. lange Zeit ein Buch mit nicht nur sieben, sondern mindestens zehn Siegeln. Doch immer mehr meiner frühen Romane waren vergriffen und ich wollte sie als E-Books neu auflegen, um sie mit geringen Kosten wieder lieferbar zu machen. Aber ich wusste nicht, wie das mit diesen E-Books ging und schob das Projekt immer weiter hinaus. Bis ich mir ein Jahr später selbst einen Ruck gab und ausgerüstet mit zwei Readern – einem Tolino, den ich geschenkt bekommen hatte, und einem einfachen Kindle zu Testzwecken – zu Werk schritt. Um mal auszuprobieren, wie das ganze funktioniert, holte ich mir die Rechte für zwei Fantasy-Erzählungen (*Der*

Greif und *Silberschatten*) zurück[13], die in mittlerweile vergriffenen Anthologien veröffentlicht worden waren. Ich überarbeitete sie und las sie noch einmal Korrektur, bastelte ein paar Cover dafür, die mir gefielen – mehr darüber im Cover-Kapitel – und konvertierte sie mit der Software Calibre in ein EPUB-Format. Das kostete mich einige Versuche, aber es war ein cooles Gefühl, dass ich jetzt meine Geschichte auf dem Reader lesen konnte!

Ähnlich unkompliziert war es, die Datei online zu stellen. Ich wollte zwei verschiedene Plattformen testen, also veröffentlichte ich den *Greif* über KDP bei Amazon und *Silberschatten* bei neobooks. Bei Amazon folgte ich brav der Anleitung und kämpfte mit der Preisgestaltung; ich wollte für die Erzählungen je 99 Cent verlangen, aber so einfach den Endpreis einzustellen ging im Programm nicht. Außerdem musste ich mehrere neue Versionen der Word-Datei – in die ich eine Titelseite, ein Impressum (mehr darüber im Kasten auf der folgenden Seite) und eine Kurzbiografie eingefügt hatte – und des Covers hochladen, bis endlich alles so aussah, wie ich es wollte. Beim ersten Versuch war im Amazon-Shop komischerweise das Cover in ganz matten Farben dargestellt worden, ich habe nie herausgefunden warum, löste das Problem aber damit, dass ich die Datei in verschiedene andere Formate umspeicherte. Kaum war die Story veröffentlicht, fand ich noch einen Fehler im Text. Mist! Zum Glück ging die Korrektur schnell und einfach, einen Tag später war die neue Version online.

---

13 Sich die Rechte für bereits veröffentlichte, aber nicht mehr lieferbare Bücher oder Geschichten zurückzuholen ist ganz einfach. Man muss nur einen Brief an die Verlagsleitung schreiben, dass man die Rechte für diesen oder jenen vergriffenen Roman gerne zurückhätte. Das funktioniert in fast allen Fällen. Erst wenn der Verlag mauert, brauchen Sie einen offiziellen Formbrief, den Sie bei den Autorenverbänden bekommen (teilweise per Download auf deren Homepage).

Nie ohne Impressum
Ein Impressum ist nicht nur Pflicht auf jeder Website, sondern auch in jedem veröffentlichten Buch. Ihr Impressum sollte etwa so aussehen wie in diesem Beispiel:

Impressum
Cover-Gestaltung: Alica Urban & Katja Brandis
Copyright Illustrationen: aarstudio (Fotolia.com), Kesu (Fotolia.com)

Copyright 2014
Katja Brandis
Pfarrer-Bendert-Str. 2
82140 Olching
KatjaBrandis@web.de

Alle Rechte vorbehalten

Ganz wichtig sind die **Rechtenachweise** und Ihre **Kontaktdaten** (wenn Sie unter Pseudonym schreiben, können Sie hier eine c/o Adresse einfügen, sodass Sie Ihren richtigen Namen nur zum Teil preisgeben müssen). Falls jemand Ihr Manuskript lektoriert hat, gehört auch dies ins Impressum: »*Lektorat:* Name XY«

Mit *Silberschatten* war es etwas schwieriger. Bei neobooks durfte man keine Datei mit Titelseite und Impressum hochladen, das wurde alles automatisch generiert. Ich brauchte den »nackten« Text. Geduldig tippte ich alle Infos in Eingabemasken ein und fluchte, wenn ich einen Fehler gemacht hatte, sodass ich neu beginnen musste.

TIPP: *Sehr praktisch ist es, zu jedem E-Book eine Datei mit Titel, Untertitel, Kurztext, Klappentext, Kurzbiografie und Impressum (inkl. der Copyrightnachweise für das Cover) zu haben. Dann können Sie die Daten ganz einfach in die Eingabemasken der Plattformen kopieren und müssen nicht mehrmals alles neu tippen, wenn etwas schiefgeht oder Sie das Projekt wegen eines Softwarefehlers neu anlegen müssen.*

Dann versuchte ich, die Datei hochzuladen, und bekam prompt eine Fehlermeldung – die **Software** akzeptierte es nicht, dass meine 50-seitige Geschichte keine Kapitel enthielt. Machte nichts, dann unterteilte ich *Silberschatten* in sieben Kapitel. Manchmal erkannte die Software die Kapitel nicht richtig, aber zum Glück konnte man das per Hand nachbessern. Nach weiterem Schwitzen und Fluchen hatte alles geklappt. Jetzt begann das Warten. Das neue E-Book musste erst noch von einem Mitarbeiter freigegeben werden, bevor es an die verschiedenen Bookshops geliefert werden würde. In meinem Fall wurde zunächst nichts freigegeben, der Mitarbeiter bat mich, noch etwas am Cover zu korrigieren (es war ein weißer Rand darum entstanden). Klar doch. Zwei Tage später war meine Geschichte dann endlich ausgeliefert worden und einen weiteren Tag später über alle möglichen Buchshops käuflich zu erwerben. Jedes Mal, wenn ich einen Fehler korrigiert hatte, dauerte es ebenfalls drei Tage, bis die neue Version im Verkauf war. Nicht leicht auszuhalten für einen ungeduldigen Menschen wie mich, aber kein Vergleich zur Wartezeit, bis ein Buch im Verlag erscheint (die kann sich auf zwei Jahre summieren).

ACHTUNG: *Nicht bei allen Shops ist es einfach, Fehler zu korrigieren und eine neue Version hochzuladen! Manchmal ist es nötig, den Support einzuschalten. Achten Sie bei der Auswahl Ihres Anbieters darauf.*

Ich schaute jeden Tag, wie viele E-Geschichten verkauft worden waren … und stellte fest, dass der *Greif* auf Amazon deutlich schlechter lief als *Silberschatten* bei neobooks. Was eventuell am Thema liegen konnte (Drachen sind beliebter als Greifen) und am Cover (das bei *Silberschatten* den Lesern besser gefiel). Aber mich nervte auch die bei Amazon primitive Übersicht über verkaufte Texte und die umständliche Abrechnungsmethode. Die Website von neobooks war viel benutzerfreundlicher, die Statistik übersichtlicher, die Abrechnung und Betreuung besser … und es verkauften sich einfach mehr Exemplare, weil ich eine größere **Zielgruppe** erreichte. Es war ein netter Aha-Effekt, auf welcher Plattform die Leute meine E-Books kauften: Auch heute noch geht etwa die Hälfte meiner selbst veröffentlichten E-Books über Amazon weg, knapp ein Viertel wird bei Thalia erworben, ein weiteres knappes Viertel über Weltbild, die anderen Shops machen nur ganz wenige Käufe aus. Bei einer Amazon-Veröffentlichung erreichte ich im Vergleich zu einem Distributor also nur die Hälfte der Kunden. Ein zweiter Aha-Effekt war, dass ich für Geschichten, die via neobooks an Amazon geliefert und dort verkauft worden waren, nicht viel weniger Geld herausbekam wie für einen Direktverkauf bei Amazon. Kurz, ich beschloss nach ein paar Wochen, das Experiment zu beenden und alle meine E-Geschichten und E-Books fortan bei neobooks laufen zu lassen.

Nicht alle Autoren entscheiden so: Bei der Selfpublisher-Umfrage 2015[14] stellte sich heraus, dass etwa die Hälfte ausschließlich Amazon nutzt und die andere Hälfte sich auf einen Distributor verlässt. Etwa fünf Prozent bieten die Bücher über den eigenen Shop an, vermutlich eher ergänzend.

Im Laufe der nächsten zwei Monate überarbeitete ich meine *Daresh-*, *Feuerblüte-*und *DelfinTeam-*Romane, ließ die Fantasyromane Korrektur lesen von Autor und Rechtschreib-Profi Jan Müller – dem ich im Austausch dafür seine Texte lektorierte – und designte Cover. Ein Buch nach dem anderen ging online (was so manchen Kampf mit der neobooks-Software bedeutete), und im Sommer 2014 hatte ich sie alle »draußen«. Es war wunderbar, dass diese Bücher nun wieder gekauft, gelesen, rezensiert wurden!

Ein heißes Thema ist immer noch die **Preisgestaltung** für E-Books – die Verlage verlangen fast so viel für die Datei wie für ein gedrucktes Buch, natürlich auch, um die Buchhandlungen nicht in den Ruin zu treiben. Selfpublisher dagegen bieten ihre Texte meist zu deutlich günstigeren Preisen an, damit die Hemmschwelle sinkt, sich das Buch einfach mal so herunterzuladen. Trotzdem war es zum Beispiel dem Autor Thomas Endl wichtig, nicht im Dumpingbereich zu landen. »Unter einen Euro zu verlangen, finde ich irgendwie unwür-

14 www.selfpublisherbibel.de

dig – zumindest für gut gemachte E-Books. Man kann das ein paar Tage lang als Werbemaßnahme nutzen, okay, aber sonst besser nicht«, empfiehlt er. »Solange es keine teuren gedruckten Varianten unserer Bücher gibt, können wir die Bücher im Bereich von 2,99 bis 3,99 Euro anbieten, kürzere E-Books noch günstiger. Andererseits scheint es so zu sein, dass E-Books dann teurer sein dürfen, wenn die Leser ihnen auch in den Läden als gebundene Bücher begegnen. Sie sind dann quasi schon ›geadelte‹ Bücher, für die man dann auch elektronisch mehr hinlegt.«

Ich hatte mich entschieden, meine vergriffenen und neu aufgelegten Romane für 2,99 pro Stück anzubieten und neue Projekte, die vorher noch nicht in Print erschienen waren (zum Beispiel die *Nachtlilien*-Fortsetzungen) für 3,99 Euro. Dabei stellte ich fest, dass mir bei einem Buch für 2,99 durch diverse Gebühren und Abzüge ein **Erlös** von etwa einem Euro übrig blieb. Nicht viel – aber bei einem vom Verlag gedruckten Buch wäre es weniger. Denn hier arbeiten ja Lektoren, Marketing-, Presse- und Vertriebsleute und Hersteller daran mit, Ihr Buch herauszubringen, der Verlag hat also viel höhere Kosten (und Sie weniger Arbeit).

Eine Kollegin konnte nicht verstehen, dass ich mir all den Aufwand angetan hatte, die Neuauflagen selbst als E-Books herauszubringen. »Ich habe einfach all meine vergriffenen Titel an dotbooks gegeben, einen reinen **E-Book-Verlag**«, erzählte sie mir. Inzwischen sind dort ein oder zwei ihrer vielen älteren Bücher neu herausgekommen, aber bis die anderen ebenfalls erscheinen, zieht sich das sicher noch über Jahre hin und die Abrechnungen bekommt sie vermutlich ein- oder zweimal jährlich, wie in der Buchbranche üblich. Für mich wäre das nichts gewesen, ich genieße es, alles selbst unter Kontrolle und im Überblick zu haben. Und Abrechnungen gibt es bei neobooks monatlich. Aber wenn Sie sich dieses ganze Prozedere nicht zutrauen: Es gibt mittlerweile einige Verlage, die auch oder nur Originalwerke als E-Books herausbringen, dafür werden zum Teil sogar Vorschüsse gezahlt.

Auch heute noch, nachdem der erste Reiz verflogen ist, checke ich hin und wieder die **Verkaufszahlen** meiner E-Books und schaue mir an, welche am besten laufen (erfreulicherweise *Feuerblüte*). Im ersten Jahr sind über 2000 meiner selbst herausgegebenen E-Books verkauft worden, ein ganz nettes Nebeneinkommen, da sich diese Romane ja längst als gedruckte Bücher bezahlt gemacht haben. Die Zahlen sind insgesamt gesunken und oft werden nur zwei bis fünf pro Tag gekauft, aber in den Sommerferien kurz nach der Veröffentlichung staunte ich, weil da 37 Stück an einem Tag weggegangen waren. Den ganzen Sommer über blieben die Verkaufszahlen auf hohem Niveau, und auch während der anderen Ferien zeigt die Verkaufsstatistik steile Zacken nach oben. Tote Hose ist dagegen zu der Zeit, in der Buchhändler kaum nachkommen – während des Weihnachtsgeschäfts. Klar, wer mag schon eine Datei unter den Weihnachtsbaum legen?

Interessant sind übrigens die Ergebnisse der Selfpublisher-Studie, die Matthias Matting und Hilke-Gesa Bußmann seit 2013 jährlich durchführen. »Bei der Frage nach dem Verdienst ist – wie in den vergangenen Jahren schon – eine deutliche Zweiteilung zu beobachten«, stellt Matting fest. »Fast die Hälfte der Teilnehmer verdient nicht nennenswert mit dem Schreiben[15]. Insgesamt ist ein leichter Anstieg der Einnahmen zu verzeichnen. 16 Prozent (2014: 14) der Teilnehmer verdienen mehr als 300 Euro im Monat.« Die kompletten Ergebnisse der Studie finden Sie auf Mattings sehr informativer Seite www.selfpublisherbibel.de.

Übrigens verkaufen sich im E-Book nicht alle **Genres** gleich gut – am besten laufen zurzeit Krimi/Thriller, Erotik und zum Glück auch Fantasy, weil sich die gut organisierte Community gegenseitig auf Bücher aufmerksam macht. **Kinderbuch** ist schwierig, auch weil man dafür Illustrationen einfügen sollte (zumindest bei Kinderbüchern von zwei bis sieben Jahren, danach geht es auch ohne Bilder). Aber inzwischen ist es möglich, in E-Books Bilder einzubinden, und beim Printing on Demand ist es günstiger geworden, Bücher mit Bildern drucken zu lassen. Sie sollten wenn möglich jemanden ins Boot holen, der auf Profi-Niveau illustrieren kann – falls Sie keinen Grafik-Designer kennen,

15 Unter 50 Euro im Monat

Flatrates und Verleihmodelle

Urplötzlich gab es eine unschöne Überraschung bei meiner Abrechnung – wie üblich waren einige meiner *Feuerblüte*-Romane verkauft worden, aber in der Abrechnung waren einige davon mit einem Verkaufspreis von 46 Cent statt der üblichen 2,99 Euro angegeben worden. Mein Erlös war entsprechend jämmerlich. Was war da passiert? Als Verkäufer war die Plattform Skoobe angegeben. Schnell stellte sich heraus, dass Skoobe Anbieter einer **Bücher-Flatrate** war. Ich hatte keinerlei Lust, mich als Autorin so verramschen zu lassen, und zum Glück gab es bei neobooks die Möglichkeit, Skoobe vom Vertrieb des Buches auszuschließen. Ich musste zwar all meine E-Book-Dateien bearbeiten und im entsprechenden Feld ein Häkchen setzen, aber das war in einer Stunde erledigt. Ob Sie das ebenso halten oder sich an solchen Flatrate-Modellen beteiligen wollen, ist Ihre Entscheidung.

Bei Amazon gibt es ein ähnliches Modell, **KDP Select**, eine Art Leihbücherei, für die sich Amazon-Nutzer mit einer Jahresgebühr anmelden können. Bisher wurden Autoren bei jeder »Ausleihe« recht anständig dafür vergütet, fast vergleichbar mit einem Kauf. Der Vorteil von KDP Select ist außerdem, dass Ihr Buch im Amazon-Ranking weiter oben steht, weil die Ausleihe für Nutzer sehr günstig ist und dadurch die Download-Zahlen nach oben gehen. Wenn Sie sich für KDP Select entscheiden, gilt das erstmal für drei Monate, Sie können es einfach mal ausprobieren und dann entscheiden, ob sich die Sache für Sie lohnt.

vielleicht einen Studenten der Kunsthochschule? Wenn es mit den Illus nicht klappt: Alternativ könnten Sie den Text auch als Hörbuch einlesen und anschließend als Hörbuch-Download verkaufen.

Wenn sich Ihr selbst veröffentlichtes Buch durch gute Verkaufszahlen (5 000 Stück im ersten Jahr oder mehr) hervorhebt und gute Rezensionen bekommt, dann werden übrigens auch die **klassischen Verlage** aufmerksam, und möglicherweise erscheint Ihr Buch nachträglich als Printveröffentlichung. Und manchmal wird schon als E-Book ein richtiger **Bestseller** daraus. Das hat die deutsche Fantasy-Autorin Marah Woolf erlebt, deren *MondLichtSaga* so richtig einschlug. »Ich habe das Buch 2008 geschrieben und an ein paar Verlage geschickt, aber es hat nicht geklappt«, erinnert sich die berufstätige Mutter von drei Kindern. »Also habe ich beschlossen, es selbst her-

Mond
Silber
Licht
MARAH WOOLF

auszubringen – das erste Buch hatte ich nur bei Amazon, den zweiten Teil schon bei einem Distributor, weil ich es gut finde, wenn man sich breit aufstellt.« Das funktionierte so blendend, dass sie ihren ursprünglichen Beruf – sie hatte Bankkauffrau gelernt und danach Geschichte und Politik studiert – schon längst aufgegeben hat, um sich ganz ihrer Schreibkarriere zu widmen. Insgesamt kann sie sich mittlerweile (nach ihren neuen Fantasy-Sagas *BookLess* und *FederLeicht)* über 670 000 Verkäufe freuen, davon 90 % E-Books über den Distributor Ciando und 10 % Taschenbücher, die sie über CreateSpace herstellen lässt.

Mit zum Erfolg beigetragen haben sicher die ansprechenden Cover ihrer Bücher. »Mein erstes Cover hat mir mein Schwager, der Grafiker ist, erstellt«, erzählt sie. »Doch beim nächsten Cover habe ich mich schon bei Amazon umgeschaut, welche Designerin mir gefällt, und zwei bis drei angeschrieben. Ich bezahle viel für Cover im Vergleich zu Kollegen, aber es lohnt sich.« Auch an Lektorat und Korrektorat spart sie nicht. »Manche Autoren denken, man lädt sein Buch einfach hoch und dann läuft es schon, aber das ist nicht so – die Kunden kaufen ein **Produkt,** und in dieses muss man erstmal investieren«, sagt Woolf. »Die erfolgreichen Selfpublisher geben sich viel Mühe mit ihrem Produkt, die Szene ist viel professioneller geworden.«

Für jedes ihrer Bücher legt sie ein Marketingbudget fest und engagiert sich bei der Promotion. Aber sie nimmt sich nicht nur viel Zeit fürs Marketing, sondern hat sich auch handwerklich ganz bewusst weiterentwickelt, Schreibseminare absolviert und intensiver an ihren Settings gearbeitet. »Mit dem Erfolg, dass die Folgebücher alle bessere Rezensionen hatten als mein erster Band«, erzählt sie. Wie sie festgestellt hat, ist es aber auch wichtig, dass man viel schreibt – Romantasy-Leserinnen sind treuer als beispielsweise Krimileser, sie erwarten, dass in einem schnellen, regelmäßigen Rhythmus Bücher ihrer Lieblingsautoren erscheinen. Deswegen veröffentlicht Marah Woolf im Jahr zwei bis drei ihrer Fantasybände und als Lesehäppchen zwischendurch bietet sie Kurzromane von etwa 100 Seiten an. Die meisten Verlage wären von diesem »Output« überfordert.

Wenn die selbst veröffentlichten Bücher gut laufen, kann man Verlagen gegenüber auch anders verhandeln. Das stellte Monika Dennerlein fest, die unter verschiedenen Namen Erotik veröffentlicht, unter dem Pseudonym Monica Davis aber auch Fantasy-Jugendromane (*Daniel Taylor – Plötzlich Dämon*). Ihr erstes Buch erschien als Book on Demand, auch E-Books hat sie schon viele herausgegeben, doch sie hat auch schon mit den verschiedensten Verlagen zusammengearbeitet. »Erst habe ich bei kleineren Verlagen veröffentlicht, nebenher aber auch immer meine Edition als Book on Demand herausgegeben und bei Amazon erotische Kurzgeschichten eingestellt«, erzählt sie. »Ich war baff, als ich dort bei den selbstverlegten Büchern auf Platz 1 war!« Inzwischen ist sie gewohnt, im Amazon-Ranking auf vorderen Plätzen zu landen.

In den ersten drei Jahren verdiente die gelernte Zahntechnikerin mit ihren Texten keinen Cent, doch inzwischen lebt sie sehr gut vom Schreiben – hauptsächlich von dem, was sie über ihre E-Books einnimmt. Deswegen konnte sie auch selbstbewusst mit einem Großverlag verhandeln, als der Verlag sich (nach einer Antwortzeit von sieben Monaten!) für eines ihrer Exposés interessierte. »Sie meinten, sie wollen den Roman als E-Book machen, und ich fragte: ›Warum nicht als Taschenbuch?‹ ›Von einem Taschenbuch war nie die Rede‹, bekam ich zur Antwort. Enttäuscht teilte ich ihnen mit: ›E-Book kann ich selber, dafür brauche ich keinen Verlag.‹«

Der Verlag lenkte ein, bot aber unverschämt niedrige Konditionen. Sein Pech, dass Monika Dennerlein durch ihre Selfpublishing-Erfahrung genau wusste, welcher Anteil ihr zustand. ›Für das Geld mache ich es nicht‹, schrieb sie zurück, worauf der Verlag schleunigst nachbesserte, da sie das Buch schon in ihrem Programm eingeplant hatten. Sie handelte das Angebot von 5 auf 20 % hoch. Doch die Welt der großen Verlage erscheint ihr noch immer fremd: »Die sind so unglaublich langsam und träge und können doch gar nicht auf den Markt reagieren!«

Inzwischen gibt es ein **Überangebot** an (oft sogar kostenlosen) E-Books, außerdem sind Probleme mit illegalen Downloads hinzugekommen, auch wenn sie längst nicht so heftig sind wie im Bereich Musik. »Es gibt leider Portale, die meine E-Books kostenlos anbieten – ich habe eine Agentur damit beauftragt, solche Links aufzuspüren und totzulegen«, berichtet Monika Dennerlein.

Natürlich werden Sie für ein selbst veröffentlichtes Buch nicht so sehr bewundert wie für ein Buch bei einem »richtigen« Verlag, dazu gibt es bei den Selfpublishern zu oft Probleme mit der **Qualität**, also zu viele schlechte oder schlecht lektorierte Texte mit hässlichem Cover. Leider können Sie mit einer selbst organisierten Veröffentlichung an manchen Literaturpreisen nicht teilnehmen, und bei Berufsverbänden wird eine nicht selbst finanzierte Veröffentlichung als Nachweis verlangt. Auch Rezensenten haben wenig Lust, Bücher von Selfpublishern zu rezensieren – ein E-Book als Rezensionsexemplar wird selten akzeptiert, bei einer gedruckten Ausgabe geht es schon eher.

Doch das **Image der Selbstverleger** wird langsam besser, auch in den Verlagen. »Wie würden Sie reagieren, wenn ein vielversprechender Autor auf Sie zukommt und bei Ihnen veröffentlichen will, aber er seine Texte schon im Selfpublishing herausgegeben hat?«, habe ich Natalja Schmidt, Programmleiterin Droemer Fantasy, gefragt, und ihre Antwort lässt alle »Indies« hoffen: »Hier hat in den Verlagen in den letzten Jahren ein Umdenken stattgefunden. Mittlerweile haben viele Lektoren die erfolgreichen Selfpublisher-Bücher ihres Genres durchaus im Blick – und es gibt schon einige Beispiele, wo es nach den Erfolgen im Selbstverlag zusätzlich zu einer erfolgreichen Verlagsveröffentlichung gekommen ist. Insofern würde ich das nicht mehr als Hinderungsgrund ansehen.«

Ein Tipp, wie Sie Ihr selbst veröffentlichtes Buch von der Masse abheben können: **Qindie** ist eine Initiative, die sich für qualitativ hochwertige **Indie-Publikationen** einsetzt. Man kann sich mit seinem Projekt bewerben und wird, wenn es den anderen Mitgliedern gefällt, aufgenommen und kann das Qindie-Siegel auf seinen selbst veröffentlichten Büchern anbringen. Nähere Infos unter www.qindie.de

Selbst eine E-Book-Datei erstellen

Bei den meisten Plattformen müssen Sie nur Ihr Word-Manuskript (plus Cover) hochladen. Aber vielleicht wollen Sie auch selbst über Ihren Text als E-Book verfügen, zum Beispiel damit Sie ihn auf den eigenen Reader laden, Rezensenten zur Verfügung stellen oder ihn an Freunde schicken können. Das geht natürlich als PDF, aber eine Reader-Datei kann nicht schaden.

Dafür sollten Sie sich die **Software** »Calibre« zulegen, man kann sie kostenlos aus dem Netz herunterladen. Sie zu bedienen ist nicht schwer – auch hier lädt man seinen Text als Datei hoch, fügt das Cover hinzu und wählt ein paar Optionen aus. Zum Beispiel, in welchem **Format** Sie Ihr E-Book haben möchten – als EPUB (das gängigste Format, kann von den meisten Geräten gelesen werden) oder MOBI, das Format von Amazon (das nur Kindle-Geräte lesen können). Nach der Konvertierung können Sie überprüfen, ob das E-Book so geworden ist, wie Sie möchten. Beim ersten Versuch sind Sie wahrscheinlich entsetzt darüber, was alles nicht stimmt. Sie werden eine Weile herumprobieren und Einstellungen ändern müssen, bis alles passt. Ein weiteres Konvertierungs-Programm ist Sigil (*http://code.google.com/p/sigil/*), oder Sie bringen Ihren Text mit Hilfe von Apple Pages in die Formate des Apple iBookstore, des Amazon Kindle oder anderer E-Reader. Manche **Textverarbeitungsprogramme** wie zum Beispiel Papyrus bieten sogar die Möglichkeit, den Text als EPUB zu exportieren. Wenn Sie es geschafft haben, verfügen Sie über eine fertige E-Book-Datei.

TIPP: *Einen Kopierschutz haben privat generierte E-Book normalerweise nicht. Sie können das Exemplar, das Sie verschicken, aber mit wenig Aufwand »personalisieren«, indem Sie an den Anfang des Buches die Zeile »Persönliches Rezensionsexemplar für XY, Blog XX« einfügen, bevor Sie mit der Software konvertieren. Dadurch steigt die Hemmschwelle, das Exemplar weiterzugeben, stark an und sie können Raubkopien – die bisher zum Glück kein großes Problem sind – leichter zur Quelle zurückverfolgen.*

Ein gedrucktes Buch selbst herausbringen

E-Books sind gut und schön, aber ein gedrucktes eigenes Buch in der Hand zu halten ist ein ganz besonderes Gefühl, außerdem kann man mit einer Druckausgabe Lesungen halten (was schwer ist, wenn man nur ein E-Book veröffentlicht hat). Zum Glück gibt es inzwischen die **»Print-on-Demand«**-Methode – immer, wenn jemand eins Ihrer Bücher bestellt, wird auch ein Exemplar im Digitaldruck hergestellt. Bei den meisten Print-on-Demand-Anbietern muss man den Text (als **fertiges Layout**) und das Cover hochladen (beide als PDF), der Anbieter druckt das Buch, versendet es an den Besteller beziehungsweise die Buchhandlung, in der das Buch bestellt worden ist, und kassiert in Ihrem Auftrag den Verkaufspreis. In regelmäßigen Abständen – oft monatlich oder quartalsweise – bekommen Sie eine Abrechnung, müssen aber sonst nichts weiter tun, außer Ihr Buch bekannt zu machen.

Es gibt inzwischen viele Adressen für Selfpublisher, die bekanntesten sind BoD (www.bod.de) und *CreateSpace* (ein Amazon-Unternehmen). Bei beiden ist die Druckqualität kaum mehr von einem »normalen« Buch zu unterscheiden. Bücher, die über BoD verlegt werden, haben einen relativ hohen Ladenpreis[16], hier kann CreateSpace punkten. Dafür hat CreateSpace den Nachteil, dass die Bücher derzeit nur über Amazon zu bekommen sind. Außerdem ist es nicht ganz einfach, sich durch die englische Anleitung durchzuarbeiten. Weitere gute Anbieter – die sowohl E-Books als auch gedruckte Bücher verlegen – sind *epubli.de* oder *tredition*. Ausführliche Schritt-für-Schritt-Anleitungen führen durch die PDF-Erstellung und die Vorbereitung des Covers für den Druck, doch Sie sollten sicherheitshalber einen ganzen Tag für diesen Arbeitsschritt einplanen. Meist kostet ihre Dienstleistung nur einen geringen Grundbetrag, aber Sie müssen jedes einzelne Ihrer Bücher für den Eigenbedarf bezahlen. Das geht schnell ins Geld.

---

16 BoD hat die Preise gerade etwas gesenkt, sicher auch als Reaktion auf die günstigere Konkurrenz …

Ich hatte vor Jahren schon mal ein paar Anthologien für unsere Autorengruppe »Seitenspinner« bei BoD herausgegeben, weil wir sie bei Lesungen verkaufen wollten. Nur leider hatte ich längst vergessen, wie ich das genau gemacht hatte. Dann war ich unverhofft wieder in der Situation, selbst ein Buch herauszugeben. Ich hatte schon hin und wieder mit dem Gedanken gespielt, meinen Einzelroman *Nachtlilien* fortzusetzen, weil mir Figuren und Geschichte keine Ruhe ließen. Doch nach anfänglicher Zusage entschied Piper, die Fortsetzung doch nicht zu machen, und es würde sich garantiert kein anderer Verlag für eine Fortsetzung finden. Also versenkte ich das Exposé tief in der Schublade, schließlich lebe ich vom Schreiben und kann mir nicht leisten, einfach mal so einen dicken Wälzer zu produzieren, für den ich keinen Abnehmer habe. Doch dann kam irgendwann – nach vielen anderen Leserbriefen – eine rührende Mail von einer Leserin namens Gwen und machte mir klar, dass ich das einfach tun musste. Ich musste dieses Buch schreiben. Für mich. Für Gwen. Und alle anderen, die wissen wollten, wie es mit Kiéran und Jerusha weiterging. »Das Projekt ziehe ich selbst durch«, beschloss ich, gruselte mich aber davor, weil ich mir das alles endlos kompliziert vorstellte und ich verwöhnt war von all dem, was mir Verlage bisher geboten hatten. Manuskript fertig schreiben und ab damit per Mail an einen Verlag, das war und ist mir nach wie vor am liebsten.

Nachdem die Fortsetzung (*Lilienwinter*) fertig war – sie war etwa gleich lang geworden wie der erste Band, also 600 Seiten – wurde es ernst. Erst wollte ich das ganze nur als E-Book herausgeben, was schön einfach und günstig gewesen wäre, aber es wurde schnell klar, dass die Fans das Buch gedruckt im Regal haben wollten. Und ich auch, wenn ich ehrlich war. Ich verglich verschiedene Anbieter und war entsetzt über den Ladenpreis, der meist dabei herauskam. Nein, 35 Euro für ein Hardcover würde wohl niemand bezahlen. Um das alles irgendwie handhabbar zu machen, entschied ich mich, das Manuskript in zwei Bände aufzuteilen *(Lilienwinter und Winterdrachen)*, da die Handlung zum Glück in zwei gleich große Teile strukturiert war. Für das Taschenbuch probierte ich **CreateSpace** aus, das vom Ladenpreis her sehr günstig war, obwohl das Buch leider nur bei Amazon lieferbar sein würde. Etwas nervig war die Anmeldung, ich musste wiederholt versichern, dass ich wirklich keine amerikanische Steuernummer hatte und brauchte, und auch die Preisgestaltung war knifflig, weil das Programm den Endpreis nicht selbst anzeigte und man die Mehrwertsteuer selbst draufrechnen musste. Irgendwann gab ich auf und ließ es beim schön krummen Ladenpreis 11,56 Euro pro Band. Damit würde ich einen Euro pro Buch verdienen, ganz okay.

Nun musste ich den **Text layouten**, denn CreateSpace brauchte – so wie alle anderen Anbieter – eine fertig gesetzte PDF-Datei. Text und Überschriften sollten so ähnlich aussehen wie in Band 1, aber die Schrift war darin arg klein geworden, ich wollte es bei den Fortsetzungen etwas größer. Ich probierte verschiedene Schriften und Schriftgrößen aus, schnappte mir die Schere und bastelte mir mehrere verschiedene »Buchseiten«, die ich in den gedruckten ersten Band hineinlegte, um einen Eindruck davon zu bekommen, ob die Schriftgröße gut lesbar war, ob die Seitenränder passten, wie die kleinen Symbole zwischen den einzelnen Abschnitten aussahen und wo die Seitenzahlen am besten aussahen, in der Mitte oder am Rand.

Nachdem ich mich für ein Design entschieden und das ganze entsprechend formatiert hatte, ging ich an die **Endkontrolle**, also daran, die ganze Datei Seite für Seite durchzuschauen – nirgendwo durfte eine einzelne Zeile oben oder unten auf der Seite hängen, auch zwei isolierte Zeilen wollte ich nicht. Außerdem musste ich einen kritischen Blick auf die Trennungen werfen und checken, ob durch den Blocksatz nicht irgendwo große Lücken zwischen den Wörtern entstanden waren. Dann musste ich noch ein Impressum schreiben. Zum Glück geben die Anbieter, so auch CreateSpace, gute Anleitungen, was auf welche Titel-, Innentitel und Innenseite muss. In der Vorschau sah alles gut aus, ich konnte den Innenteil freigeben.

Dann war das **Cover** dran. Für *Lilienwinter* hatte ich eine talentierte, junge Grafikerin angeheuert, und das war auch gut so, mit dem Ergebnis und dem Preis (150 Euro) war ich sehr zufrieden. Aber wahrscheinlich hatte ich sie genervt damit, dass ich selbst aus Bilddatenbanken ein Gesicht fürs Cover gesucht hatte (es durfte ja nicht irgendein Typ sein, er sollte zumindest ein bisschen so aussehen wie Kiéran …). Jedenfalls antwortete sie nicht mehr, weder auf Mails noch auf Facebook-Nachrichten. Ich musste es allein hinkriegen, letzte Änderungen anzubringen und alles ins richtige Format zu bringen, damit die Schrift auf dem Buchrücken auch wirklich in der Mitte des Buchrückens war und so weiter. O Gott!

Doch zum Glück gab CreateSpace hier gute Hilfestellung, die beste davon war, eine Vorlage in genau der richtigen Größe zu generieren, die man nur noch im Grafikprogramm hinter sein Cover legen und sie entsprechend »zurechtrücken« musste. Außerdem wurde vor der Veröffentlichung automatisch überprüft, ob alles passte. Nach ungefähr zehn verschiedenen Versionen hatte ich alles fertig hochgeladen.

Zum Glück entschied ich mich für drei **Probeexemplare**, die innerhalb weniger Tage aus den USA (ich hatte Expresslieferung bestellt, darauf kam es nun wirklich nicht mehr an) an mich verschickt wurden. Bei denen entdeckte ich, dass ich die Innenränder der Seiten zu schmal eingestellt hatte, sodass man das Buch ziemlich weit aufbiegen musste, um es komfortabel lesen zu können. Außerdem, Schreck lass nach, war der Autorenname auf dem Buchrücken winzig klein geworden. Also wieder eine neue Version. Diesmal passte wirklich alles.

Sehr angetan war ich von der **Herstellungsqualität** der Taschenbücher und ihrer samtigen Oberfläche. Ihr niedriger Preis relativierte sich allerdings schnell, denn es kam ja noch **Versand und Zoll** (mit letzterem hatte ich gar nicht gerechnet!) hinzu. Interessant war auch, dass die Taschenbuch-Exemplare, die über Amazon bestellt werden konnten, in Deutschland hergestellt wurden und eine viel hellere, weniger gelbe Papierfarbe hatten. Ich hatte mal eines testweise gekauft.

TIPP: *Ganz wichtig: Bevor Sie ein Buch herstellen lassen, drucken Sie sich den Text so aus, wie er später im Buch erscheinen wird (also am besten eine PDF davon herstellen) und lesen Sie ihn intensiv Korrektur oder lassen Sie ihn von jemandem mit richtig guter Rechtschreibung Korrektur lesen. Und bevor Sie ein Buch in den Handel schicken, lassen Sie sich unbedingt ein Probeexemplar anfertigen und schauen Sie es streng auf Fehler und Designpannen durch!*

Leider genügte die Taschenbuch-Ausgabe meinen Leserinnen nicht, sie wollten auch Hardcover-Ausgaben der beiden Bände, damit sie besser zum ersten Band passten. Mit einem tiefen Seufzer machte ich mich daran, auch das zu organisieren und einen bezahlbaren Anbieter zu finden, der das passende **Buchformat** anbot – die Bände sollten ja genauso groß sein wie das ursprüngliche Buch – und bei dem der Ladenpreis bezahlbar war. Beim Selfpublisher-Verlag tredition wurde ich fündig und die Bücher waren über den normalen Buchhandel lieferbar zu einem Preis von 21,99 Euro (wieder machte ich etwa einen Euro Gewinn pro verkauftes Exemplar). Ich entschied mich für die Kombination aus Grundgebühr und einer frei wählbaren Anzahl an Belegexemplaren. Die Anleitung war sehr gut, die Betreuung schnell und nett. Glück war auch, dass meine Layout-Datei schon fertig war und ich nun etwas Erfahrung mit dem Cover-Upload hatte. Probeexemplare waren nicht billig, ich entschied mich dagegen und entdeckte in den gedruckten Büchern – die richtig schön geworden waren –, dass ich bei *Lilienwinter* das Inhaltsverzeichnis am Schluss vergessen hatte. Gestört hat es anscheinend niemand, ich habe bisher keinen Leserbrief dazu bekommen.

Verkauft haben sich von den Fortsetzungen vom August 2014 bis Mai 2015 etwa tausend Stück, E-Book und Druckausgaben zusammengenommen. Immerhin, meine Kosten habe ich wieder drin, und im Nachhinein bin ich froh darüber, dass ich mir die Auszeit genommen habe, um diese Bücher zu schreiben und mein Einkommen in dieser Zeit durch Lesungen bestritten habe. Als Profi kann es passieren, dass der Spaß am Schreiben in den Hintergrund gerät, und diese

Bücher waren für mich der pure Spaß und eine Anti-Burnout-Maßnahme vom Feinsten. Und die meisten *Nachtlilien*-Fans waren glücklich über die Fortsetzung (bisher hat sich nur eine Rezensentin gemeldet, die nicht mehr »reinkam« in die Geschichte).

Ich hatte die Fortsetzung nicht geschrieben und herausgegeben, um ein großes Publikum zu erreichen. Seien Sie ebenso realistisch – all diese **Dienstleister** wie epubli oder tredition leben hauptsächlich davon, dass die Autoren Exemplare ihrer eigenen Bücher bestellen. Im Buchhandel werden Sie diese Bücher nicht liegen sehen, denn dort konkurrieren schon die Verlage um Platz in den Regalen. Aber Sie können sie auf Lesungen verkaufen, die Sie sich organisiert haben, und auch per Internet werden diese Bücher bestellt.

Indie-Bestsellerautorin Marah Woolf hat für die Druckausgaben ihrer Romane eine Strategie gefunden, die für sie sehr gut funktioniert. Ihre über CreateSpace hergestellten Taschenbücher sind nur bei Amazon lieferbar, aber sie wollte auch gerne im **Buchhandel** präsent sein. »Deshalb lasse ich auch eine Druckausgabe beim Anbieter Booksfactory drucken und liefere die Bücher selbst an den Buchhandel, wenn dort ein Titel von mir bestellt wird«, berichtet Marah Woolf. »Das sind jeden Tag etwa 4-5 Stück. Das ist für mich ein Centgeschäft, aber es geht mir darum, dass der Buchhändler auch mal etwas von mir in der Hand hat. Man kann bei Booksfactory ganz einfach ein paar hundert Stück bestellen, ich lasse dort permanent kleine Mengen nachdrucken.«

TIPP: *Sind Sie mit dem Ergebnis Ihres Digitaldrucks unzufrieden und ist der Grund nicht Ihre mangelhafte Datei, sondern ein Fehler des Herstellers, dann reklamieren Sie sofort. Sie können zumindest einen Preisnachlass raushandeln.*

Das Cover-Design

Für Ihr Buchprojekt brauchen Sie ein Titelbild (Cover) – welches möglichst ansprechend sein sollte, denn Ihre Leser entscheiden nach Cover und Inhaltsangabe, ob sie Ihr Buch lesen wollen oder nicht. Ein **Cover selbst zu designen** kann viel Spaß machen, probieren Sie es doch einfach mal. Sehr gut eignet sich dafür das **Grafikprogramm GIMP,** das Sie kostenlos herunterladen können. Falls Sie niemanden kennen, der Ihnen dazu ein paar Tipps geben kann, helfen Ihnen **Lehrbücher und Video-Tutorials** beim Einstieg. Mir persönlich hat das GIMP-Handbuch von Bettina K. Lechner, erschienen bei Pearson, am meisten gebracht. Vielleicht hat auch einer Ihrer Freunde Spaß an Design und entwickelt für Sie oder mit Ihnen zusammen ein Cover?

Ich habe zum Glück festgestellt, dass ich viel Spaß am Cover-Design habe, obwohl ich unterschätzt hatte, wie aufwendig das Ganze ist, wenn einem niemand hilft. Während meiner GIMP-Einarbeitung erschollen aus meinem Arbeitszimmer nicht nur jede Menge Flüche, es flogen sogar Dinge gegen die Wand (was bei mir sonst eher nicht vorkommt). Aber nach einer Weile war ich »drin«, es ging immer leichter und ich vergaß die Zeit, während ich an meinen Designs herumbastelte. Zum Beispiel bei der E-Book-Ausgabe meiner *Feuerblüte*-Trilogie, bei der ich zum Glück schon etwas Übung hatte …

- Als erstes versuchte ich eine Vision davon zu entwickeln, wie das Cover aussehen könnte. Zum Glück hatte ich schon eine ziemlich klare **Vorstellung** davon – ich wollte die Silhouette einer Schwertkämpferin, auf jedem Band in einer anderen Pose und mit einer anderen Hintergrundfarbe.
- Als nächstes suchte ich mit Unterstützung meiner Praktikantin Alica Bilder in **Bilddatenbanken**, die zum Roman passen könnten, und lud sie als Layout-Bild (also in ganz grober Auflösung) herunter. Zehn bis zwanzig Bilder waren genug Material, um damit zu spielen.
- Nachdem ich eine **neue Datei** im Cover-Format angelegt hatte, begann ich mit dem Hintergrund und änderte ihn so lange, bis

KATJA BRANDIS
feuerblüte
BAND III
DAS MOND-ORAKEL
Q indie

er uns gefiel. Alica und ich experimentierten mit Bildern, stellten einzelne Motive frei, färbten sie ein, fügten Verläufe und noch mehr Verläufe hinzu, veränderten die Ebenen-Eigenschaften. Ich lud mir ein Bild von Flammen herunter und bearbeitete es, damit es zur unteren Bildkante passte. Yeah. Diese Phase war ein bisschen wie Klamotten anprobieren – irgendwann hat man das Gefühl, es passt und sieht gut aus. Immer wieder speicherte ich **Zwischenversionen**, damit kein Entwurf verloren ginge, der schon ganz gut aussah.

- Kleines **Problem**: Es gab wenig brauchbare Silhouetten, ich musste sie also selbst »herstellen«, indem ich aus einem normalen Foto die Frau mit Schwert freistellte und einschwärzte. Aber viele sahen zu plump aus, nicht so wie ich mir meine Hauptfigur Alena vorstellte, und außerdem musste man nach dem Einschwärzen mehr erkennen können als einen schwarzen Fleck. Also noch weiter nach passenden Motiven suchen und sauber mit GIMP ausschneiden! Für eine Silhouette (die in Band 3) bastelte ich aus lauter Verzweiflung aus einem Mann eine Frau, für eine andere überlagerte ich zwei Silhouetten, bis die Frisur passte. Viel Arbeit, aber es hatte sich gelohnt.
- Für den **Titelschriftzug** lud ich mir ein paar Schriften von der Website *1001 FreeFonts* herunter und probierte sie durch, eine passte davon zum Roman. In einem Video-Tutorial fand ich die Anleitung, wie ich die Schrift sozusagen zum Brennen bringen konnte. Danke, YouTube! Ich schob Titel und Autorenname herum, bis die Aufteilung gut aussah.
- Alica hatte die Idee, noch ein paar **Deko-Elemente** am Rand anzubringen. Dafür lud ich verschiedene Schnörkel aus einer Bilddatenbank herunter. Anschließend klebten wir sie ins Bild ein, drehten und verschoben sie, bis wir beide der Meinung waren »Das passt!«
- Ich stellte die Entwürfe in **Facebook** vor. Viel Lob, aber auch ein paar gute Verbesserungsvorschläge. Für Band 1 gab es noch die wichtige Anregung, mehr Farbe hinzuzufügen. Kein Problem. Der Band bekam einen orangefarbenen Verlauf, das war viel hübscher.

- Zum Schluss kaufte ich die **Lizenzen** für Fotos und Deko-Elemente, die ich in der Endfassung verwendet hatte (dafür brauchte ich nur die Bildnummer), und ersetzte sie im Cover. Dann nur noch als JPG abspeichern, fertig!

So, jetzt zu Ihrem Cover: Das Cover sollte immer ungefähr das **Seitenverhältnis** 16:10 (Höhe zu Breite) und mindestens 1024 Pixel Höhe haben (manche Websites wollen sogar 2560 Pixel). Spezielle **Schriften** (Fonts) können Sie kostenlos aus dem Internet herunterladen, beispielsweise bei:

- 1001 FreeFonts (1001freefonts.com)
- FontSquirrel (www.fontsquirrel.com)
- DaFont (www.dafont.com/de)

Wie man sie installiert, können Sie sich als Video-Tutorial beibringen lassen oder im Lehrbuch nachschlagen.

Bilder, die Sie als Ausgangsmaterial verwenden können, finden Sie zum Beispiel auf Foto-Seiten oder in Datenbanken. Fündig wird man häufig bei:

- Flickr (www.flickr.com)
- Shutterstock (www.shutterstock.com)
- fotolia (www.fotolia.com)
- 123RF (www.123rf.com)

Viele Datenbanken werben damit, »lizenzfreie« Bilder anzubieten, doch das bedeutet keineswegs, dass sie kostenlos sind! Bei einer preiswerten, kommerziellen **Bilddatenbank** (wie zum Beispiel Shutterstock) kostet das Recht, ein Bild zu verwenden, etwa fünf bis 10 Euro pro Stück. Die Kosten sind also überschaubar, da Sie für die Endversion sicher nicht mehr als drei oder vier solcher Bilder verwenden werden.

Wenn Sie irgendwo im Internet private Fotos gefunden haben und in der endgültigen Version Ihres Covers verwenden wollen, weil sie einfach perfekt passen, müssen Sie den Rechteinhaber um **Erlaubnis** bitten. Eine kurze Mail reicht meist, die meisten Leute fühlen sich geschmeichelt, dass ihr Bild so gewürdigt wird. Selbstverständlich kaufe ich Fotografen auch Nutzungsrechte ab, wenn es erschwinglich ist. Kann man übrigens alles von der Steuer absetzen.

Sehr praktisch ist, wenn ein Foto sowieso schon unter einer **»Creative Commons«-Lizenz** zur Nutzung freigegeben ist, doch Vorsicht, das gilt manchmal nur für Nutzungen, bei denen kein Geld verdient wird. Lesen Sie sich die Nutzungsbedingungen genau durch.

Oder haben Sie Lust, selbst ein **Fotoshooting** zu organisieren? Katharina, eine meiner Praktikantinnen, macht das mit Begeisterung und setzt Reiterinnen und ihre Pferde in Fantasykostümen in Szene, besonders gerne in malerischen Wäldern oder am Fluss. Manche Pferde werden dafür mit Horn ausstaffiert, fertig ist das Einhorn. Hobby-Models finden sich bestimmt leicht, wenn sie als Gegenleistung dafür ein paar gute Bilder von sich bekommen.

TIPP: *Bei Ihren* ***Cover-Entwürfen*** *sollten Sie darauf achten, dass man den Buchtitel noch lesen kann, wenn Ihr Cover briefmarkenklein angezeigt wird (ungefähr so groß wie in der Ergebnisliste bei Amazon). Und finden Sie heraus, ob Ihren Fans das Cover gefällt – fragen Sie Ihre Freunde und Social-Media-Kontakte nach ihrer ehrlichen Meinung und ihren Verbesserungsvorschlägen!*

Wenn Sie ein richtiges **Profi-Titelbild** möchten, das nicht »selbstgebastelt« aussieht, dann schauen Sie sich bei anderen Selfpublishern um, und wenn Ihnen ein Design besonders gut gefällt, fragen Sie, wer das Cover gemacht hat. Es steht auch im Impressum, das man oft als Teil der Leseprobe aufrufen kann, aber wenn Sie kurz Kontakt zum Autor aufnehmen, können Sie auch gleich fragen, was es gekostet hat und wie die Zusammenarbeit gelaufen ist. So kommen Sie auf die Namen von guten Grafikern. Und wenn Sie Glück haben, kostet es nicht mal was. Die junge Autorin Stefanie Link erzählt: »Für meine Cover habe ich eine andere BookRix-Userin angeschrieben und gefragt, ob sie mir kostenlos welche machen würde; das ist auf dieser Plattform nicht ungewöhnlich. Diese Cover sind toll geworden!« Einen Versuch ist es wert. Vielleicht können Sie im Austausch irgendetwas anbieten, was Sie besonders gut können?

»Auf jeden Fall sollte man – so sehe ich das – einen Grafiker engagieren«, ist Selfpublisher Horus W. Odenthal überzeugt. »Dass man Schreiben kann, bedeutet nicht automatisch, dass man auch ein Auge für Grafik hat. Ich bin selber Grafiker und Illustrator und arbeite trotzdem mit einem Illustrator und einer Grafikerin zusammen, weil ein gutes Cover unglaublich wichtig ist. Es stellt den ersten Eindruck dar, den der potenzielle Leser von deinem Buch erhält. Es sollte also erstens ansprechen und zweitens die Atmosphäre der Geschichte repräsentieren. Darin sollte man einige Mühe investieren oder Leute finden, die das gut können.« Er selbst hat seine Grafikerin über Qindie, eine Initiative für Qualität bei Indie-Veröffentlichungen, gesucht und gefunden.

Was den Preis angeht, so bekommen Sie für etwa 50 Euro ein **vorgefertigtes Cover**, das zwar nicht speziell für Ihren Roman gemacht wurde, aber mit etwas Glück dafür passt. Für 100-150 Euro bekommt man bei noch nicht so bekannten, freiberuflich arbeitenden **Grafikern** schon ein gutes Cover (das ist günstig im Vergleich zu richtigen Grafik-Design-Agenturen, die etwa 500 Euro und mehr verlangen). Manchmal sind ein paar Datenbank-Bilder im Preis mit drin, es kann aber auch sein, dass sie extra kosten.

Schauen Sie sich nicht nur in Deutschland nach einem Grafiker um, es gibt auch sehr gute und günstige amerikanische Designer! Einfach mal unter dem Stichwort »ebook covers« oder »premade ebook covers« suchen. Seit es Paypal gibt, kann man auch Auslands-Dienstleistungen einfach und unkompliziert bezahlen.

Zu Anfang sollten Sie dem Grafiker ausführlich den Inhalt Ihres Romans, die Zielgruppe und Ihre Vorstellungen für das Cover schildern. Manche Grafiker haben dafür sogar eine spezielle Briefing-Datei, die Sie ausfüllen müssen. Ziel des Ganzen ist, dass die richtige Stimmung, die zu Ihrem Buch passt, vermittelt wird.

Der Grafiker macht gewöhnlich mehrere **Entwürfe** und Sie können sich einen davon aussuchen. Anschließend beginnt die Feinarbeit, bis nach zwei-drei Runden mit kleineren Änderungen (die kostenlos sein sollten) alles passt.

Manche Vertriebsplattformen, zum Beispiel Kindle Direct Publishing, bieten ein **»CoverCreator«-Programm** an, also eine Software, mit der Sie Cover automatisch erstellen können. Aber nutzen Sie sie nur, wenn es nicht anders geht. Denn ein Buch mit einem solchen Cover dürfen Sie üblicherweise nur bei dem Anbieter verwenden, bei dem Sie es erstellt haben, nirgendwo sonst.

Das eigene Buch korrigieren und lektorieren lassen

Wenn Fans in Ihrem Buch Fehler entdecken, ist das ziemlich peinlich – und in den Rezensionen hagelt es Kritik. Wenn Sie Ihre Story nur in einem Forum online stellen, um Feedback zu bekommen, dann reicht es, wenn Sie sie selbst streng durchkorrigieren. Aber wenn Sie Ihre Geschichte zum Beispiel bei BookRix präsentieren oder in Online-Buchshops zum Kauf anbieten, sollte Ihr Text in richtig gutem Zustand sein. Bei Autoren, deren Bücher von einem Verlag veröffentlicht werden, kümmert sich ein **Lektor** oder eine Lektorin darum, dass Handlung und Figuren ausgereift sind, es keine Logikfehler mehr gibt und die Grammatik bei den Lesern keine Schreianfälle hervorruft. Zusätzlich schaut meist ein Korrektor über den Text, bevor er als Buch erscheint, und fischt letzte Tipp-, Satz- und Rechtschreibfehler heraus. Meine Tipps:

Mulmige Gefühle ernst nehmen! Alle Dinge im Manuskript, bei denen Ihr Bauchgefühl sagt, dass hier etwas noch nicht stimmt, überarbeiten (wenn Sie möchten, mit Unterstützung der Checklisten in meinem Autorenratgebers *So lektorieren Sie Ihre Texte*).

Ausdruck durchkorrigieren! Den Text ausdrucken (auf Papier sieht man viel mehr Fehler als auf dem Bildschirm) und ihn einmal gründlich und mit genauem Blick lesen.

Testleser um ihre Meinung bitten! Deren kritische Kommentare und Randbemerkungen sollten Sie umsetzen. Sehr praktisch ist auch, sich mit anderen Autoren zusammenzuschließen, deren Texte einen guten Eindruck machen, und sich gegenseitig zu lektorieren.

Überprüfen Sie alle Wörter, die Ihre **Textverarbeitungs-Software** unterstrichen hat. Schlagen Sie Wörter, bei denen Sie unsicher sind, im Duden nach.

Freiwillige Helfer: Bitten Sie eventuell jemanden, der richtig gut in Rechtschreibung ist, Ihren Text durchzugehen. Haben Sie zum Beispiel eine Deutschlehrerin in Ihrem Freundes- oder Bekanntenkreis, bei der sie sich mit einer Flasche Wein für Korrigieren bedanken können? Oder können Sie irgendetwas als Gegenleistung bieten? Wenn nicht, viele Helfer sind glücklich über einen Platz in der Danksagung und ein signiertes Exemplar des Buches.

Bezahlte Hilfe: Falls Sie alleine und nur mit Testleserhilfe nicht weiterkommen: Auf www.lektorat.de gibt es jede Menge **Profis**, die Ihnen behilflich sein können. Unbedingt vorher ein Angebot machen lassen und eine eventuell Seite probeweise lektorieren lassen. Der Preis für Profilektorate liegt bei fünf bis acht Euro pro Normseite, Korrektorate (nur Rechtschreibung) bei drei Euro pro Normseite.

Wenn Sie die Korrekturen einarbeiten, machen Sie sich eine Liste Ihrer **»Lieblingsfehler«.** Denn man macht immer wieder die gleichen Dinge falsch. Wenn Sie es schaffen, diese 5-10 Dauerfehler in den Griff zu bekommen, werden Ihre Manuskripte mit wenig Aufwand viel besser aussehen.

Weitere Infos darüber finden Sie beispielsweise auf Websites wie
www.selfpublisherbibel.de
www.ebookblog.de
www.epublizisten.de
www.self-publisher-forum.de

TIPP: *Ein empfehlenswerter Verband, bei dem Sie auch hilfreiche Auskünfte bekommen, ist der* ***Selfpublisher Verband*** *(www.selfpublisher-verband.de)!*

E-Book-Anbieter, Distributoren & Communitys (Auswahl)

www.bookrix.de	Community, auf der man sein E-Book kostenlos einstellen, aber auch verkaufen kann.
www.neobooks.com	Anbieter, der das eigene E-Book an viele verschiedene Händler ausliefert. Einer der Marktführer.
www.kdp.amazon.com www.createspace.com	Bei KDP kann man sein Buch über Amazon veröffentlichen, es ist aber nur dort lieferbar. Bei CreateSpace kann man aus seinem Werk ein günstiges Taschenbuch machen (nur über Amazon lieferbar).
www.epubli.de	Anbieter, bei dem man für eine geringe Gebühr sein E-Book veröffentlichen und das Buch auch drucken lassen kann.
www.bod.de	Stellte zuerst nur gedruckte Bücher im Printing-on-Demand-Verfahren her, inzwischen auch Plattform für E-Books, die das Unternehmen an mehrere Händler ausliefert.
www.tredition.de	Bietet die Möglichkeit, aus einem Buchprojekt ein Taschenbuch, ein gebundenes Buch und/oder ein E-Book zu machen. Das kostet eine Grundgebühr, dafür ist der Ladenpreis des Buches nicht so hoch wie zum Beispiel bei BOD.
www.xinxii.de	Distributor, der das E-Book an viele verschiedene Händler ausliefert.
www.ciando.de	Distributor, der das E-Book an viele verschiedene Händler ausliefert.

Selbstmarketing

Leser können Ihr Buch nur entdecken, wenn sie irgendwie davon erfahren. Wer sich darauf verlässt, dass der Verlag oder Buchhandel einen promoted, der hat schon verloren – richtig gutes Marketing gibt es leider nur für Spitzentitel, die anderen müssen sich »von alleine« durchsetzen. Es gibt heute so viele Möglichkeiten, auf seine Bücher aufmerksam zu machen, dass man nicht mehr hilflos gefrustet vom Rand des Buchmarkt-Spielfelds zuschauen muss.

Werben für das eigene Buch – online und offline

Ein Facebook-Freund des Fantasy-Autors Robin Gates zu sein, macht Spaß. Weil man live dabei ist, wie seine Bücher entstehen. (»*Showdown. Höhepunkt. Finale Konfrontation. Ich hab lange darauf hingeplant, die nächsten Seiten real werden zu lassen, und ich merke wieder einmal: Nichts reicht an dieses Gefühl heran. Nichts. Ich verzieh mich in den Kaninchenbau, wir hören voneinander.«*) Weil die Postings über das, was in seinem Leben so vorgeht oder was seine Katze gerade gemacht hat, so witzig sind. *(»Abendliche Schreibsession. Wenn ich aus meinem Bürofenster schaue, kann ich in der Dämmerung die Schafe auf dem Hügel sehen. Jetzt. bloß.nicht.anfangen.zu.zählen, verdammt!«)* Weil er mit seinen Gefühlen nicht hinterm Berg hält. *(»YESYESYES! Ein weiteres Projekt zeichnet sich ab! Da taumel ich doch gleich mit neuem Elan auf die momentane Zielgerade.«)* Dazwischen gibt es mal wieder einen Cartoon, ein Foto oder etwas, was er im Netz entdeckt hat. Ein guter Mix, und natürlich merkt man sich dabei den Namen seines aktuellen Buchs und schmökert gerne mal in die Leseprobe rein. »Facebook ist für mich ein wichtiges Netzwerk, um Kontakt zu Autorenkollegen und meinen Lesern zu halten«, meint er selbst. »Meine Autorenseiten als Bernhard Stäber und Robin Gates auf Facebook werden häufiger aufgerufen als meine Homepages. Ich lebe in Norwegen und bin nur sporadisch in Deutschland, vor allem für die Buchmessen und zu Leseevents. Zum Ausgleich lege ich Wert darauf, zumindest auf sozialen Netzwerken und Foren präsent zu sein. Außerdem ist für mich der Kontakt zu Lesern eine Riesenmotivation – zu wissen, dass es da draußen Leute gibt, die Lust darauf haben, Bücher von mir zu lesen und darauf warten, dass ich wieder etwas fertigstelle.«

Andere Autoren dagegen sind ganz nahe dran, von mir wieder entfreundet zu werden, weil sie gefühlt im Stundentakt ihre Platzierung auf irgendwelchen Bestenlisten oder Amazon-Verkaufsrankings posten und auch sonst täglich Jubel-freu-Meldungen absondern, sei es über ihre neuste 5-Sterne-Rezi oder darüber, dass sie ihr Buch als meterhohe Stapel in einem Buchladen entdeckt haben. Das ist ja sehr schön, nur nervt es nach einer Weile. In einem Fall war das Selbstmarketing einer Kollegin für ihren Erstling so extrem, dass ich genau deswegen beschlossen habe, dieses Buch niemals zu kaufen. Bitte, liebe Kollegen, zeigt einen Schatten von Selbstironie und gebt auch mal zu, wenn ihr einen schlechten Tag habt, das macht euch ungemein menschlich! Und ja, wir wissen inzwischen, wie euer Buch heißt.

Sie sind noch gar nicht auf Facebook? Das ist verständlich – auch ich hatte lange keine Lust darauf – aber schade, denn Internet und Social Media sind perfekt dafür geeignet, um die eigenen Bücher ins Gespräch zu bringen, wenn man nicht die oben genannten Fehler macht. Umso erstaunlicher, dass nach einer Umfrage des Deutschen Literaturinstituts und der Leipziger Buchmesse 2012 von 80 Autoren nur jeder Dritte auf Social-Media-Plattformen aktiv war.[17] Verschenken Sie diese Chance nicht.

»Der Autor ist heute viel mehr als früher gefordert, für sich selbst Marketing und PR zu machen, zumal in der digitalen Welt die traditionellen Maßnahmen der Verlage, die eher auf den Buchhandel hin orientiert sind, nicht mehr greifen«, meint auch Helmut W. Pesch. »Es ist wichtig, sich eine Fan-Basis aufzubauen und diese auch regelmäßig und kontinuierlich mit Nachrichten und Extras zu versorgen. Die erfolgreichsten Autoren im E-Book-Bereich sehen dies als Teil ihres Selbstverständnisses an (Stichwort: »Autor 2.0«) und als mindestens genauso wichtig wie das Schreiben von Büchern. Wem das nicht liegt, der hat heute ein Problem.«

Wenn Sie jedoch merken, dass Ihnen Facebook doch nicht so liegt, dann löschen Sie ihr Konto wieder, und niemand wird es Ihnen übel nehmen. Auch per Mail und Homepage lassen sich Kontakte zu Bloggern und Fans pflegen.

WICHTIG: *Auf Facebook können Sie vieles tun, aber* ***Verlosungen*** *durchzuführen ist dort* ***verboten*** *– das steht im Kleingedruckten! Sie können aber Bücher verschenken und Ihren Fans signalisieren, dass sich melden kann, wer ein Exemplar haben will. Das kommt aufs gleiche heraus.*

Natürlich ist es nicht das Wahre, nur online zu werben. Am besten wirken Social Media in Kombination mit Pressearbeit und Veranstaltungen. Ein Überblick:

---

17 Börsenblatt 12/2012

- Auf Ihrer **Facebook**-Seite auf Ihre Bücher aufmerksam machen und im engen Kontakt mit Kollegen, Multiplikatoren und Fans bleiben.
- Auf Ihrer **Homepage** zusätzliches Material bieten: Leseproben, Making ofs, Interviews, zusätzliche Szenen, ausführliche biografische Infos und vieles mehr. Eine eigene Homepage ist für Autoren ein absolutes Muss. Checken Sie bei Gelegenheit, wie Ihre Website auf dem Smartphone aussieht – bei mir waren nach dieser Überprüfung gleich ein paar Änderungen fällig …
- Einen **Trailer** für Ihr Buch herstellen. Den fertigen Trailer kann man auf YouTube online stellen und zum Beispiel auf Facebook, der eigenen Homepage und bei Amazon präsentieren.
- Auf **YouTube** einen **Videoblog** über Schreib- oder Fantasythemen, Mitschnitte Ihrer Lesungen oder Blicke hinter die Kulissen online stellen.
- **Twitter** nutzen (wenn Sie Lust darauf haben).
- Sich **Lesungen** oder andere **Veranstaltungen** organisieren und sie für den Buchverkauf nutzen.
- **Rezensionen** und **Interviews** auslösen, indem Sie Kontakt aufnehmen und auf das Buch und sich selbst aufmerksam machen. Die besten Chancen auf eine Rezension haben Sie bei Medien in Ihrer Heimatregion, bei Buchblogs von begeisterten Fantasy-Lesern und bei Special-Interest-Zeitschriften und Webmagazinen. Bei einem Buchblog reicht eine nette Mail mit ein paar Infos und das Angebot, das E-Book zu schicken. Bei traditionellen Medien, zum Beispiel Zeitungen, gilt: Schicken Sie gleich nach Erscheinen Ihres Buches (möglichst nicht vorher) eine neugierig machende Pressemitteilung plus Exemplar mit Anschreiben, oder gehen Sie gleich mal persönlich vorbei.
- **Internet-Rezensionen** ermutigen – viele Leser orientieren sich an den Rezensionen im Internet, beispielsweise bei Amazon. Deshalb lohnt es sich, Leser, denen das Buch gefallen hat, dazu zu ermuntern, eine Rezension zu schreiben.
- **Bücher verlosen / verschenken** als Ansporn für Rezensionen.

- **Leserunden** mitmachen. In Leserunden lesen Interessierte im Netz (zum Beispiel auf Leserunden.de) gemeinsam Bücher und tauschen sich während der Lektüre sozusagen »live« darüber aus. Abschnitt für Abschnitt bis zum Schluss. Leserunden, bei denen der Autor oder die Autorin teilnimmt und Fragen beantwortet oder auf Kommentare eingeht, sind besonders beliebt und münden im besten Fall in viele Rezensionen.
- **Werbung** in Fantasy-Publikationen/Websites schalten (Publikumswerbung dagegen ist zu teuer und die Wirkung lässt zu wünschen übrig).
- **Postkarten** mit dem Cover Ihres Buches in Cafés, Restaurants und Kneipen Ihrer Stadt platzieren.
- **Führungen** zu den Handlungsorten Ihres Romans anbieten, falls er (evtl. zum Teil) in der realen Welt spielt.

  … und alles weitere, was Ihnen einfällt!

Für Marah Woolf war besonders ein guter Kontakt zu Bloggern und Rezensenten entscheidend für ihren Erfolg. Noch erstaunlicher als ihre Verkaufszahlen sind ihre Amazon-Rezensionen – unglaubliche 1.425 hat derzeit der erste Band *MondSilberLicht*. »Die Zielgruppe der Romantasy-Leser rezensiert sehr viel, und ich schreibe es bei jedem Buch ins Nachwort, dass ich mich über Rezensionen freue«, erklärt sich das Marah Woolf. »Beim ersten Band habe ich auch jede Rezension beantwortet.« Inzwischen schafft sie das nicht mehr, doch noch immer macht das Marketing die Hälfte ihrer Arbeitszeit aus: »Viele unterschätzen die Arbeit, die sowas bedeutet. Ich beantworte Leserpost immer, aber es sind wirklich viele Mails, Nachrichten über Facebook oder Kommentare auf meinem Blog.«

Praktisch ist, dass die Leser in manchen Genres, zum Beispiel Fantasy, sehr gut vernetzt sind – die Chancen sind gut, dass Fans auf Ihr Buch aufmerksam werden und weiterempfehlen. Das funktioniert sehr gut für E-Books, aber um Fantasy-Blogger und Rezensenten ansprechen zu können, brauchen Sie jedoch wie erwähnt ein Taschenbuch. »Ich persönlich rezensiere keine E-Books, da ich mit echten Büchern, die mir als altem Leser einfach vertrauter sind, mehr als ausgelastet bin«, berichtet Carsten Kuhr, Redakteur bei *phantastik-couch.de.* »Wenn uns Autoren anschreiben und uns bitten, ihren Erstlingsroman zu besprechen, prüfen wir vorab genau, wo erscheint das Werk, wie sieht die grafische Gestaltung aus, da läuft auch viel über Mundpropaganda. Wobei es auch im Selbstverlag oder bei *E-Book only* Perlen zu entdecken gibt – Anja Bagus hat zum Beispiel im Eigenverlag vorzügliche Steampunk vorgelegt. Die Qualität muss stimmen, dann wird das Werk auch das Interesse der Leser wecken – und wir werden versuchen hier zu helfen.«

Keine Sorge, neben Rezensionen gibt es noch andere Marketinginstrumente. Auf Anfrage verschicke ich zum Beispiel signierte **Autogrammkarten**, zum Teil habe ich diese Karten von meinen Verlagen bekommen, zum Teil habe ich sie selbst in Auftrag gegeben (das kostet ca. 70 Euro für 1000 Karten, zum Beispiel bei *flyerwire* oder *druckdiscount24*). Das Porto für den Versand trage ich, das sind meine Fans mir wert. Bei den meisten dieser Karten ist vorne nicht mein Gesicht abgebildet, sondern das Cover meines Romans – das funktioniert viel besser, finde ich. Sie sehen hübsch aus, wenn man sie an eine Pinnwand oder die Kühlschranktür pinnt, man kann sie gut als Lesezeichen benutzen oder sammeln, was mit verschiedenen Motiven besser geht. Manche Leser fordern speziell die Autogrammkarte zu dem Buch an, das ihnen von mir am besten gefallen hat. Auf der Rückseite der Karte ist Platz für die Buchdaten – wichtig für die Bestellung! – und außerdem den Klappentext, mein Foto und eine Kurzbiografie.

Wichtig sind für Fans auch rasch, nett und persönlich beantwortete **Lesermails**, optimal ist, wenn Sie Zuschriften innerhalb von zwei Tagen beantworten können. Falls Sie mal ganz schrecklich berühmt werden und keine Lesermails mehr beantworten können oder möchten: Man kann solche Zuschriften auch mit einer ausführlichen FAQ-Rubrik auf der Homepage plus einem virtuellen Gästebuch abfangen. Aber das nur für den Notfall.

Fantasy-Lesungen

»Meine erste Lesung hatte ich bei der Preisverleihung des Seraph 2013 für Fantastik AG auf der Buchmesse in Leipzig«, erzählt Jan Oldenburg. »Da ich nicht sensationell extrovertiert veranlagt bin, war ich vorher ein wenig nervös, beim Lesen dann aber doch überraschend gelassen – obwohl ich wohl ungefähr doppelt so schnell durch den Text geflogen bin, wie eigentlich Not getan hätte. Trotzdem kam die Lesung insgesamt sehr gut an, mit reichlich Lachern aus dem Publikum, auch an Stellen, die ich selbst eher für kleine Schmunzler gehalten hätte.«

Seine Texte »live« zu lesen ist ein ganz besonderes Erlebnis, denn als Autor bekommt man sein Publikum sonst nur selten zu Gesicht. Meist fängt man klein an: Vielleicht ergibt sich ja eine Gelegenheit, eine Geschichte oder einen Romanauszug vorzutragen, wenn ein paar Freunde und Bekannte bei Ihnen zu Besuch sind. Das ist eine gute Übung, denn Lampenfieber gehört natürlich dazu, und es ist gar nicht so einfach, trotzdem gut betont und im richtigen Tempo zu lesen!

Wenn man bei einem mittleren oder großen Verlag veröffentlicht hat, organisiert der **Verlag** für einen oft Lesungen, manchmal auch eine längere Lesereise mit verschiedenen Stationen. Bei mir sind es – weil ich schon bekannt genug bin – häufiger die **Veranstalter**, die auf den Verlag oder direkt auf mich zukommen und fragen, wann ich für eine Lesung Zeit hätte (meist gibt es schon einen bestimmten Wunschtermin) und was das kosten würde. Es dauert eine Weile, bis sämtliche Absprachen getroffen sind, vor allem, da ich meine Worte durch Bilder begleite, also fast immer einen Beamer brauche. Dann ist es soweit, ich reise zur Lesung an, meist in einer Bibliothek oder Schule, und muss mich davon überraschen lassen, wie das jugendliche Publikum so drauf ist. Drei Viertel meiner Lesungen laufen gewöhnlich sehr gut oder gut, über das restliche Viertel kann man dann im Kollegenkreis launige Katastrophenanekdoten erzählen.

Mir machen Lesungen sehr viel Freude und sie sind eins der besten **Marketinginstrumente**, die es gibt. Wer Sie persönlich erlebt hat, der hat viel mehr Lust, sich das Buch zu kaufen – jedenfalls, wenn Sie gut vorbereitet waren und Spaß am Auftritt hatten! Bei Christopher Paolini hat das blendend funktioniert, nachdem er mit 15 Jahren seinen ersten *Eragon*-Band geschrieben hatte. »Früher bin ich im mittelalterlichen Kostüm durch kleine Buchhandlungen gepilgert und habe die Werbetrommel für mein Buch gerührt«, erinnert er sich in einem Interview (BeNet 2005). »Heute komme ich zu Lesungen und da sitzen Hunderte von Leuten und die haben alle mein Buch gelesen – das ist schon Wahnsinn.«

TIPP: *In Gewandung anzureisen und ein paar Deko-Gegenstände mitzunehmen (glänzender Stoff für die Abdeckung des Tisches, Kerze im Kerzenhalter), gibt Ihrem Fantasy-Auftritt mehr Atmosphäre!*

Aber wie kommt man überhaupt zu einer Lesung, wenn man noch nicht so bekannt ist? Dazu Autorin Diana Hillebrand: »Wenn man gern auf Menschen zugeht, ist es nicht so schwer. Zunächst einmal die Buchhandlungen in seiner Stadt oder in seinem Stadtteil besuchen und das Buch dort persönlich vorstellen. Die Buchhändler sind die Brücke zum Leser. Ich bin dort – nicht immer, aber doch sehr oft – mit offenen Armen empfangen worden. Die Buchhandlungen stellen den **Büchertisch** und verkaufen auf der Lesung die Bücher, die man signiert. Der Eintritt sorgt für einen Teil des Honorars. So haben alle etwas davon. Wenn alles gut gelaufen ist, wird man wieder eine Lesung dort machen können.«

Als mögliche Veranstalter können Sie zum Beispiel auf Fantasy spezialisierte Buchhandlungen, Bibliotheken oder Kulturzentren ansprechen. Auch thematisch zu Ihrem Buch passende Handlungsorte kommen in Frage.

Leider haben nur Autoren, die schon ein bisschen bekannt sind, auch für Fremde »Zugkraft«. Deshalb ist es für Erstautoren sinnvoll, sich für eine Lesung mit anderen Fantasy schreibenden Kollegen zusammenzuschließen – wenn jeder seinen Bekanntenkreis aktiviert, sind genug begeisterte Hörer dabei. Sehr gut funktioniert es bei Abendlesungen auch, sie unter ein **Motto** zu stellen und ein Konzept auszuarbeiten.

Je spannender das Motto ist und je fantasievoller Ihr Auftritt, desto mehr Spaß haben auch die Zuhörer. Zum Beispiel könnten Sie und Ihre Mitstreiter eine Lesung unter das Thema »Drachen« stellen und den Raum entsprechend dekorieren, dazu passende Texte schreiben oder aus Ihren Manuskripten und Büchern etwas lesen, das zum Thema passt. Vielleicht holen Sie auch einen **Musiker** oder eine Musikerin ins Boot, die zwischen den Lese-Abschnitten zur Atmosphäre passende Stücke vorträgt? Ein Cocktail mit drachigem Namen oder feurige kleine Snacks runden das Gesamterlebnis ab. Mit einem solchen Konzept können Sie sich bei Veranstaltern bewerben und haben Chancen, sie dafür zu begeistern.

Für eine solche Lesung sollten Sie **Eintritt** verlangen (am besten zwischen 3 und 6 Euro), das deckt einen Teil der Kosten und signalisiert, dass Sie etwas bieten, das auch etwas wert ist.

Wenn Sie noch am Anfang stehen, können Sie gegenüber Veranstaltern kein **Honorar** verlangen und sollten Lesungen als eine Möglichkeit sehen, mit Ihrer Zielgruppe in Kontakt zu treten, Werbung für Ihre Bücher zu machen oder sie über einen Büchertisch direkt zu verkaufen. Auch reine Promotion-Lesungen werden gewöhnlich nicht bezahlt. Für meine Lesungen auf den Buchmessen in Leipzig oder Frankfurt zum Beispiel bekomme ich kein Geld, sondern nur eine Reisekostenerstattung, denn sie werden vom Verlag selbst organisiert und gehören zu meinen »Werbepflichten«. Ich bin froh über die Möglichkeit, meine Romane zu präsentieren, denn der Verlag macht das längst nicht für alle seine Autoren und Titel.

Ähnlich sieht es mit **Cons** (Conventions) aus, bei denen Lesungen ein Teil des Rahmenprogramms sind. Dort tritt zum Beispiel Ju Honisch auf und liest aus ihren Romanen *Schwingen aus Stein*, *Salzträume* oder *Die Quellen der Malicorn*. »Zu Anfang habe ich die Veranstalter einfach angeschrieben und ihnen eine Lesung angeboten, inzwischen schreiben sie mich an und fragen ›Bist du schon mit dabei?‹, weil ich mittlerweile zum Inventar gehöre«, erzählt sie. Zwar zahlen Cons gewöhnlich weder ein Honorar noch Fahrtkosten, doch das macht Ju Honisch wenig aus. »Ich schreibe ja Fantastik, weil ich das selbst gerne lese und mich in der Szene wohlfühle. Deshalb habe ich einfach Spaß an der Veranstaltung, zu der ich sowieso – als Fan – hingefahren wäre. Die Feencon zum Beispiel ist eine richtig schöne Sache.«

Haben Sie in einem renommierten Verlag veröffentlicht und ist der Veranstalter in der Lage, ein **Honorar** zu zahlen, dann können Sie die regulären 200 oder 250 Euro plus MWST (19 %) verlangen, die Reisekosten sollten erstattet werden. Dass Bestsellerautoren mehr verlangen können, versteht sich von selbst.

Dafür müssen Sie natürlich eine gute Show bieten. Ihre Lesungen sollten Sie unbedingt vorher üben. Am besten gehen Sie Ihr Programm bei den **Proben** drei- bis viermal komplett durch, lesen Sie Ihren Text laut, langsam und schön betont vor und üben Sie die frei erzählten Passagen. »Inzwischen habe ich sogar Spaß an Lesungen, nicht mehr nur Lampenfieber, Panikattacken und Fluchtgefühle«, erzählt Susanne Gerdom. »Ich habe einige Lesungen miterlebt, in denen die Autoren tief über ihre Bücher gebeugt mit monotoner Stimme Texte herunterleiern. Ich glaube, das ist nicht unbedingt die richtige Methode … Deshalb habe ich meine letzte Lesung auf der Frankfurter Buchmesse relativ frei gestaltet. Ich habe mir eine nicht zu lange Passage ausgesucht, die ich gelesen habe, und habe ansonsten vor allem über die Entstehung des Buches erzählt. Der Entstehungsprozess, das, was mit dem Schreiben eines Buches alles zusammenhängt, ist es, was Leser noch viel mehr interessiert, als nur irgendwelche Stellen aus Büchern vorgenuschelt zu bekommen.«

TIPP: *Wenn Sie noch unsicher sind, ob die Lesung so »zieht«, laden Sie sich für die Generalprobe ein kleines Testpublikum ein. Eine Person sollte sich Notizen machen.*

Damit bei der eigentlichen Lesung mehr Leute kommen als bei Ihrer Generalprobe und die Lesung auch die gewünschte Wirkung hat, sind **Werbung** und Werbematerial wichtig. Wenn die Lesung in Ihrer Stadt ist, können Sie selbst richtig dafür trommeln. Im Vorfeld Freunde anschreiben (und am besten zehn Tage vorher noch mal daran erinnern), Einladungen auf Facebook verschicken, Flyer auslegen, Plakate kleben, den Medien einen Veranstaltungshinweis schicken. Dann besteht die Chance, dass Sie nicht allein mit dem Veranstalter sind und zum Trost gemeinsam ein Bier trinken gehen.

Wenn es keinen offiziellen **Büchertisch** gibt, lohnt es sich, mit einem größeren Koffer anzureisen und die eigenen Bücher vor Ort zum Verkauf anzubieten. Kündigen Sie an, dass es die Möglichkeit gibt, an diesem Abend ein Exemplar signieren zu lassen. Für diejenigen, die es sich später überlegen wollen oder gerade kein Geld haben, sind Autogrammkarten sehr praktisch. Dadurch haben Gäste die Möglichkeit, ein signiertes Souvenir von der Veranstaltung mitzunehmen, außerdem machen die genauen Buchdaten es leichter, das Werk zu bestellen. Haben Sie ein **E-Book** veröffentlicht, von dem es keine gedruckte Ausgabe gibt, könnten Sie entweder extra für die Veranstaltung ein paar Exemplare herstellen lassen oder einen hübschen Flyer mit Download-Gutschein gestalten.

Ich drücke Ihnen die Daumen, dass Sie auf Ihren Lesungen ganz viel Spaß haben und die begeisterten Zuhörer die Büchertische leerkaufen!

BUCHTIPPS

Kreatives Schreiben

Sol Stein, *Über das Schreiben*
Autorenhaus Verlag, 2015, 464 Seiten, 19,95 Euro.
Der Klassiker über das Schreiben: Sol Stein ist ein erfolgreicher Autor, war 36 Jahre Lektor berühmter Autoren und ist als Lehrer für Creative Writing ausgezeichnet worden. Stein kennt die geschriebenen und ungeschriebenen Regeln, Tipps und Techniken des Schreibens, und er weiß, wie man einen Text auch kommerziell erfolgreich macht.

Alexander Steele, *Creative Writing – Romane und Kurzgeschichten schreiben*, Autorenhaus Verlag, Berlin 2013, 326 Seiten, 19,95 Euro.
Sehr gute und ausführliche Zusammenfassung der Grundlagen: Handlung, Charaktere, Erzählperspektive, Beschreibungen, Dialoge, Spannung und Überarbeitung. Als Beispiele dienen vor allem britische und amerikanische Romane und Kurzgeschichten; zum Beispiel wird in den verschiedenen Kapiteln Raymond Carvers Kurzgeschichte »Kathedrale« Punkt für Punkt analysiert.

Orson Scott Card, *How to Write Science-Fiction and Fantasy*, Writer's Digest 1990, 140 Seiten, ca. 23 Euro (zum Beispiel über Amazon erhältlich).
Schmales, aber sehr aussagekräftiges und interessantes Buch, in dem der erfolgreiche SF-Autor seine Erfahrungen weitergibt. Seine Tipps, was Verlage und Agenten angeht, sind hierzulande nicht 1:1 anwend-

bar, aber andere Infos geben interessante Anregungen, zum Beispiel die Brainstorming-Übung zum »Preis der Magie«.

Hans Peter Roentgen, *Vier Seiten für ein Halleluja. Schreibratgeber.* Sieben Verlag 2009, 148 Seiten, 12,90 Euro
Mehr als die ersten vier Seiten lesen Verlagslektoren angeblich nicht, deshalb analysiert Hans Peter Roentgen treffend und witzig zahlreiche unveröffentlichte Romananfänge. Er weist auf häufige Fehler hin (zum Beispiel den »Infodump«) und erklärt anhand der Beispiele, wie man Figuren entwickelt, Spannung erzeugt, Rückblenden richtig einsetzt etc. Nach jedem Beispiel folgt eine Übung »für die Schreibmuskeln«.

Wolf Schneider, *Deutsch für Kenner. Die neue Stilkunde*, Piper, München 2005, 396 Seiten, 10,99 Euro.
Gutes Deutsch ist keine Hexerei – bei Wolf Schneider erfährt man, wie man interessant und verständlich schreibt. Seine Themen unter anderem: »Treffend schreiben«, »Kampf den Satzpolypen«, »Die Kunst, den Leser einzufangen«, »Weg mit den Adjektiven, her mit den Verben« etc. Wer auch journalistisch schreiben möchte, sollte sich unbedingt Schneiders Buch *Deutsch für Profis* anschaffen.

Sylvia Englert, *So lektorieren Sie Ihre Texte. Verbessern durch Überarbeiten*, Autorenhaus Verlag, Berlin 2. Auflage 2014, 153 Seiten, 12,95 Euro.
Ob Kurzgeschichte, Roman, Sachbuch oder Artikel, Texte brauchen Überarbeitung. Je besser der Text, umso größer die Chance, dass er gelesen und geschätzt wird. Ich habe eine Schritt-für-Schritt-Anleitung entwickelt, wie Sie Ihre Texte selbst lektorieren, überarbeiten, verbessern und druckreif machen können. Wichtig, wenn Sie einen Verlag finden wollen – und noch wichtiger, wenn Sie Ihr Manuskript selbst herausbringen wollen.

Sylvia Englert, *Handbuch für Kinder- und Jugendbuchautoren*, Autorenhaus Verlag, Berlin 2. Auflage 2014, 272 Seiten, 19,95 Euro.
Tipps, was man beim Schreiben eines Kinder- und Jugendbuchs beachten sollte und viele Informationen darüber, wie man speziell in diesem Bereich einen Agenten oder Verlag findet.

Louise Doughty, *Ein Roman in einem Jahr – eine Anleitung in 52 Kapiteln.* Autorenhaus Verlag, 279 Seiten, 16,80 Euro.
Sympathisch und witzig geschriebene, einfühlsame Heranführung an den eigenen Roman. Doughty motiviert durch viele Übungen und vermittelt fast nebenbei handwerkliche Grundlagen.

Buchbranche, Verlagssuche

Sylvia Englert, *Autoren-Handbuch. So finden Sie einen Verlag für Ihr Manuskipt. Schritt für Schritt zur eigenen Veröffentlichung.* Berlin, 7. Auflage 2007, 382 Seiten, 19,95 Euro.
Beschreibt, wie man das richtige Material für die Verlagssuche erstellt, Exposés schreibt, Verlage und Agenten kontaktiert und bei einer Zusage mit ihnen zusammenarbeitet. Außerdem viele Information und Adressen zum Thema Lesungen, Literaturzeitschriften, Verbände, Selfpublishing und vieles mehr aus dem Literaturbetrieb.

Hans Peter Roentgen, *Drei Seiten für ein Exposé.* Sieben Verlag 2010, 200 Seiten, 12,90 Euro.
Keine Frage, ein gutes Exposé zu schreiben ist eine Herausforderung – in seinem Schreibratgeber liefert Roentgen jede Menge Tipps dazu. Als Beispiele analysiert er 15 Exposés unveröffentlichter Autoren, anschließend folgen sechs Exposés von bereits veröffentlichten Büchern. Zum Schluss beantworten sieben Agenten Fragen zum Exposé.

Sandra Uschtrin (Hg.), *Handbuch für Autorinnen und Autoren. Adressen und Informationen aus dem deutschen Literatur- und Medienbetrieb,* Uschtrin Verlag, München, 8. Auflage 2015, 704 Seiten, 54,90 Euro. Enthält jede Menge Interviews, Berichte aus der Verlagsbranche und Adressen. Teilweise stehen die Adressen und Infos auch im Internet, und zwar unter www.uschtrin.de/ai.html

Selfpublishing

Matthias Matting, *Das Self-Publisher Jahrbuch 2014,* Monsenstein und Vannerdat, 19,90 Euro.
Matting hat sich als Experte für Selfpublishing etabliert und bietet auf seiner Website www.selfpublishingbibel.de viele Tipps für Einsteiger und Fortgeschrittene. In diesem Buch hat er die hilfreichsten Beiträge seiner Website gesammelt. Die ständigen Verweise und Links zu seiner Seite nerven etwas, aber seine Hinweise sind solide.

Wolfgang Tischer, *Amazon Kindle: Eigene E-Books erstellen und verkaufen,* E-Book bei Amazon, 2,99 Euro. 6. Auflage 2013, 108 Seiten.
»Standardwerk« des gelernten Buchhändlers und literaturcafé.de-Gründers. Eine Vielzahl von Tipps zum günstigen Preis.

FANTASY-VERLAGE

in Deutschland, Österreich und der Schweiz

- In dieser Liste sind **keine Zuschussverlage** enthalten. Sollte doch einer dieser Verlage einen Zuschuss von Ihnen verlangen, sagen Sie mir bitte Bescheid, dann nehme ich ihn aus der Liste.
- Nicht aufgenommen habe ich Verlage, die ausschließlich Übersetzungen herausbringen (z. B. den auf Horror spezialisierten Festa Verlag) oder **nur Werke des Verlagsgründers**/der Verlagsgründerin.
- Manche Verlage möchten **keine unverlangten Einsendungen** – Ihre Herausforderung ist es, daraus eine »verlangte« zu machen!
- Große Verlage gehören zum Teil zum **gleichen Konzern** (z. B. Random House). Trotzdem hat jeder Verlag sein eigenes Lektorat, und Sie können nicht davon ausgehen, dass die Lektoren die Manuskripte untereinander weitergeben nach dem Motto »Das hier passt eher zu euch«.

WICHTIG: *Wenn Sie sich für einen Verlag interessieren, schauen Sie sich erst ausführlich auf der Homepage um, bevor Sie ihn kontaktieren!*

Große Verlage

Bastei Lübbe AG
Lektorat Buch
Schanzenstraße 6 – 20
51063 Köln
Tel. 02 21/82 00 0
E-Mail: über Kontaktformular
www.luebbe.de
Beschreibung/Verlagsprogramm: Fantasy, Science-Fiction und andere Belletristik
Manuskript-Angebote: Per Post zusenden. Kurzes Anschreiben mit Anschrift, Telefonnummer und persönlichen Informationen; Übersicht der bisherigen Publikationen, Handlungsskizze,Textprobe (ca. 30-50 Seiten) und Angabe über den Gesamtumfang des Werkes.

Blanvalet Verlag
VERLAGSGRUPPE RANDOM HOUSE GmbH
Lektorat Blanvalet
Neumarkter Str. 28
81673 München
www.randomhouse.de/Blanvalet
Beschreibung/Verlagsprogramm: High Fantasy, Heroische Fantasy, All Age-Fantasy, Romantasy sowie andere Belletristik
Manuskript-Angebote: Anschreiben plus Exposé oder repräsentatives Kapitel in Papierform zusenden. Es werden weder Manuskripte zurückgeschickt, noch Absagebriefe geschrieben oder telefonische Anfragen beantwortet.

Egmont Lyx
EGMONT Verlagsgesellschaften mbH
Redaktion LYX
Gertrudenstraße 30-36
50667 Köln
E-Mail: info@egmont-lyx.de
www.egmont-lyx.de
Beschreibung/Verlagsprogramm: Romantic Fantasy, Urban Fantasy, High Fantasy
Manuskript-Angebote: Aussagekräftige Textprobe von ca. 30-50 Seiten, kurzes Exposé, Kurzvita einsenden. Manuskripte werden nicht zurückgeschickt, Prüffrist beträgt mindestens 6 Monate.

Klett-Cotta-Verlag
Postfach 106016
70049 Stuttgart
Tel. 07 11/66 72-0
E-Mail: info@klett-cotta.de
www.klett-cotta.de
Beschreibung/Verlagsprogramm: Qualitativ hochwertige Fantasy und andere Belletristik
Manuskript-Angebote: Anschreiben mit vollständigen Kontaktdaten; stichwortartiger Lebenslauf, Publikationsliste, knappes Exposé, repräsentatives Kapitel von maximal 30 Seiten in Papierform zusenden. Zusage innerhalb drei Monaten, keine Rücksendung des Manuskripts, keine Absagebriefe.

Heyne
VERLAGSGRUPPE RANDOM HOUSE GmbH
Lektorat Heyne
Neumarkter Str. 28
81673 München
www.randomhouse.de/Heyne
Beschreibung/Verlagsprogramm: Fantasy, Science-Fiction, Mystery und andere Belletristik sowie Sachbuch

Manuskript-Angebote: Anschreiben; Exposé oder repräsentatives Kapitel in Papierform zusenden. Es werden weder Manuskripte zurückgeschickt, noch Absagebriefe geschrieben oder telefonische Anfragen beantwortet.

Piper Fantasy
Piper Verlag GmbH
Georgenstraße 4
80799 München
Tel. 0 89/38 18 01-0
E-Mail: info@piper.de
www.piper-fantasy.de
Beschreibung/Verlagsprogramm: Fantasy, All-Age-Fantasy bei »ivi«, Science-Fiction
Manuskript-Angebote: Leseprobe von ca. 20 Seiten in ausgedruckter Form und ein kurzes Exposé zusenden. Keine individuellen Absagen, Sichtung dauert mehrere Monate.

Goldmann Verlag
VERLAGSGRUPPE RANDOM HOUSE GmbH
Lektorat Goldmann
Neumarkter Str. 28
81673 München
www.randomhouse.de/Verlag/Goldmann
Beschreibung/Verlagsprogramm: Mystery, Horror, Romantasy und andere Belletristik sowie Sachbuch
Manuskript-Angebote: Anschreiben, Exposé und repräsentatives Kapitel in Papierform zusenden. Es werden weder Manuskripte zurückgeschickt, noch Absagebriefe geschrieben oder telefonische Anfragen beantwortet.

Verlagsgruppe Droemer Knaur GmbH & Co. KG
Hilblestraße 54
80636 München
Tel. 0 89/92 71-0
www.droemer-knaur.de
Beschreibung/Verlagsprogramm: Fantasy, Romantasy, Mystery und andere Belletristik sowie Sachbuch
Manuskript-Angebote: Präsentation neuer Manuskripte mit Beschreibungstext und Exposé bevorzugt über www.neobooks.com (Online-Plattform für Leser und Autoren, Registrierung notwendig), team@neobooks.com. Alternativ ist auch der Postweg möglich: Inhaltsangabe und maximal dreißigseitige Leseprobe als Ausdruck an den Verlag senden (funktioniert nur, wenn Werk nicht bereits online veröffentlicht). Rücksendung möglich, wenn Porto beigelegt, Absagebriefe werden nicht verschickt.

Ullstein GmbH
Friedrichstraße 126
10117 Berlin
E-Mail: zentrale@ullstein-buchverlage.de
www.ullsteinbuchverlage.de
Beschreibung/Verlagsprogramm: Fantasy und andere Belletristik sowie Sachbuch
Manuskript-Angebote: Anfragen per Post oder E-Mail (bevorzugt per Post); drei- bis achtseitiges Exposé, Kurzvita, bis zu 50-seitige Leseprobe zusenden an: zentrale@ullstein-buchverlage.de. Es werden keine Absagebriefe verschickt.

Kleinverlage

Atlantis Verlag
Guido Latz
Bergstr. 34
52222 Stolberg
Tel. 09 11/3 08 44-8 71 84
info@atlantis-verlag.de
www.atlantis-verlag.de
Beschreibung/Verlagsprogramm: Science-Fiction, Fantasy und Horror. »Bei uns erscheinen aktuell schwerpunktmäßig Science-Fiction- und Fantasy-Romane von deutschsprachigen und internationalen Autorinnen und Autoren, unsere Titel erscheinen zum Teil als Hardcover für Direktbezieher, als Paperback für den Buchhandel und als eBook.« Gibt auch die beiden Zeitschriften *phantastisch!* und *Phase X* heraus.
Manuskript-Angebote: Leseprobe von 20-30 Seiten per Mail. Absage erfolgt keine, der Verlag meldet sich nur bei Zusage. Einreichen kann man Manuskripte von max. 500 000 Zeichen, und die Rechtschreibung sollte nicht zu übel sein.

Basilisk Verlag
Panoramastr. 5a
64385 Reichelsheim
Tel./Fax: 0 61 64-51 65 25
info@basilisk-verlag.de
www.basilisk-verlag.de
Beschreibung/Verlagsprogramm: Fantasy, Science-Fiction und Horror (deutsche Autoren und Übersetzungen)
Manuskript-Angebote: Keine unverlangten Einsendungen, d. h. man kann nur über persönliche Kontakte versuchen, in den Autorenstamm aufgenommen zu werden.

BLITZ-Verlag e. K.
Inh. Jörg Kaegelmann
Hurster Straße 2a
51570 Windeck
Postanschrift:
PF 1168, 51556 Windeck
E-Mail: info@blitz-verlag.de
www.blitz-verlag.de
Beschreibung/Verlagsprogramm:
Fantasy, Dark Fiction, Thriller, Krimi. Der 1995 gegründete Verlag wurde mit dem Deutschen Phantastik Preis ausgezeichnet.
Manuskript-Angebote: Keine unverlangten Einsendungen, die Mitarbeiter schreiben interessante Autoren gezielt an.

Drachenmond Verlag
Astrid Behrendt
Rheinstraße 60
51371 Leverkusen
Tel. 02173/94 29 57
E-Mail: info@drachenmond.de
www.drachenmond.de
Beschreibung/Verlagsprogramm: Fantasy (Romantasy und Urban Fantasy) sowie Reiseliteratur (autobiografische Romane).
Manuskript-Angebote: Exposé, Autoreninfo sowie das erste Kapitel als Leseprobe mailen.

Dresdner Buchverlag
Dresdner Buchverlag
Lektorat
Weimarische Str. 7
01127 Dresden
Tel 03 51/5 00 08 41
E-Mail: kontakt@dresdner-buchverlag.de
www.dresdner-buchverlag.de
Beschreibung/Verlagsprogramm: Bücher mit Bezug zur Stadt Dresden, Phantastik, Krimi. Kein Kinder- und Jugendbuch. »Qualitativ hochwertige Geschichten, Themen und literarische Ideen abseits der gängigen Genre-Klischees von z. T. noch ganz unbekannten Autoren machen dabei das phantastische Profil aus« *(boersenblatt.net)*
Manuskript-Angebote: Leseprobe (max. 30 Seiten), eine Autorenvita und ein kurzes Expose als Ausdruck per Post zusenden – nicht per Mail! Bitte keine Nachfragen, ob das Manuskript schon geprüft worden ist.

Edition Phantasia
Joachim Körber Verlag
Wünschelstr. 18
76756 Bellheim
Tel. 0 72 72/88 09
E-Mail: mail@edition-phantasia.de
www.edition-phantasia.de
Beschreibung/Verlagsprogramm: Traditionsreicher Kleinverlag, der mit edel aufgemachten Hardcover-Ausgaben punktet (zum Teil Neuausgaben von Klassikern), inzwischen aber auch TB-Ausgaben herausgibt.
Manuskript-Angebote: Keine unverlangten Einsendungen

edition zweihorn GmbH & Co. KG
Lektorat
Riedelsbach 46
D-94089 Neureichenau
E-Mail: edition-zweihorn@web.de
www.editionzweihorn.de
Beschreibung/Verlagsprogramm: Fantasy, aber auch Kinder- und Jugendbuch. Gute Chancen speziell für junge Autoren.
Manuskript-Angebote: Inhaltsangabe (Exposé) sowie ein bis zwei Probekapitel und Kurz-Vita mit den bisherigen Veröffentlichungen als PDF mailen.

Elysion Books
Jennifer Schreiner
Auenstrasse 105
04178 Leipzig
Tel: 03 41/49 26 82 97
E-Mail: info@elysion-books.de
www.elysion-books.de
Beschreibung/Verlagsprogramm: Erotische Fantasyromane und –anthologien, alle Subgenres (z. B. Urban und Dark Fantasy)
Manuskript-Angebote: Anleitung auf Website beachten. Glaubwürdigkeit, Realismus und eine gute Rahmenhandlung sind bei den eingesandten Romanen wichtig. Bei den Fantasyromanen deutsches Setting in der Jetzt-Zeit und Happy End erwünscht, 08/15-Vampire unerwünscht. Umfang möglichst 300-350 Normseiten. Anschreiben, Exposé und Leseprobe (30 Seiten – Anfang und eine Sex-Szene) per Mail einreichen.

Fabylon-Verlag
Uschi Zietsch-Jambor und Gerald Jambor
Günztalstraße 13
87733 Markt Rettenbach
Tel. 0 83 92/92 43 83
E-Mail: team@fabylon-verlag.de
www.fabylon-verlag.de
Beschreibung/Verlagsprogramm: Fantasy-Romane und Anthologien (auch Dark und Erotic Fantasy). Kein Kinder- und Jugendbuch.
Manuskript-Angebote: Erste 20-30 Seiten und zweiseitiges Exposé einsenden. Bitte keine Mehrteiler anbieten oder Einzelromane, die länger sind als 560 000 Zeichen inkl. Leerzeichen. Die Manuskriptprüfung dauert 4-6 Monate. Grafiker und Illustratoren-Bewerbungen erwünscht!

Feder & Schwert GmbH
Wasserwerkstraße 204
68309 Mannheim
Tel. 06 21/72 07 98-0
www.feder-und-schwert.com
Beschreibung/Verlagsprogramm: Kleiner, aber sehr angesehener Verlag für Phantastik, dessen Autoren regelmäßig beim »Deutschen Phantastik-Preis« oder dem »Seraph« dabei sind. Im Programm sind Fantasy (speziell Dark Fantasy, Urban Fantasy, Steampunk), Horror, Science-Fiction und Krimi.
Manuskript-Angebote: Keine besonderen Vorgaben

Golkonda Verlag GmbH
Charlottenstraße 36
12683 Berlin
Tel. 0 30/50 36 12 79
E-Mail: golkonda@gmx.de
www.golkonda-verlag.de
Beschreibung/Verlagsprogramm: Phantastik (Fantasy und Science-Fiction) sowie Krimis; auch einige wenige Sachbücher im Programm (z. B. eine Geschichte der Fantasy)
Manuskript-Angebote: Keine besonderen Vorgaben

Hexentorverlag
Gudrun Hahn
Gäßnerweg 57
12103 Berlin
Tel. 0 30/22 36 55 32
E-Mail: info@hexentorverlag.de
www.hexentorverlag.de
Beschreibung/Verlagsprogramm: Neue deutsche Science-Fiction und Fantasy
Manuskript-Angebote: Bitte per Mail derzeit nur Titel und Genre nennen (keine Anhänge), wenn wieder Prüfkapazitäten frei sind, kommt der Verlag auf das Angebot zurück. Dann erst Exposé, Textprobe und Kurzvita schicken.

Koïos Verlag
Praesens VerlagsGesmbH
Wehlistraße 154/12
1020 Wien
Österreich
E-Mail: koios@praesens.at
www.praesens.at/koios
Beschreibung/Verlagsprogramm: Koios ist ein im Jahr 2012 gegründetes »Imprint« (also eine Art Sub-Verlag) von Praesens und ein reiner E-Book-Verlag. Science-Fiction und Fantasy (alle Subgenres) deutschsprachiger Autoren.
Manuskript-Angebote: Kurzbiografie, Kurz-Exposé und Leseprobe von max. 20 Seiten an den Verlag mailen (alles in einer Datei).

Medusenblut Verlag
Boris Koch
Marchlewskistr. 29
0243 Berlin
E-Mail: medusenblut@snafu.de
www.medusenblut.de
Beschreibung/Verlagsprogramm: Dunkle Phantastik
Manuskript-Angebote: Exposé, 20-seitige Leseprobe und Kurzvita per Post einsenden.

Oldigor Verlag
Neustr. 6
46414 Rhede
Tel. 0 28 72/9 49 60 16
E-Mail: info@oldigor.de
www.oldigor.com
Beschreibung/Verlagsprogramm: »Romance & More« – Fantasy, Science-Fiction, Horror, Erotik, Thriller, All Age (keine High Fantasy und Kinderbücher)
Manuskript-Angebote: Anschreiben, Exposé (1 Seite), Leseprobe oder komplettes Manuskript sowie Kurzvita einsenden an skript@oldigor.de

SCRATCH Verlag Simon Czaplok
Postfach 60 61 42
22253 Hamburg
Tel. 0 40/41 48 02 80
E-Mail: info@scratch-verlag.de
www.scratch-verlag.de
Beschreibung/Verlagsprogramm: Fantasy, Science-Fiction und Historisches. Der Schwerpunkt liegt beim Fantasy-TB-Bereich.

Sieben Verlag
J.S. Campbell
Waldstr. 64
64354 Reinheim
Tel. 0 61 62/9 68 57 30
E-Mail: mail@sieben-verlag.de
www.sieben-verlag.de
Beschreibung/Verlagsprogramm: Romantasy und erotische Fantasyromane, Gay Romance, Romantic Thrill, Thriller/Krimi und Krimi-Anthologien. Außerdem Sachbücher.
Manuskript-Angebote: Über Formular auf der Website – dort beantwortet man in einer Eingabemaske Fragen und kann Exposé, Leseprobe (30-50 Seiten oder gesamter Roman) sowie Kurzvita/Lebenslauf hochladen.

Verlag Torsten Low
Rösslering 22
86405 Meitingen OT Erlingen
Tel. 0 82 71/4 21 94 95
E-Mail: torsten.low@verlag-torsten-low.de
Beschreibung/Verlagsprogramm: 2005 aus dem Selbstverlag heraus entstandener Verlag für Phantastik, der mittlerweile bekannte und unbekannte Autoren veröffentlicht (Romane und Anthologien)
Manuskript-Angebote: Sucht derzeit keine Romanprojekte (also nichts unverlangt einsenden), aber Kurzgeschichten für Anthologieprojekte.

Voodoo Press
c/o Michael Preissl
Ta Anton, Triq 30 Ta' Ottubru 1948
Il-Qala, Gozo
Malta
Tel. +3 56 27 87 00 07
E-Mail: office@voodoo-press.com
Beschreibung/Verlagsprogramm: »Spezialverlag für Horror, Mystery, Apokalypse, Sci-Fi & Zombies«
Manuskript-Angebote: Sucht derzeit keine Romanprojekte (also nichts unverlangt einsenden).

Verlage, die nur Kinder- und Jugendbuch/ All Age-Fantasy veröffentlichen (Auswahl)

Aladin Verlag GmbH
Erdmannstr. 10-12
22765 Hamburg
Tel. 0 40/5 58 91 56 20
E-Mail: info@aladin-verlag.de
www.aladin-verlag.de
Verlagsprogramm: Bücher für Kinder zwischen 3 und 12 Jahren (Bilderbuch und Kinderroman).
Manuskript-Angebote: Inhaltsangabe + Probekapitel, Exposé, Papierausdruck

Arena Verlag GmbH
Rottendorfer Str. 16
97074 Würzburg
Tel. 09 31/7 96 44 – 0
E-Mail: info@arena-verlag.de
www.arena-verlag.de
Beschreibung/Verlagsprogramm: Bilderbuch, Erstleserbücher, Romane für Kinder und Jugendliche (Thriller, Romantasy, Liebesgeschichten . . .) sowie Kinder- und Jugendsachbuch. Eigenes Hörbuchprogramm »Arena audio«.
Manuskript-Angebote: Als Exposé mit Textprobe (Papierausdruck)

arsEdition GmbH
Lektorat Bloomoon
Friedrichstraße 9
80801 München
Tel. 0 89/38 10 06 – 0
E-Mail: info@arsedition.de/ verlag@arsedition.de
www.bloomoon-verlag.de
Beschreibung/Verlagsprogramm: Jugendbuch von 10-14 Jahren, darunter Fantasy und Mystery
Manuskript-Angebote: Papierausdruck an »Lektorat« (Inhaltsangabe + Probekapitel)

Baumhaus Verlag
Bastei Lübbe AG
Lektorate Baumhaus und Boje
Schanzenstraße 6-20
51063 Köln
Tel. 02 21/82 00-0
E-Mail: mailbox@baumhaus-verlag.de
www.baumhaus-verlag.de
Beschreibung/Verlagsprogramm: Bilder- und Erstlesebücher, Kinderbücher, Jugend- und All-Age-Romane sowie Merchandising-Produkte zu Buchthemen oder Filmproduktionen.
Manuskript-Angebote: Papierausdruck an »Lektorat«, Handlungsskizze + Textprobe 30-50 Seiten, bei Kinder/Jugenbuch an Lekorat Baumhaus und Boje

Verlag Beltz & Gelberg
Werderstr. 10
69469 Weinheim
Tel. 0 62 01/60 07 – 0
E-Mail: info@beltz.de
www.beltz.de
Beschreibung/Verlagsprogramm: Anspruchsvolles Bilderbuch (hat das Programm des Bilderbuchverlags Bajazzo übernommen), Kinder- und Jugendbuch sowie Sachbücher für Kinder und Jugendliche. Wenig Phantastik; meist außergewöhnliche Themen und Erzähler.
Manuskript-Angebote: Papierausdruck an »Lektorat«

Boje Verlag GmbH
Bastei Lübbe AG
Lektorate Baumhaus und Boje
Schanzenstraße 6-20
51063 Köln
Tel. 02 21/8 20 00
E-Mail: info@boje-verlag.de
www.boje-verlag.de
Beschreibung/Verlagsprogramm: Bilderbücher, erzählendes Kinder- und Jugendbuch, Sach- und Aktivbücher.
Manuskript-Angebote: Papierausdruck an «Lektorat Boje«

Carlsen Verlag GmbH
Völckersstr. 14 – 20
22765 Hamburg
Tel. 0 40/3 98 04 – 0
E-Mail: info@carlsen.de
www.carlsen.de
Beschreibung/Verlagsprogramm: Bilderbuch, Kinder- und Jugendromane, Comic und Manga, Cartoon und Humor
Manuskript-Angebote: Exposé und Textprobe (20 Seiten) als Papierausdruck an »Lektorat«

cbj Kinder und Jugendbücher
Verlagsgruppe Random House GmbH
Lektorat-cbj
Neumarkter Str. 28
81673 München
Tel. 0 89/41 36 – 0
E-Mail: info@randomhouse.de
www.randomhouse.de/cbj/
Beschreibung/Verlagsprogramm: Kinder- und Jugendroman, All Age, Kinder- und Jugendsachbuch
Manuskript-Angebote: Exposé und Probekapitel als Papierausdruck an »Lekorat«

Cecilie Dressler Verlag GmbH & Co. KG
Poppenbütteler Chaussee 53
22397 Hamburg
Tel. 0 40/60 79 09 03
E-Mail: dressler@verlagsgruppe-oetinger.de
www.cecilie-dressler.de
Beschreibung/Verlagsprogramm: Kinder- und Jugendbuch, Bilderbücher, Geschenkbücher
Manuskript-Angebote: Exposé und Leseprobe als Papierausdruck

dtv junior
Friedrichstr. 1a
80801 München
Tel. 0 89/3 81 67 – 0
E-Mail: junior@dtv.de
www.dtvjunior.de
Beschreibung/Verlagsprogramm: Jugendbücher, Kinderbücher, Erzählende Jugend-Sachbücher
Manuskript-Angebote: Papierausdruck

Verlag Heinrich Ellermann GmbH
Poppenbütteler Chaussee 53
22397 Hamburg
Tel. 0 40/60 79 09 08
E-Mail:
ellermann@verlagsgruppe-oetinger.de
www.ellermann.de
Beschreibung/Verlagsprogramm: Bilderbuch, Vorlesebuch
Manuskript-Angebote: Exposé und Textprobe als Papierausdruck

Fischer Schatzinsel
S. Fischer Verlag GmbH
Hedderichstr. 114
60596 Frankfurt am Main
Tel. 0 69/60 62 – 0
E-Mail: kontakt@fischerverlage.de
www.fischerverlage.de
Beschreibung/Verlagsprogramm: Bilderbücher, Kinder- und Jugendbücher, Kindersachbücher
Manuskript-Angebote: Exposé und Textprobe (ca. 30 S.) als Papierausdruck an »Lektorat Kinder- und Jugendbuch«

Franckh-Kosmos Verlags-GmbH & Co. KG
Pfizerstr. 5-7
70184 Stuttgart
Tel. 07 11/21 91-0
E-Mail: info@kosmos.de
www.kosmos.de
Beschreibung/Verlagsprogramm: Jugendbuch, Erzählendes Kinderbuch, Sachbuch
Manuskript-Angebote: Nach telefonischer Anfrage

Gerstenberg Verlag
Postfach 100 555
31105 Hildesheim
Tel. 0 51 21/1 06 – 0
E-Mail: verlag@gerstenberg-verlag.de
www.gerstenberg-verlag.de
Beschreibung/Verlagsprogramm: Jugendbücher, Kinderbücher, Jugendsachbücher, Natur
Manuskript-Angebote: Exposé, eine Inhaltsangabe oder ein repräsentatives Kapitel bzw. eine Auswahl von Farbkopien Ihrer Arbeit in Papierform ans »Lektorat«

Heyne fliegt
VERLAGSGRUPPE RANDOM HOUSE GmbH
Lektorat Heyne
Neumarkter Str. 28
81673 München
www.randomhouse.de/Heyne
Beschreibung/Verlagsprogramm: Unter dem Namen »Heyne fliegt« Jugendbücher (Fantasy, Krimi, romantische Mystery).
Manuskript-Angebote: Exposé und ein repräsentatives Kapitel an »Lektorat Heyne fliegt«

Verlagshaus Jacoby & Stuart GmbH
Straßburger Str. 11
10405 Berlin
Tel. 0 30/47 37 47 90
E-Mail: verlag@jacobystuart.de
www.jacobystuart.de
Beschreibung/Verlagsprogramm: Ästhetisch und inhaltlich anspruchsvolle Kinderbücher, Jugendromane, Kinder- und Jugendsachbücher.
Manuskript-Angebote: Es werden für unbestimmte Zeit keine unverlangten Manuskripte angenommen. Nachdem dies aufgehoben ist, ist es möglich ein Exposé und ein Probekapitel in Papierausdruck zu schicken an »Lektorat«

Verlag Jungbrunnen
Rauhensteingasse 5
1010 Wien
Österreich
Tel. 00 43/1/5 12 12 99 75
E-Mail: office@jungbrunnen.co.at
www.jungbrunnen.co.at
Beschreibung/Verlagsprogramm: Hauptsächlich Bilderbücher, aber auch Jugendromane
Manuskript-Angebote: Papierausdruck

Loewe Verlag GmbH
Bühlstr. 4
95463 Bindlach
Tel. 0 92 08/51 – 0
E-Mail: presse@loewe-verlag.de
www.loewe-verlag.de
Beschreibung/Verlagsprogramm: Pappbilderbücher, Bilderbücher, Kinderromane, Jugendromane, Sachbücher, Lernspiele, Erstleseliteratur
Manuskript-Angebote: Exposé mit Textprobe oder komplettem Manuskript, Papierausdruck an Redaktion

mixtvision Verlag
Leopoldstraße 25
80802 München
Tel. 0 89/3 83 77 09-0
E-Mail: info@mixtvision.de
www.mixtvision-verlag.de
Verlagsprogramm: Bilderbücher, Kinderbücher, Jugendromane
Manuskript-Angebote: Manuskript als Papierausdruck

Moritz Verlag
Kantstr. 12
60316 Frankfurt am Main
Tel. 0 69/4 30 50 – 84
E-Mail: info@moritzverlag.de
www.moritzverlag.de
Beschreibung/Verlagsprogramm: Bilderbücher, Erstleser
Manuskript-Angebote: Als Dummy das vollständige Bilderbuch mit möglichst drei Farbkopien und dem Text auf den jeweiligen Seiten

NordSüd Verlag AG
Heinrichstrasse 249
CH-8005 Zürich
Schweiz
Tel. 00 41/44/9 36 68 68
E-Mail: info@nord-sued.com
www.nord-sued.com
Beschreibung/Verlagsprogramm: Bilderbücher, Märchenbücher, Papp- und Spielbücher, illustrierte Vorlesegeschichten, Geschenkbücher
Manuskript-Angebote: Komplettes Manuskript als Papierausdruck, bei Texten über 10 Seiten Exposé mit Textprobe an »Lektorat«

Verlag Friedrich Oetinger GmbH
Poppenbütteler Chaussee 53
22397 Hamburg
Tel. 0 40/60 79 09 02
E-Mail: oetinger@verlagsgruppe-oetinger.de
www.oetinger.de
Beschreibung/Verlagsprogramm: Pappbilderbuch, Bilderbücher, Kinder- und Jugendbücher, Sachbücher
Manuskript-Angebote: Exposé und Leseprobe als Papierausdruck

Ravensburger Buchverlag Otto Maier GmbH
Robert-Bosch-Str. 1
88214 Ravensburg
Tel. 07 51/86 – 0
E-Mail: buchverlag@ravensburger.de
www.ravensburger.de
Beschreibung/Verlagsprogramm: Kinder- und Jugendbücher, Erstlesebücher, Romane, Lexika, Sachbücher, Bilderbücher
Manuskript-Angebote: Exposé als Papierausdruck

Rowohlt Taschenbuchverlag
Redaktion rororo rotfuchs
Hamburger Straße 17
21465 Reinbek
Tel. 0 40/72 72 – 0
E-Mail: rotfuchs@rowohlt.de
www.rowohlt.de/verlag/rororo-rotfuchs
Beschreibung/Verlagsprogramm: Kinder- und Jugenbücher
Manuskript-Angebote: Exposé plus Textprobe (5 S.) als Papierausdruck

Thienemann-Esslinger Verlag GmbH
Blumenstr. 36
70182 Stuttgart
Tel. 07 11/2 10 55-0
E-Mail: info@thienemann-esslinger.de
www.thienemann-esslinger.de
Beschreibung/Verlagsprogramm: Kinderbücher, Jugendbücher, Bilderbücher
Manuskript-Angebote: Exposé und Leseprobe als Papierausdruck an »Lektorat«

Tulipan Verlag GmbH
Albestraße 16
12159 Berlin
Tel. 0 30/8 09 22 49 30
E-Mail: info@tulipan-verlag.de
www.tulipan-verlag.de
Beschreibung/Verlagsprogramm:
Außergewöhnliche, originelle Bilderbücher, Erstlesebücher und Kinderbücher.
Manuskript-Angebote: Es werden für unbestimmte Zeit keine unverlangten Manuskripte entgegengenommen.

Verlag Carl Ueberreuter GmbH
Ueberreuter Verlag GmbH
Prinzenstraße 85D
10969 Berlin
Tel. 0 30/6 52 16 23 10
E-Mail: office@ueberreuter.de
www.ueberreuter.de
Beschreibung/Verlagsprogramm: Erzählendes Kinder- und Jugendbuch, Jugendsachbuch.
Fantasy: High Fantasy, Dark Fantasy, Urban Fantasy, Romantasy
Manuskript-Angebote: Es werden für unbestimmte Zeit keine unverlangten Manuskripte entgegengenommen.

QUELLEN-NACHWEISE

S. 13 – Orson Scott Card, »How to write Science-Fiction and Fantasy, S. 22 ff
S. 14 – Bernd Robker, »Fantasy und Science-Fiction – ein Vergleich«, *phantastisch!*, Ausgabe 48 (2012), S. 68-70
S. 17 – George R. R. Martin, *Das Lied von Eis und Feuer*, Band 02, *Das Erbe von Winterfell*, Blanvalet, Neuausgabe 2011, S. 10
S. 22 – Sebastien de Castell, *Greatcoats – Blutrecht*, Piper Verlag 2014, S. 97.
S. 24 – Markus Heitz, *Die Legenden der Albae – Gerechter Zorn*, Piper Verlag, 11. Auflage 2014, S. 248
S. 25 – Gesa Schwartz, *Grim – Das Siegel des Feuers*, Egmont Lyx, 1. Auflage 2010, S. 26
S. 28 – Maggie Stiefvater, *Nach dem Sommer*, script5, 2. Auflage 2010, S. 17
S. 29 – Nalini Singh, *Leopardenblut*, Egmont Lyx, 4. Auflage 2006, S. 141
S. 30 – Ju Honisch, *Das Obsidianherz*, Feder & Schwert 2008, S. 321
S. 32 – Jan Oldenburg, *Fantastik AG – Ein Epos aus den Fernen Ländern*, Piper 2012, S. 160
S. 45 – Jodi Moore, Howard McWilliam, *Das war ich nicht – das war der Drache!*, Lappan 2012, S. 1-12
S. 47 – Brigitte Endres, Antje Drescher, *Schluri Schlampowski und die Spielzeugbande*, Tulipan 2012, S. 25
S. 50 – Knister, *Hexe Lilli und der verflixte Gespensterzauber*, Arena 2013, S. 10
S. 51 – Erin Hunter, *Warrior Cats – In die Wildnis*, Beltz & Gelberg 2013, S. 149
S. 52 – Holly Black, Tony Tony DiTerlizzi, *Die Spiderwick Geheimnisse – eine unglaubliche Entdeckung*, cbj 2009, S. 31
S. 54 – Kenneth Oppel, *Silberflügel*, 9. Auflage Beltz & Gelberg 2015, S. 348
S. 55 – Jonathan Stroud, *Bartimäus – Das Amulett von Samarkand*, cbj, 4. Auflage 2004, S. 280
S. 77 – J. R. R. Tolkien: nach Humphrey Carpenter: *Tolkien. A biography.*
S. 79 – Katja Brandis, *Feuerblüte – Im Reich der Wolkentrinker*, Ueberreuter 2006, S. 262

S. 89 – Gesa Schwartz, *Grim – Das Siegel des Feuers*, Egmont Lyx, 1. Auflage 2010, S. 125

S. 90 – Walter Moers, *Die 13 ½ Leben des Käpt'n Blaubär*, Goldmann, TB-Ausgabe 2001, S. 459 und S. 131-132

S. 93 – Sam Bowring, *Der Herr der Tränen*, Blanvalet 2013, S. 97

S. 96 – Siri Lindberg, *Nachtlilien*, Piper 2011, S. 424 und 486

S. 115 – Kevin Hearne, *Die Chronik des Eisernen Druiden* – Band 2, *Verhext* S. 7

S. 120 – Orson Scott Card, *How to Write Science-Fiction and Fantasy*, Writer's Digest, 1990, S. 76-86

S. 155 – Christoph Hardebusch, *Die Trolle*, Heyne, 8. Auflage 2006, S. 39

S. 157 – Oliver Plaschka, *Das Licht hinter den Wolken*, Klett-Cotta 2013, S. 11

S. 157 – Ilona Andrews, *Stadt der Finsternis – Tödliches Bündnis*, Egmont Lyx 2013, S. 183

S. 165 – Walter Moers, *Die Stadt der Träumenden Bücher*, Piper, 8. Auflage 2005, S. 9

S. 166 – Bernhard Hennen, *Die Elfen*, Heyne, 16. Auflage 2004, S. 187

S. 167 – Patrick Rothfuss, *Der Name des Windes* (Die Königsmörder-Chronik, Erster Tag), Klett-Cotta, 16. Auflage 2012, S. 11-12

S. 168 – Daniela Knor, *Nachtreiter*, Piper 2009, S. 10-11

S. 170 – Kai Meyer, *Arkadien erwacht*, Carlsen, TB-Ausgabe 2012, S. 11

S. 170 – Kai Meyer, *Die Fließende Königin (Band 1)*, Loewe, 6. Auflage 2001, S. 7-8

S. 172 – Patricia Briggs, *Ruf des Mondes*, Heyne, 4. Auflage 2007, S. 7

S. 173 – Siri Lindberg, *Nachtlilien*, Piper 2011, S. 352

S. 174 – Jenny-Mai Nuyen, *Nijura*, 2. Auflage 2006, S. 74

S. 175 – E. L. Greiff, *Zwölf Wasser – Zu den Anfängen*, dtv 2012, S. 59

S. 175 – Susanne Gerdom, *Queen of Clouds – Die Wolkentürme*, Bloomoon (arsEdition) 2014, S. 354

S. 177 – Trudi Canavan, *Die Rebellin*, Blanvalet, 4. Auflage 2006, S. 11

S. 178 – Victoria Schwab, *Das Mädchen, das Geschichten fängt*, Heyne 2014, S. 8

S. 180 – Oliver Plaschka, *Das Licht hinter den Wolken*, Klett-Cotta, S. 249-250 und S. 211

S. 181 – Jenny-Mai Nuyen, *Nijura*, 2. Auflage 2006, S. 183

S. 191 – Sebastien de Castell, *Greatcoats – Blutrecht*, Piper Verlag 2014, S. 193

S. 192 – Horus W. Odenthal, *Ninragon – Die standhafte Feste*, S. 38

S. 193 – J. R. R. Tolkien, »On Fairy Stories«, Vortrag 1939. Eigene Übersetzung. Wer das ganze Essay lesen möchte, findet es unter: http://www.rivendellcommunity.org/Formation/Tolkien_On_Fairy_Stories.pdf

S. 226 – Artikel »Selfpublishing im Fantastik-Genre«, www.buchreport.de, Mai 2015

DANKSAGUNG

Ich danke meinem Verleger Manfred Plinke und meinem Agenten Gerd F. Rumler für die stete Unterstützung, Jesse Zacharo für die vielen Buchtipps, Jan Müller fürs kritische Testlesen, Maren Bonacker für viele hilfreiche Hinweise und Michelle Gyo für das Öffnen von ganz vielen Türen! Doch das größte Dankeschön gebührt meinen Interviewpartnern, die sich bereitwillig meinen Fragen gestellt und sich die Zeit für spannende, ausführliche Antworten genommen haben. Bei den Autorinnen und Autoren sind das (in alphabetischer Reihenfolge): Robert Corvus, Robin Gates, Susanne Gerdom, E. L. Greiff, Christoph Hardebusch, Ju Honisch, Marion Hübinger, Daniela Knor, Jenny-Mai Nuyen, Kai Meyer, Horus W. Odenthal, Jan Oldenburg, Oliver Plaschka, Gesa Schwartz und Marah Woolf. Aber auch viele Expertinnen, Rezensenten, Agenten, Lektorinnen und Lektoren haben mir geduldig Rede und Antwort gestanden: Maren Bonacker (Phantastische Bibliothek Wetzlar), Gustav Gaisbauer (Erster Deutscher Fantasy Club), Michelle Gyo (cbt, Random House), Roman Hocke (Agentur AVA), Holger Kappel (Blanvalet), Carsten Kuhr (phantastik-couch.de), Dr. Helmut W. Pesch (Bastei-Lübbe), Sebastian Pirling (Heyne), Natalja Schmidt (Droemer Knaur).

Vielen Dank auch an frühere Interviewpartner, von denen ich besonders schöne Zitate in diesem Ratgeber verwenden durfte, oder Autoren, die einzelne Zitate beigesteuert haben: Marliese Arold, Jürgen Banscherus, Monika Dennerlein, Thomas Endl, Lisa Echcharif, Wieland Freund, Cornelia Funke, Mario Giordano, Diana Itterheim, Diana Kinne, Damaris Metzger und Christine Spindler.

Bitte besuchen Sie Autorenhaus.de

»Prädikat: Unentbehrlich für jeden Autor«
Süddeutsche Zeitung

Sylvia Englert
AUTOREN-HANDBUCH
So finden Sie einen Verlag für Ihr Manuskript ·
Schritt für Schritt zur eigenen Veröffentlichung
überarbeitete und erweiterte Auflage
382 Seiten · Hardcover
ISBN 978-3-86671-103-7

»Der bewährte, ja geradezu unentbehrliche Ratgeber wurde komplett überarbeitet und durchgängig aktualisiert.«,
Informationsdienst für Bibliotheken

Fachbücher für Autoren und Autorinnen

Bitte besuchen Sie Autorenhaus.de

*Mit vielen nützlichen Praxis-Informationen,
die sonst nirgendwo anders zu finden sind.*

Sylvia Englert
Handbuch für Kinder- und Jugendbuchautoren
Bilderbuch, Kinderbuch, Jugendroman, Sachbuch –
schreiben, illustrieren und veröffentlichen

272 Seiten · Hardcover
ISBN 978-3-86671-104-4

Fachbücher für Autoren und Autorinnen

Autorenhaus-Verlagsprogramm

Schreiben & Veröffentlichen
Autoren-Handbuch *Von Sylvia Englert*
Mini-Verlag. Self-Publishing *Von Manfred Plinke*
So lektorieren Sie Ihre Texte *Von Sylvia Englert*

Autobiografie & Erinnerungen schreiben
Autobiografie in 300 Fragen *Von Gerhild Tieger*
Erinnerungen und Autobiografie schreiben *Von Judith Barrington*
Freedom Writers. Eine junge Lehrerin und 150 Jugendliche

Lyrik & Songtexte schreiben
Songtexte schreiben *Von Masen Abou-Dakn*
Handbuch für Songtexter *Von Jeske/Reitz*

Kreatives Schreiben
Coole Texte schreiben und veröffentlichen *Von Sylvia Englert*
Zen in der Kunst des Schreibens *Von Ray Bradbury*
Schriftsteller werden *Von Dorothea Brande*
Raum zum Schreiben *Von Bonni Goldberg*
Schreiben in Cafés *Von Nathalie Goldberg*
Kleiner Autoren-Workshop *Von Ursula LeGuin*
Beim Schreiben allein *Von Joyce Carol Oates*
Handbuch für Kinder- und Jugendbuch-Autoren *Von Sylvia Englert*
Ein Roman in einem Jahr *Von Louise Doughty*
Literarisches Schreiben *Von Lajos Egri*
Türen zur Fantasie *Von Marion Gay*
Gedichte schreiben *Von Thomas Wieke*

Liebesromane & Erotik schreiben
Heftromane schreiben und veröffentlichen *Von Anna Basener*
Erotik schreiben. Wie Sie Sex-Szenen literarisch gestalten *Von Elizabeth Benedict*

Krimi & Thriller schreiben
Crime – Kriminalromane und Thriller schreiben *Von Larry Beinhart*
Der Mord als eine schöne Kunst betrachtet *Von Thomas de Quincey*

Film & Drehbuch schreiben
Drehbuch schreiben und veröffentlichen *Von Claus Hant*
Schritt für Schritt zum erfolgreichen Drehbuch *Von Chris. Keane*
Das Drehbuch *Von Syd Field*
Schreiben fürs Fernsehen *Von Vivien Bronner*
Rette die Katze! *Von Blake Snyder*

Bitte besuchen sie auch www.autorenhaus.de